刘勇 著

三晋秘崖

古代野外石刻考察

山西出版传媒集团
三晋出版社

图书在版编目（CIP）数据

三晋秘崖：中古野外石刻考察 / 刘勇著. -- 太原：三晋出版社，2024.4

ISBN 978-7-5457-2954-2

Ⅰ．①三… Ⅱ．①刘… Ⅲ．①摩崖石刻－研究－山西 Ⅳ．① K877.494

中国国家版本馆 CIP 数据核字（2024）第 088443 号

三晋秘崖：中古野外石刻考察

著　　者：刘　勇
责任编辑：任俊芳
书籍设计：王利锋
责任印制：李佳音

出 版 者：山西出版传媒集团·三晋出版社
地　　址：太原市建设南路21号
电　　话：0351—4956036（总编室）
　　　　　0351—4922203（印制部）
网　　址：http://www.sjcbs.cn
经 销 者：新华书店
承 印 者：山西新华印业有限公司

开　　本：787mm×1092mm　1/16
印　　张：24
字　　数：390千字
版　　次：2024年4月　第1版
印　　次：2024年9月　第1次印刷
书　　号：ISBN 978-7-5457-2954-2
定　　价：138.00元

如有印装质量问题，请与本社发行部联系　电话：0351—4922268

考察石刻　穿越古今

千百年来，在中华大地上，先民为了记录历史、传承文化留下了不可计数的实物遗存，其中石刻是重要的组成部分。他们勒石建碑、开窟凿龛，题记发愿，祈福众生，希冀传之后世。历经沧桑、幸存至今的部分，都是珍贵的历史证据、宝贵的传统文化遗产。

文物大省山西在全国具有举足轻重的地位，山西境内的石刻文物具有重要历史文化价值，特别是不可移动石刻文物，更是遗存于历史现场的实证，相较于早期古建筑（元代之前）、地下遗址，是被长期忽视的文物类别。

光芒万丈的云冈石窟是国家工程，凤毛麟角。分散在山西各地、深藏于深山峡谷中的野外石刻，也是记录这片热土最真实、最丰富的历史财富。

石刻文物这一重要文化遗产，是历史发展的珍贵实证，对其系统保护、整理，从现代科学视角进行研究，结合历史人文背景进行释读，是人类对历史的自我更新，能引发哲学思考，亦有益于文明传承与永续发展。

在山西数量庞大的石刻文物中，地处野外、少人问津的不可移动石刻在自然状态下的消亡正在加速。考察、记录下这些历史痕迹，给予可行的保护和研究，显得尤为迫切。近年来，国家和山西省开展了石窟寺（摩崖造像）专项调查（石窟寺文物是石刻文物中的重要部分），相信随着社会各界对石刻文物的再认识，结合现代多学科的跨界互动，对石刻文物的保护、研究以及文化内涵的发掘和传播工作，将大有可为。

我在考察石刻文物的过程中注意到，那些宏大的历史事件常因新发现的题记细节得以纤毫再现。我们难以回到历史的发生时刻，这是历史学的学术短板，但通过实地寻访、考察、考证不可移动石刻文物，我常有回到历史现场，与古人对话的感受。千百年来，人文地理面貌大多发生了重大改变，于是，天人之际、古今之间的穿越感就愈发强烈。对我来说，对石刻文物的考察和研究，就是不断捡拾、拼接历史碎片的过程。

我喜欢这种感觉，把自己融入历史的荒野，欣喜于只鳞片爪的发现，再回归现代都市的子夜，比对文献、考证推敲。拂去故纸堆上的积尘与内心的成见，来自野外石刻的祖先故事逐渐变得立体而真实。

本书收入近年来我在山西大地考察不可移动石刻文物的文章，部分文章重新增订修改。这些石刻大多是民间所为，时代集中于中古时期——魏晋—隋唐，体现当时的社会风貌和社会各阶层的精神和信仰追求及审美偏好。中古是中国历史最辉煌的时期，也是我的专业研究领域。

希望这些亲历考察与传世文献互证的内容，为山西文史、中古史研究提供一些新的可靠史料、一些有益的思考。

20世纪日本学者池田大作曾与英国著名历史学家汤因比就人类社会的广泛话题进行全方位的对话。池田曾问，您愿意出生在哪个国家？汤因比的回答是公元1世纪佛教已传入时的中国新疆。如果是我，就是投身于魏晋—隋唐——中国中古时期。

在考察和释读石刻的过程中，我们可能已经在某个层面或角度上触摸到了辉煌灿烂的中国中古文明。这是历史学给人类带来的快乐。

刘　勇

2024年1月

山西石刻文物　当代学术蓝海

早在北宋，中国的金石学已经初兴，延至晚清、民国，达到传统金石学研究顶峰。近代以来，随着现代学术体系不断完善，石刻文物研究在学科划分上主要归属于考古学。

在历史学界，有一切历史学就是史料学的说法，石刻文物上的文字信息都是难得的史料，在当今传统历史学和考古学的学科交融之下，我们对石刻文物的研究自不能仅局限于文字信息，更需结合石刻文物保存的图像信息、周围环境，综合评价其整体价值，历史的、艺术的、宗教的……可做的事很多。

当代社会的多学科学术方法和工具的综合使用已成趋势，对石刻文物的研究也应如此，即历史、考古、艺术等相关学科之间在理论和方法上互动和共建。

石刻文物的种类，除流通环节外，我认为可划分为地上和地下两大类别。地下，即考古发掘或各种原因复现者，如墓志铭、买地券、石质棺椁等。地上，又分为不可移动石刻和可移动石刻，如石窟、摩崖石刻、造像碑、神道碑、纪功碑、记事碑等。

一个多世纪以来，中华大地发生了沧海桑田的改变。数量众多的石刻文物因基础建设、人为发掘等原因再现于世。作为新的研究资料，这些石刻文物或改变或丰富着我们对中华文明发展的认识，尤其是在文字信息、图像艺术方面。

如墓志铭，大批出土的中古时期墓志铭文物，无疑为史料匮乏的中古史研究提供了重要的史料，尽管其具有很大的碎片化和区域性特点。

而今，对地上石刻文物应予重视在学界已是共识，基本要求是对石刻文物的本体保存，为研究做信息储备。近年来，我在山西寻访地上石刻文物，特别以散落在历史原地的不可移动石刻为中心。

对这些幸存于历史现场的石刻文物，我们首先需要进行系统的梳理，摸清底数、地理分布、时代分布，整理资料库。同时，需制定系统的保护方案，解决保护投入的问题。对石刻文物的多学科研究也亟需开展，特别是考古学和历史学的合作。

就山西而言，大量的地上石刻文物为石窟、摩崖造像，其中又以中古佛教石窟和摩崖造像为精华，立体展现了中古石窟寺艺术中国化、世俗化的历史过程。与其他地区相比，山西地区中古摩崖石刻呈现出数量较多，体量较小，大分散、小集中的特征。

我们的考察和研究，应遵循重要个案——次级区域——大地域文史的思路，由小到大多层面进行架构。在个案考证基础上，我们才能逐渐还原某些历史片段。如近年来我对大晋中地区隋代碑刻的考察，发现洛阴修寺碑、天龙山第八窟摩崖碑、文水隐堂洞石窟题记，均与隋开皇初年驻扎这一地区的军府有关。当时的军人家庭普遍有佛教信仰，积极响应政府号召，与地方僧团、信众及地方官吏一起，在各地进行修寺、开窟等弘法祈福活动。

同时，若结合这一地区出土墓志资料，如太原出土的唐龙氏家族墓志、文水出土的唐纥骨元氏家族墓志等，我们更可看到中古时期胡人后裔融入汉民族，民族大融合完成阶段历史进程的生动细节。

探究石刻文物的雕刻背景，将有助把握古代文化传播的线索。经实地考察，我逐渐明确了山西地上石刻文物的分布，基本以河谷为背景的古道系统为整体支撑，呈线性和网状组合形态，古道是交通网，更是文明的传播网。如并邺道佛教石刻文物即是如此，具有很高的研究价值。

由于地理环境影响，山西地上石刻文物有很多颇有特色的分布区，如以羊头山为中心的中古石窟群落、相对封闭的沁河流域石刻等。

一地留存多个历史时期石刻的情况在山西屡见不鲜，如定襄七岩山北朝、唐、宋石刻，文水隐堂洞自隋至清石刻，黎城白岩寺自北魏至明石刻等。这一现象说明地方民众信仰活动和民间社会的活跃度。如结合地方道路系统、族群分布等情况，可更好揭示古代社会的文化延展性。

山西地上佛教石刻中有比较独特的题材，如七里脚石窟的五十三佛、净居寺石窟的净土变等，又如刻经题材，有时代较早的沙峪刻经、保存完整的乡宁秦王庙刻经等。

山西石刻文字信息以宗教题材为最大宗，涉及教义阐释和传播、造像群体和民族、石窟造像类型等多方面内容。

宗教石刻之外，有些山西地上石刻颇具社会史料价值，如黄河栈道题记、中条山古盐道题记、沁河曹魏栈道题记等，是记录古道交通和社会经济的重要历史遗迹；定襄南山西晋胡奋纪功碑为中古民族史增添重要资料；周壁摩崖题记保存北朝后期关东与关西政权边境冲突的罕见史料等。

石刻文物的保护是世界难题。对野外地上石刻文物来说，原地保护首先面临安全问题，一方面是人为破坏，另外还有自然损坏，如太谷塔寺北魏太和摩崖造像近年来因庞庄水库蓄水，题记和造像均遭严重水蚀，风化严重，如不采取果断措施，这处珍贵的早期摩崖将快速消失不存。

石刻文物的研究和保护是可以互相促进的。当下应正视石刻文物保护现状，进行积极有为的系统调查，制定保护方案和具体步骤措施，同时历史、艺术、地理、考古等多学科研究者可以从各自角度开展研究，成果将是全面和丰富的。

据山西古建专家李会智先生研究，山西现存元及元以前早期古建518座左右，是历史传承的建筑实证，占全国628座早期古建的82.48%，这一数字非常惊人。山西石刻文物也是如此，2021年4月，山西省文物局公布石窟寺调查工作数据——全省登录石窟寺（含摩崖造像）481处。这一数字还在继续增加。石窟寺之外的石刻文物还缺乏全面调查和统计。整体上看，山西中古石刻文物的数量和质量是非常可观的，以不可移动石刻最为珍贵，是富有潜力的当代学术蓝海。

继古建、遗址之后，石刻文物保护和研究可以作为山西文物事业第三发展方向。当代学界对石刻文物的考察和研究还处于起步阶段，围绕这一学术蓝海，将多学科研究理论和成果应用于石刻文物的保护和研究，让文化遗产为时代发展提供文明动力，这将是民族文化传承和复兴的重要实践。

壹 晋北大道 | NORTH

- 004 云冈外三窟
- 009 登临定襄南山西晋胡奋纪功碑
  ——发现 1740 年前的历史
- 015 七岩访摩崖　落景未知还
- 027 净居寺石窟　山崖上的民间盛唐风
- 035 木图摩崖
  ——北魏题记 + 唐造像合体
- 037 三晋第一摩崖碑
  ——东汉南行唐北界碑考略

贰 晋东山上 | EAST

- 041 两岭山摩崖造像
- 045 暮然回首佛爷沟石窟
- 048 阳摩寺石窟
- 056 寿阳石佛寺石窟
- 059 寿阳其他中古石刻遗存
- 062 开河寺石窟
- 067 摩崖上的娘子关前史
  ——堙没的唐代承天军
- 071 上文唐龛
- 076 盂北藏山千佛寺造像
- 080 盂北藏山地区其他摩崖
- 082 昔阳石马寺石窟
- 085 昔阳北朝窟龛

叁 穿越晋东南 | SOUTHEAST

1. 昌源河—涅水　090

- 091 要冲之地　子洪石窟
- 093 四月雪后访北庄石窟

096	麓台山谷底访秘窟	102	武乡石窟摩崖走廊
100	春花带雨访唐河底摩崖	110	沁县觅窟龛

2. 乌马河—浊漳河北源　114

115	太谷乌马河畔摩崖	134	浊漳北源左岸榆社段石刻题记遗存
126	榆社寻窟记	136	鞞鞊水谷地石刻遗存
132	乌马河上游其他窟龛	139	果老峰北朝连山石塔

3. 涂河—清漳河西源　142

143	沙峪摩崖传史册	159	觅窟辽州之野
154	和顺其他小型摩崖造像群	164	左权县城附近窟龛

4. 浊漳河—滏口道　166

167	探寻化岩角山北朝岩画	176	浊漳河谷地其他窟龛
171	浊漳河谷见摩崖	181	黎城古道胜迹

5. 长治盆地　188

190	小石佛头摩崖	197	北山千佛沟石窟
192	良才摩崖	199	长治周边其他小型石窟
194	吃水不忘挖井人 ——壶关北庄窟龛题记考略		

6. 晋城盆地　204

205	晋东南石窟艺术标杆 ——羊头山石窟	219	文明的合体　满公山石窟
213	邂逅北魏石堂会	222	鹿宿石堂沟石窟发现记
215	高庙山石窟	230	幽幽碧落窟
		235	石佛沟幽谷访摩崖

238	形制罕见的宝应寺石窟	241	晋城其他石刻遗存

7. 沁河谷地　244

245	沁源访窟记	275	周壁摩崖造像
250	沁源其他窟龛		——关东与关西政权争夺河东的实证
255	安泽，隐秘的摩崖	287	访拴驴泉曹魏摩崖
262	沁水访窟崖		——1800 年的三国石门

肆 记录晋中南 | CENTRAL SOUTH

293	谁是发愿开凿者	331	重生复现　七里脚石窟
	——天龙山石窟第八窟隋摩崖功德碑考略	334	佛阁晴岚　挂甲山摩崖
302	太原西山秘窟	337	乡宁营里千佛洞石窟题名中的北朝后期社会
308	文水隐泉山隋石窟题记考	347	马壁峪秦王庙唐摩崖刻经考
320	平遥惠济河窟龛考察记	354	乡宁其他中古石刻
327	守望汾河　霍州千佛崖	357	中条山古盐道车辋路摩崖石刻考

附录

367　近年发表有关山西不可移动石刻论文和文章目录

后记

369　走进山西石刻的中古时空

晋北大道

NORTH

壹

中古时期的晋北曾是北中国的中心。北魏定都平城近百年，给这里带来了百万人口，也带来了各区域、各民族的文化，多元民族与文化在这里汇聚交融。北魏平城时代是佛教中国化的关键时期。云冈石窟是北魏统治者运用佛教维护统治、影响民众的标志工程，也是保存至今最为珍贵的北魏文明杰作。

云冈石窟的开凿一般认为分为早、中、后三期，延续时间自文成帝时期至北魏末年。在题材和艺术手法上可以观察到明显的汉化过程：从早期的昙曜五窟穹庐窟到中、后期的塔柱、佛殿窟，从早期的袒右肩袈裟到褒衣博带如中原士大夫服饰，从皇帝到权贵、僧尼、社会中层均参与其中。

云冈石窟模式在各地营造的石窟摩崖造像中曾被普遍模仿和研习，也有因地制宜的改良。石窟艺术在北齐至隋初、唐中后期的营造模式、造像题材等方面均呈现新的风格，整体上造像更灵动，雕刻更圆润，服饰更优美，石窟营造更接近汉地本土社会生活，石窟艺术中国化初步完成。

上有所好，下必甚焉。北魏中后期开始，开凿窟龛弘法祈福成为社会各阶层普遍热衷参与的社会事务。各地普通佛教信众的信仰初衷不在经义研习，而更多表现为对美好生活的祈愿。我们在山西看到的大多数石窟摩崖造像都是为此开凿的。

晋北地区现存野外石刻以大同至太原之间的南北大道为主线分布。第一个区域集中在著名的云冈石窟附近。云冈周围的石窟群可能是山西境内现存最早的石窟群，现有鲁班窑、吴官屯石窟和鹿野苑石窟等，开凿时代均为北魏，其中又以鹿野苑石窟的时代更早些。第二个集中区域在定襄南山七岩山山区，这里有山巅的西晋胡奋摩崖纪功碑，是我近年考察山西野外石刻文物的重大收获。它为了解魏晋时期的山西民族史、军事制度提供了最新实物资料。山谷里还保存着北魏、东魏、北齐、唐各代摩崖造像群，时代延续数百年，造像题材可见北朝后期流行的千佛、弥勒信仰。造像题记记录了该地区不同族群在共同佛教信仰下合力开窟的过程，是中古北方文化认同、民族融合的重要史料。

晋北大道附近还保存若干小型摩崖，如忻府区大沟湾、石佛湾，原平木图等。

晋北大道西侧有经汾河河谷—恢河谷地的古道沟通太原盆地和晋西北、晋北，沿途以静乐净居寺石窟保存规模最大，是唐代小型石窟群。宁武汾河源头河谷也有若干小型石窟摩崖分布。

另晋北地区东部太行山区有多条交通要道。繁峙县的东汉大寨口摩崖石刻应是目前山西原地保存最早的摩崖碑。

云冈外三窟

云冈石窟莘莘大观,是魏都平城(今山西大同)最为著名的历史遗存和标志,已是今日大同的文化名片。在云冈石窟附近尚有多个小石窟,与云冈同期或前后开凿,也是北魏历史和艺术的珍贵遗存。

荒野中的鹿野苑石窟

大同市区西北方是连绵的低山丘陵,小石子村附近一小河谷拐弯处有一处在半山崖壁上开凿的石窟,这就是北魏鹿野苑石窟。

鹿野苑之名,优雅神秘,最初本为佛祖首次说法之圣地。鹿也是北方游牧民族生活中多见的狩猎和驯养的动物。早在道武帝拓跋珪定都平城初期,他就在平城北部建了面积广大的鹿苑。《魏书》卷 2《太祖纪二》载,天兴二年(399)二月,"以所获高车众起鹿苑,南因台阴,北距长城,东包白登,属之西山,广轮数十里,凿渠引武川水注之苑中,疏为三沟,分流宫城内外"。[1]

如此广阔的鹿苑,是拓跋鲜卑贵族的猎场和郊外休闲之地,颇具塞外民族特色。文成、献文帝时期,北魏佛教复兴,政府开始在武州川水(今十里河)附近开凿石窟,即今云冈石窟。同时,鹿苑也继续为北魏皇家所用。

《广弘明集》卷 29 收入北魏中期著名汉臣高允作品《鹿苑赋》,文中对当时的盛景有所描述:

---

[1] 〔北齐〕魏收:《魏书》,中华书局,1974,第 35 页。

鹿野苑石窟

　　暨我皇之继统，诞天纵之明睿；追鹿野之在昔，兴三转之高义。振幽宗于已永，旷千载而可寄。于是命匠选工，刊兹西岭，注诚端思，仰模神影。庶真容之仿佛，耀金晖之焕炳。即灵崖以构宇，竦百寻而直正。緪飞梁于浮柱，列荷华于绮井。图之以万形，缀之以清永。若祇洹之瞠对，孰道场之涂回。嗟神功之所建，超终古而秀出；实灵祇之协赞，故存贞而保吉。凿仙窟以居禅，辟重阶以通术；澄清气于高轩，仁流芳于王室。茂花树以芬敷，涌澧泉之洋溢。祈龙宫以降雨，俾膏液于星毕。[2]

　　此段是描述献文帝开凿云冈石窟工程，在鹿野苑石窟坐禅。

　　《鹿苑赋》继承了秦汉以来中原大赋作品的风范，也是北魏历史的珍贵记载，记述了献文帝开凿鹿野苑石窟和云冈石窟的功绩。

　　同一时期，献文帝与冯太后的斗争日益激化，后被迫退位。《资治通鉴》卷133《宋泰始七年（471）八月》载："上皇徙居崇光宫，采椽不斫，土阶而已；国之大事咸以闻。崇光宫在北苑中，又建鹿野浮屠于苑中之西山，与禅僧居之。"[3] 鹿野苑石窟就是在这种情形下开凿的。

　　这片崖壁中部尚存一中小型石窟，损毁严重，造像只存大体轮廓，居中是坐佛，着僧衣，外披袒右肩袈裟，衣饰风格如云冈露天大佛，早期特征明显。佛两侧各一胁侍菩萨立像，菩

---

[2]〔唐〕释道宣：《广弘明集》，四部备要本，上海中华书局，1936。
[3]〔宋〕司马光：《资治通鉴》，中华书局，1976，第4166页。

萨戴宝冠，宝缯折角下垂，桃形头光。云冈石窟东部窟群多有类似菩萨造像。窟外岩壁上两侧各有一尊护法力士。也有观点认为力士像并非开窟时所凿，是稍晚些的云冈后期作品。

此窟左右两侧崖壁上各5小窟，内无造像和雕刻，应是修行禅窟。献文帝可能在这里和僧人修行禅法。但献文帝不甘寂寞，仍在国家大事中发挥作用，与冯太后的矛盾最后不可调和，延兴六年（476）被冯太后谋害。

鹿野苑石窟虽小，却是北魏这段残酷内斗的见证。佛门净地与争夺北魏最高统治权的隐情结合在一起，后来人不禁一声叹息。

多少辉煌终将归于尘土。40年前，大同作家任勇先生从大同市区骑自行车前往考访，当时只有羊倌指路。现在窟前修建了信众布施的仿古建筑，也有了驻守僧尼。这又是一个新的轮回。

煤矿边的吴官屯石窟

吴官屯在云冈石窟西边不远，现是矿区。云冈至左云的国道沿线是历史上连通北魏首都平城和塞外盛乐的必经之路，这组石窟就在国道北侧路边。

吴官屯石窟现存15个小窟和多个小佛龛。国道不断加高，路面已高于石窟最初的开凿面，部分石窟已处于地面以下。

石窟风化严重，造像清瘦，衣饰繁复华丽，多一佛二菩萨造像组合，窟内多见千佛造像龛。也有小龛内造像题材是二佛并坐、文殊问疾等，颇具时代特征。

一水之隔鲁班窑

著名的云冈石窟开凿于武州川水北侧崖壁。其西侧隔水相望，有一山崖，崖壁上有一组3窟，民间称鲁班窑石窟。

《水经注》卷13《㶟水注》载："武州川水又东南流，水侧有石祇洹舍并诸窟室，比丘尼所居也。其水又东转径灵岩南，凿石开山，因岩结构，真容巨壮，世法所希。山堂水殿，烟寺相望。"[4]

---

[4] 陈桥驿：《水经注校证》，中华书局，2013，第303页。

| 上 | 吴官屯石窟全景
| 下 | 吴官屯石窟局部

灵岩凿石即云冈石窟。现在的鲁班窑石窟与云冈西侧隔水相望,即《灢水注》中的"石祇洹舍并诸窟室,比丘尼所居也",说明当时这处石窟为尼寺。

鲁班窑石窟早年被严重破坏,近年得到云冈石窟研究部门的修缮和保护,窟前已加仿木窟檐。目前石窟从南向北依次为1、2、3号窟。

1号窟为穹庐顶,窟门上有方孔,是旧有窟檐木构位置。顶上应有莲花藻井和飞天,因受到火熏、破坏等,现难以分辨。四壁风化严重,局部尚存千佛造像,与云冈中期常见的千佛类似。

上——1号窟壁上残存造像龛
下左——2号窟内四壁底部的托举力士
下右——鲁班窑3号窟门砧石

  2号窟四壁底部雕孔武有力的胡人形象的托举力士造型，还可大体分辨。四壁也是千佛造像龛模式。

  3号窟门砧石前部雕龙头，与永固陵墓门下角的石雕很是类似。

  3窟均残破，近年得以修缮。3窟内居中均有须弥座式方坛，中间似为安插造像底座的凹处。3窟形制类似，与云冈中期窟形基本一致。

  鲁班窑石窟前是眺望云冈石窟最佳地点。云冈石窟已是著名人文旅游区，石窟上部云冈堡内近年出土大批北魏、辽金时期文物遗存。

  云冈石窟是北魏历史文化遗存的卓越代表，周围的小石窟风化严重，审美价值也远不如它，但均是云冈同期文物。云冈石窟的出现不是偶然的，周边小石窟与云冈如绿叶与红花的关系，相得益彰。

登临定襄南山西晋胡奋纪功碑

——发现1740年前的历史

定襄南山七岩山中有条古道直通山巅。山势陡峭，这条山间羊肠小道在沟谷里左右腾挪，人爬上山脊需要两小时左右。现在沿沟谷里的战备公路而行，车爬升到半山处，进入山脊下的平缓小谷，有村名窑头。这里大多数村民已搬去县城，收秋时才有村民回来。

这一雄伟的东西向山峰名居士山，西部一处制高点名老松台，上存一石窟院，据说曾是王维庙所在。山间那条古道蜿蜒向上至山脊东部的一处垭口，那里正是西晋胡奋纪功碑的所在。

民国年间，定襄名士牛诚修寻访到这垭口处的摩崖石刻，并初步拓片，认为是北魏正光年间的尔朱荣登临碑。[1] 2008年，大同文史学者殷宪先生再次拓片考证，认为是曹魏青龙元年（233）秦朗纪功碑。[2] 二说并行，未有定论。近年来，经对拓片和高清照片相结合的逐步识读，研究者进一步认为此为西晋时的胡奋纪功碑。[3]

《元一统志》："居士台，在定襄县居士山中。台东三里，又有并州监军胡奋九日登高碑刻。极裂缺，仅见其姓名。《晋书》：泰始中刘猛叛，讨平之。此碑盖时所刻也。其官属列名于下者数十人，字画可辨。台上有浮图，今废。"[4]

通过历史文献可知，早年胡奋纪功碑字迹可识者尚多，最关键的是胡奋名字清晰可见，且碑文中九月九日登临内容亦可读出，因此《元一统志》断此为胡奋登高碑。

[1] 牛诚修：《定襄金石考》卷1，三晋出版社，2018，第13—25页。

[2] 殷宪：《山西定襄居士山曹魏监并州诸军事冠军将军碑考略》，《文史》，2008年第4期，第59—72页。

[3] 录文参见忻州市文物管理处、浙江大学文化遗产研究院、定襄县文物管理所：《山西定襄居士山摩崖碑为西晋胡奋重阳登高纪功碑》，《文物》2017年第5期，第85—96页；任复兴：《定襄七岩山西晋胡奋重阳登高纪功摩崖碑释文并跋》（待刊）；任复兴主编：《山西定襄留晖任氏宗谱》卷16《碑记》，留晖任氏宗谱编纂理事会2017年创修。

[4] 〔元〕孛兰盻等：《元一统志》，中华书局，1966，第132页。

不过，文献亦载石刻"极裂缺，仅见其姓名"，可见当年摩崖已出现较严重的风化破损。在确定为胡奋碑后，《元一统志》引《晋书》胡奋本传记载，认为碑文记述内容为击败刘猛的战事。但或许未注意碑文中的鲜卑记载，武断了些。

后来随着《元一统志》的散佚，后人在"发现"摩崖碑时未知此条史料。近年来，研究者从释读铭文入手，方又得出对胡奋碑的判断。现在结合从《永乐大典》子遗部分辑录出的《元一统志》的记载，此摩崖碑确为西晋胡奋纪功碑。正是"众里寻他千百度。蓦然回首，那人却在，灯火阑珊处"。

我从戏台处向东北山脊斜切而上，小径在山岩间时隐时现，个别地段要手足并用才得以前行。耳边风声呼啸，我离垭口越来越近。大约半小时后，来到刀锋般的山脊线上，西北方500米左右是老松台，垭口海拔1450米左右。摩崖石刻在一突兀而立的巨石上。

巨石东侧面是一人工开凿打磨的平面，高3米、宽1.3米左右，边缘有明显的沟槽痕迹，或许最初曾有木构保护。平整面上有横纵格线，铭文字数1000多字。千年风霜后，字迹大多模糊不清。我攀到最近处，也只能看清个别字，这是事先就料到的。我来到垭口是要感受这里的人文自然环境，置身于历史的现场。

胡奋事迹　可补正史之阙

胡奋纪功碑文字分三部分，第一部分是碑额题字，列出胡奋此时的结衔全称"晋使持节监并州诸军事冠军将军关内侯胡奋德行碑并颂"。此后的正文记述立碑缘由，"渐起边患，朝廷以御边命使持节监并州诸军事冠军将军关内侯安定胡奋字玄威统率坚锐，董督州郡镇，抚朔土。君乃震神武宣威灵加岁赏复税盐□□□而力税贡。鲜卑息须鞬泥，系□□□大檀石槐之曾孙也。率□万四千家，以先众夷，屈膝内附为官奴。朔边无风尘之警，黔首晏然。虽周之邵父，晋之魏绛，不足以喻"。北部边境鲜卑部落战事平定，胡奋于九月初九日率部下登临于此，眺望大好河山，为振奋军威，勒石纪功于此。最后部分500多字是部下题名，包括官职和姓名。

胡奋是魏晋西北世族子弟。其父胡遵在曹魏平公孙渊叛乱和灭蜀汉作战中颇有战功。胡奋成年后在军中历任要职，曾多次率军北上，在晋北地区与南匈奴、鲜卑部落作战，也是西晋灭吴战役的参加者。据传世文献记载，胡奋和当时的著名将领杜预一样，都有树立纪功碑的"癖好"。杜预在襄阳岘山、汉水中放置石碑，以传后世，所谓好为身后名。《水经注》卷35《江水三》载："江水又东径鲁山（今汉阳龟山）南……山上有吴江夏太守陆涣所治

左 | 西晋胡奋纪功碑
右 | 胡奋纪功碑拓片局部（任复兴先生拓片）

城……中有晋征南将军荆州刺史胡奋碑……"[5] 可见胡奋立碑之地不只一处。有此"雅好"，那么他在居士山巅巨石上刊刻纪功碑，也就顺理成章了。

《晋书》卷57《胡奋传》载："胡奋，字玄威，安定临泾人也，魏车骑将军阴密侯遵之子也。奋性开朗，有筹略，少好武事。宣帝之伐辽东也，以白衣侍从左右，甚见接待。还为校尉，稍迁徐州刺史，封夏阳子。匈奴中部帅刘猛叛，使骁骑路蕃讨之，以奋为监军、假节，顿军硙北，为蕃后继。击猛，破之，猛帐下将李恪斩猛而降。以功累迁征南将军、假节、都督荆州诸军事，迁护军，加散骑常侍。奋家世将门，晚乃好学，有刀笔之用，所在有声绩，居边特有威惠。"[6]

胡奋的战绩确实可圈可点，家庭背景也是典型世家大族。胡奋少年时就以平民身份随父出征公孙渊，得到司马懿赞赏。晋武帝时，其女胡芳为贵人，胡奋是皇帝丈人，地位显赫。

《晋书》卷3《武帝纪》咸宁二年（276）二月条载，"并州虏犯塞，监并州诸军事胡奋击破之"。[7] 此次军事行动《本纪》里只此一句带过，本传无载。

[5] 陈桥驿：《水经注校证》，中华书局，2013，第769—770页。

[6] 〔唐〕房玄龄等：《晋书》，中华书局，1974，第1556—1557页。

[7] 〔唐〕房玄龄等：《晋书》，中华书局，1974，第65页。

胡奋本传除记载此事外，还记载了泰始七年（271）平定南匈奴刘猛叛乱。西晋政府派将军路蕃征讨刘猛，胡奋驻兵硙北接应，不久晋军击败刘猛。泰始八年（272），刘猛被李恪杀死，李降晋。

刘猛，南匈奴右贤王去卑之子。《胡奋传》载刘猛时为匈奴中部帅，李恪为其帐下大将。《武帝纪》中记李恪为左部帅，《晋书》卷97《北狄匈奴传》记其为左部督。其实当时的南匈奴左部帅应为刘豹。

一种可能是刘豹去世后，左部帅职位由李恪接替，出于笼络的目的，朝廷让其袭击刘猛立功。当然也可能是刘猛被杀后的授予。不过李恪再未出现于文献记载，此后南匈奴左部帅是刘渊。这个插曲的真相如何，由于文献不足，暂难以确定。

所谓硙北，可能是径北之误，即雁门关外。作为并州的军政长官，胡奋对晋北是熟悉的，所以在此次战事中他仍然是主持军务的统帅。从纪功碑文可知，这次战斗的对象已不是南匈奴而是鲜卑人。胡，魏晋时期多指匈奴或和匈奴有关的各类胡人。虏，多指东胡系，特别是鲜卑各部，如白部被称为白虏、拓跋部被称为索虏等。北朝晚期，胡、虏渐通用。有研究者认为此次胡奋作战的对象是刘猛，但其未注意到当时胡、虏有别，且碑文中并未见刘猛部信息。[8] 这个判断与《元一统志》的认识很类似。

鲜卑内附　增添民族关系新证

胡奋以使持节、监并州诸军、冠军将军之职帅军北讨，"董督州郡，镇抚朔土。君乃震神武宣威灵，加岁赏复税盐□□□而力税贡"。任复兴先生释读"加岁赏复税盐……力税贡"，认为是西晋政府对鲜卑部落的妥协政策。

西晋此次的对手鲜卑息鞬泥"系□□□大檀石槐之曾孙也。率□万四千家，以先众夷，屈膝内附为官奴"。碑文中的大檀石槐即东汉后期著名鲜卑首领檀石槐。由《后汉书》卷90《鲜卑传》及《三国志》卷30《魏书·鲜卑传》可知，檀石槐有曾孙名泄归泥。须鞬泥即泄归泥或与其同辈的鲜卑首领。这支鲜卑人内附，战事平息，纪功碑称美胡奋"虽周之

---

[8] 忻州市文物管理处、浙江大学文化遗产研究院、定襄县文物管理所：《山西定襄居士山摩崖碑为西晋胡奋重阳登高纪功碑》，《文物》2017年第5期，第85—96页。

邵父，晋之魏绛，不足以喻"。内附后，西晋对其实际管辖详情有待更多考察。

鲜卑各部整合隐情纷繁复杂。当时鲜卑拓跋部与魏晋政府之间基本处于和平状态。须鞬泥部众"内附"后次年即咸宁三年（277），因谗言，拓跋部质子沙漠汗在自西晋返回途中被杀、"长寿"首领力微去世。晋北鲜卑须鞬泥部与拓跋部内乱或有瓜葛。

立碑传世　彪炳晋北

西晋在边塞部落问题上，始终没有拿出周全的政策，因此长期受到指责。不过，本次战事是以鲜卑部众内附、西晋罢兵，双方达成和解的方式结束。碑文第二段描绘出一幅战后祥和的景象：

其九月九日，以方隅无事，与官属升定襄南冈。其山嵯峨嶪巍，上拂青云。极目博观，见代郡、雁门、上郡、太原、西河山川，历览周秦汉氏行事。薄襄子之袭代，蔑嬴皇之绥服，慨吴起之流涕，痛西河之入秦，恨娄敬之不用，感白登之危急。祭汉皇之遭厄，祝免刑而复官。君元子长融，年在弱冠，实乃颜子卓然之才，遭命不永□□恤君新□恤即葬，登高顾望，凄怆增伤。下瞻城郭居民，丰年穰穰，然以□□□□□三司马步军守门督将长吏侍坐者金慕《邵南·甘棠》之诗。乃共刊斯树封，□□□□□□垂示将来。诚不足以彰休美百分之一也。遂作颂曰：

□□□□，晋运之兴。岳降神灵，诞育监军。高明柔克，允武允文。牧彼徐凉，垂流惠勋。□□为神，□□所臣。于赫威德，绥伐朔滨。万里谧静，安有边氛。患难周邵，虎贲纪功。诗嘉定国，□颂麒麟。超延斯美，莫之与论。铭勒金石，千载不朽。

□此山峥嵘峭石矣，上下廿余里，君官尊位重，未曾徒行。一旦升高，不□扶接，超然□体，□□□所踪□体左桀异，非众能及。时官属督将从者千数，顿踬岩岠，不能上至□□□□于从及侍坐者而已。又冈领上有石，碣然独竖。四方而高，旁有茂□□□□其长时坐其下，有众皆然。故铭封树，并记于篇。□□□□统中军步骑五千人、一州六郡十亘门、匈奴四帅，合五万余人咸芧册"（以下为官属名单略）

农历九月九日，也就是重阳节的时候，胡奋将军和属下一起登上定襄南部"嵯峨嶪巍，上拂青云"的山顶，看到代郡、雁门、上郡、太原、西河山川，这些地方有些是站在山顶上可以看到的，而太原、西河等地则属遥指。

胡奋在战事平息后，需做大量工作，才能与鲜卑部落落实和解事宜。此年九月，他才有空闲来登南山。因而，此纪功碑上的时间正是咸宁二年（276）的重阳之日。

登临定襄南山西晋胡奋纪功碑

颂词中描述当时的山顶情况：从平地攀登上来有 20 多里，和现在走沟里小道的距离近似。摩崖所在的巨石恰如石碣立在垭口处，占据险要和醒目的位置，在这里刊刻纪功碑是合适的。

"统中军步骑五千人、一州六郡十亘门、匈奴四帅，合五万余人。"这次军事作战的西晋方面总兵力为 5 万多人，其组成颇有可说。其中主力是中军步兵、骑兵 5000 人，也就是西晋中央军；其次是一州六郡的州郡兵。一州自然是并州，六郡为其属郡。这部分并州州郡兵的数量没有体现。十亘门或是十衙（牙）门。

最值得关注的是"匈奴四帅"。东汉时期，归附朝廷的南匈奴部众就有听候调遣跟随中央军出征的义务。曹操分南匈奴为五部，以部落首领为部帅，如刘渊即为左部帅。这次胡奋的军事部署名单里仍有南匈奴兵。西晋政府能调动的匈奴武装显然来自南匈奴五部，这里提到四帅可能即指五部的部帅，但缺一部。结合胡奋在此之前击败刘猛叛乱，缺者或即为刘猛所部。也可能刘猛败后，南匈奴仍为五部建制，有其他原因本次只调集四帅部众，刘渊所在的左部应在其中。

碑文附录参与本次战事的几百名军地官员题名，其中有并州主簿、定襄县令等地方官员，还有大批军队中、下级军官，如帐下督、部曲将、各曹史等。他们可能是中央军，也可能来自并州州郡。但未出现匈奴四帅的详细信息。

胡奋摩崖纪功碑是目前山西境内发现的唯一一处在原地保存的西晋摩崖石刻。西晋历史不长，距今时代久远，这一时期的石刻文物能在原地保存至今，已是奇迹。胡奋纪功碑记述了正史中语焉不详的一次边疆冲突——西晋中央和地方军及南匈奴部众组成的联合军团压服了鲜卑部落，体现了魏晋时期晋北地区错综复杂的民族关系。

摩崖碑巍然屹立于山脊之上，其稀缺价值已为学界所重。近代以来被再次"发现"的过程一波三折，更是充满了探索的乐趣。

是非功过，任人评说。西晋胡奋纪功碑是真实历史的见证者。

西晋咸宁二年（276）农历九月九日重阳，晋朝将军胡奋带领部下登上垭口，在巨石上刊刻纪功碑文，期望传于后世。2016 年丙申年农历九月十四，我在 1740 年后登临定襄南山，见证胡奋纪功碑。正如碑文中所写："铭勒金石，千载不朽。"胡奋将军的目的达到了，我们因为它，重新拾回了一段被遗忘的历史。

近年来我多次重访，还曾带各地文化爱好者朋友一起登临瞻仰。幸存至今的纪功碑应得到适当的保护，期待其文化价值不断被后世"发现"。

七岩访摩崖　落景未知还

定襄县东南部是高大的系舟山脉，从牧马河边看去，山峰如连绵的刀剑丛林，直指天际。这片山地自古以来即被称为南山。系舟山脉历代人文景观汇聚，尤以七岩山为最。七岩山文化发端自中古佛教信仰，宋元后的遗存主要是民间神明信仰的体现。

魏齐摩崖　绵延的信仰

七岩山佛教遗迹以早期摩崖石刻著称。北魏、东魏、北齐时期的摩崖造像和题记序列完整、传承有序，是晋北地区保存至今最为重要的摩崖造像群。我在前人工作基础上，就题记部分内容做些探讨。

1.《比丘慧端等八十余人造像记》

目前可知七岩山最早的摩崖题记为北魏神龟二年（519）《比丘慧端等八十余人造像记》，此摩崖在七岩山张家寨西壁。上为佛造像2尊，下为13行造像题名，多有风化：

……比丘慧端……比丘……赵……赵洛□杨买德……清……何生……保……令□续富周□仁潘……赵和杨众□赵□□薛□始、刘道生、赵文和潘清……刘兴奴、赵寄生、赵爱郎、刘令扶潘光□□贺赵伯周……□保□太、赵天保、赵郎奴、刘道顺、刘道恭……赵文□……潘保兴杨□□赵思显□□扶赵□□□奴刘德□赵令畅……转历景□与成、刘化、刘进□□□赵龟□赵……神龟二年岁次己亥七月十五日□□象□□□八十余人等……父母□□眷属……愿□生……[1]

可见，《比丘慧端八十余人造像记》为神龟二年（519）七月十五日盂兰盆会时，地方佛教信众开龛祈福所记。信众题名中姓氏多

[1] 本文考证七岩山摩崖题记录文，参考牛诚修辑《定襄金石考》，三晋出版社，2018版；《七岩山志　七岩山补志》，定襄文化研究会，2001；任复兴主编：《山西定襄留晖任氏宗谱》卷16《碑记》，留晖任氏宗谱编纂理事会2017年创修。

晋北大道　NORTH

为赵、刘、杨、潘等。其中比丘慧端、赵郎奴、潘光三人亦见于下文《七宝山灵光寺创建碑刊记》《赵郎奴造像记》中。

2.《七宝山灵光寺创建碑刊记》

东魏时的灵光寺，可能是谷中最早营造的佛寺。山谷西岩壁上摩崖造像保存较完整，旁有东魏天平三年（536）《七宝山灵光寺创建碑刊记》，记述比丘慧颜、慧端等30余人刊造摩崖七佛、弥勒和千佛，即今千佛殿内石壁上的摩崖造像内容。千佛造像保存较完整，仍可见庄严之气势。

以上题记中均有慧端之名，是同一人。当时此山名七宝山，得名应来自佛教七宝。

千佛造像是北朝时流行的佛教信仰的体现。大乘佛法认为在过去庄严劫、现在贤劫、未来星宿劫三大劫中皆有千人成佛，佛祖为现在贤劫的第四佛。因此现在贤劫千佛最为当时信众崇拜。信众开凿千佛，即寓意在现在贤劫成佛。七佛和弥勒信仰亦为北朝非常盛行的佛教思想。千佛和七佛、弥勒备受推崇，是当时的开窟造像中常见题材。

此造像记分上下两层。上层记事，下层为题名。

造像记事内容分3段，第一段赞颂佛法，记述七宝山灵光寺道人慧颜、慧端等发愿开龛造像："上为皇帝陛下造七佛弥勒，下生当来千佛。"

摩崖造像居中位置是7个小佛龛，内雕坐佛，龛外左右侧各雕一胁侍立像，下有宝珠和供养人像。此即是上文题记中的所谓七佛。七佛和弥勒信仰在云冈石窟中即多有体现。[2]

北魏末年，佛教末法思想盛传一时，七佛和弥勒信仰流行，体现了当时人们期望摆脱人间苦难、往生净土的朴素愿望。开窟、刻经成为人们直面末法时代祈祷重生的重要修行方式。七岩山的僧团和信众是践行者。

[2] 云冈石窟中七佛造像较多。如第13窟，主尊为交脚弥勒菩萨，明窗内侧中央正对主尊位置即雕七佛造像。云冈第35窟窟门东壁上部为帐形龛，龛内主尊交脚菩萨。龛外两侧各一胁侍菩萨立像。龛楣内线刻结跏趺坐七佛（北侧一尊已佚），龛下发愿题记："唯大代延昌四年正月十四日恒……尉都统囗堂旧官……匠为亡……造弥勒并七佛、立侍菩萨……"。录文参考殷宪：《北魏平城书迹》，文物出版社，2017，第167页。

七岩山东魏天平三年摩崖造像局部

在千佛龛的北侧和南侧下部，有多个小龛，开凿位置随意，可能是在主体摩崖造像完成后，又有零散的后续开凿。其中有单佛像，有一佛二弟子像组合，又有多龛内雕双立像组合，是罕见模式。

造像记第二段全面叙述北方历史发展，行文颇有气势：

统御天下者，非贤圣无以承其化。开基定／业者，非能哲何能纂其次。羲皇垂代／之初，尧舜遵而成轨。夏殷周剬礼／兴隆，汉魏述而知法。刘石增晖，苻姚／重焕。太武、孝文皇帝，可谓中代贤君。是以／子孙绍袭，国祚永隆。今高王神圣重光，翼／弼大魏，荡定天下。使平世累业，芬葩无／穷。当今八风相和，六律相应，雨泽以时，／五谷丰熟，民安足食，兵甲不起，四海晏／安，中夏清密，礼乐日新，政和民悦。

此段记述体现罕见的北朝民间社会历史正统观：先例举中原历代圣主，从尧、舜、夏、商、周至汉魏，之后接入十六国政权——汉赵匈奴刘氏、后赵羯族石氏、前秦氐族苻氏、后秦羌族姚氏，然后指出北魏君主中的太武帝统一北方、孝文帝倡导改革，他们并称"贤君"。这一论述的关键是肯定十六国发展轨迹、北魏统一北方、孝文帝改革，认为十六国北

千佛龛周围有零星小龛，有的内雕双立像组合，比较罕见

朝的王朝更替是中华正统的延续。随后着重赞颂在高欢统治下的太平情景，充满溢美之词。高王即高欢，当时民间称东魏实际统治者高欢为高王。

题记中"刘石增晖"一语，尤为珍贵。七岩山下有留晖村，本名刘晖村，清光绪年间方改作留晖，我颇以为刘晖之名即先民择于题记此句；或有受惠于其时代者，感恩而名。结合七岩山魏齐诸题记中多见刘氏供养人，或刘晖村始建于北朝时期。刘晖村名如能恢复，亦是正本清源，彰显历史传承之举。

第三段祈福。

今慧颜／慧端业果阎浮，如恶可舍，拾善为先，同子／入法。自非宣扬慈训，何能畅其正觉。咸愿／四海群贤英隽等，迭相率化入邑，遵崇千／佛。又愿香火一切合生，及善知识所生父／母，七世父母，因缘眷属，托生西方妙乐国／土。上至兜率，与弥勒佛会。下生人间，公王／长者，衣食自华，见存安隐。魔事偃塞，横逆／息猾。万善晡处，当须来世。庆同上愿，福／钟皇家。绵历延绪，八表钦风。弘范归仁，变／彼戎夷，莫不求往。必临无边众生，速囗真／果，普登菩提。／祖师比丘慧参和上比丘慧伏、王寄、王荣宗、刘宠。大代天平三年岁次甲辰九月己亥朔廿七日立／七宝山灵光寺创建碑刊记

此段叙述僧人慧颜、慧端等主持开龛，请"四海群贤英隽"，即功德主群体"入邑"。邑，又称社邑，是中古时期民间宗教信徒组成的公益团体。当时民间举行佛教活动一般在当

地社邑组织下运作。

此段着重提到为信徒祈福："托生西方妙乐国／土。上至兜率，与弥勒佛会。"呼应前文"下造七佛弥勒，下生当来千佛"。此后的发愿文为一切众生祈福、国家安定等内容，基本为固定格式话术。

值得注意的是"弘范归仁，变／彼戎夷，莫不求往。必临无边众生，速口真／果，普登菩提"。此句发愿文体现了功德主群体意愿，他们认为开龛这类要集体参与的弘法活动，能够促进不同族群信徒之间的交流，即"变彼戎夷"，从而得到福报，速成正果。下部的题名正反映了这一事实。

第三部分即下层题名，是参与开龛造像的僧、尼和世俗供养人名单，共计160多人，风化严重，可识别出的职官有：永安守、大中正、从事吏、建中令、州主簿、代郡太守、部郡从事史、定襄令、中兵参军等。可见这次灵光寺僧团发起的开龛祈福活动得到了晋北部分地方官员的支持。题名中的姓氏分布很广，有刘、赵、张、马、宋、白、邢、王、田、周、郭、潘、杨、秦、陈、郝、贺拔、呼延等。供养人中以刘氏为最多，其他姓氏多为单字姓，多为常见汉人姓氏。另外贺拔为鲜卑姓氏，呼延为南匈奴姓氏。

据《魏书》卷106上《地形志上》载，肆州下属的永安郡首县即定襄。当时安置六镇鲜卑军人的侨州恒州寄治于肆州境内，首郡即代郡。可见题名中的永安太守、定襄令为肆州官员，代郡太守为侨州恒州官员。此处代郡太守与下文善无县令均为安置六镇鲜卑的侨州官员，其人应即鲜卑军人。由此可见佛教信仰在鲜卑军人中广泛流传。

此东魏初年摩崖造像由僧团和地方人士共同发起开凿，社邑组织完成。信徒和供养人群体包括地方官员、本地居民和北魏末年迁来的六镇鲜卑军人。造像保存完整，体量较大，受北魏后期兴起的末法思想影响下的造像题记信息丰富：当地民众的北方历史正统观——认同十六国北朝接续汉魏以来的华夏历史发展。

3. 北齐天保七年（556）赵郎奴等造像记

此造像题记在七岩山东侧崖壁回光窟左壁山体上。1986年山体崩塌，落在神林坡，今有登山步道从旁绕过。此块巨大石料目前是倾斜状态，难以搬动，因此造像也是倾斜的。

（1）录文

石料壁面上有上下两主龛。上龛较小，尖拱龛楣，内雕一坐佛二菩萨立像组合。

上龛左右两侧有题记。左侧可见：

大齐天保七年九月壬寅朔一日壬寅，／清信佛子广武令赵郎奴为望息昙／景，敬造释迦像一区二菩萨，上愿三／

右侧可见：

宝永辉，国康万代，七世先望及／今现存普及法戒，同成正觉，／所愿如是。

此题记为北齐天保七年（556）九月一日开龛题记，记录了赵郎奴为亡子赵昙景开龛的事迹。赵郎奴之名亦见于北魏神龟二年（519）《比丘慧端八十余人造像记》，在时隔37年以后，佛教信徒赵郎奴继续为逝去的儿子祈福开龛造像。

广武，《魏书》卷106上《地形志上》记载雁门郡下属原平、广武二县。广武为雁门郡治所，在今代县。[3]

下部主龛，亦为尖拱龛楣，内雕一倚坐佛二弟子二菩萨立像组合。龛左右两侧小佛龛对称布局，显然是经过规划设计后开凿。自上而下，两侧各有3组：第一组为两小龛，内雕菩萨立像，靠近大龛者小，远者稍大。第二组也是两小龛，靠近下部主龛者，内雕菩萨立像，

[3] 王仲荦：《北周地理志》，中华书局，1980，第878—879页。

赵郎奴等造像和题记

较小；外侧远者内雕一坐佛，较大。第三组在主龛左下和右下位置壁面，为单一小龛，内雕菩萨立像。下部主龛内主尊显然是弥勒坐像。弥勒像在北魏后期已经由交脚像向倚坐像改变。

下部主龛下侧有多人题名多组。书写随意，不规整。

第一组题名（右起）：

邑主赵显，/中正诏除平昌、/阳曲二县令刘道胤，/中正前郡正制除/定襄县令潘光，/中正诏除卢奴、/广武二县令赵郎奴，/中正制除永安太/守贾口成，/中正诏除俎县/令赵曹奴，/中正殿中将军善/无县令尉清周，/维那前祭酒石碑/棚，长史刘渊，/维那制除三合/县令邢品，/维那郎中崔雀，/维那冯兰儁，/维那樊显

第二组题名右起：

功曹刘向、/冯郏、杨永安、/宋广兴、常阿德、/冯道擩、杨买德、/刘世珍、宋外、/壶延兴/

第三组右起：

前郡功曹、/行驴夷杨猛、/杨明令、/冯景胜、李回生/

第四组右起：

都维那/张文和、/都维那/解元、/香火主/张买德、/清请主/吕黑/

第五组右起

邑主赵/景贵，/（冯显擩）都督赵/显度，/天柱王/领民统军/赵文威、赵令遵、/赵海元，/□□龙张世仁/张虎仁/前开国冯/回息阿丑/赵令遵/

（2）释读

下部主龛旁现存题名有 39 人（赵令遵一人重名一次）。

姓氏分布极其分散，有刘、赵、潘、尉、邢、崔、冯、杨、宋等，刘、赵姓稍多。其中赵郎奴、潘光名也出现在北魏神龟二年（519）《比丘慧端八十余人造像记》中，可见此二人至少在相隔 37 年后仍在一起参与开龛活动。

题名中拥有各类名号情况如下：

中正名号者 6 人，诏除或制除太守、县令者 7 人，二者兼有者 6 人。

地方僚佐官职有前祭酒、长史、郎中、功曹、前郡功曹等，另行驴夷、前开国亦应为官职简称。

军事官员有都督、领民统军等。

有佛事活动组织和参与者：邑主、维那、都维那、香火主、清净主等。

其他未有名号者或为一般参与信众。题名中有些镌刻位置不规整，似为第一次刊刻后不久补刻。

①中正

中正，魏晋南北朝九品中正制名号，有举荐贤明出仕地方的责任。题名中有前郡正即前郡中正，这些题名者是当地大族势力的代表，如赵郎奴自北魏末年即出现在造像题名中，是地方势力中的活跃人物。

题名中的诏除、制除应与旨授、板授相同，均为国家给予高龄民众的社会荣誉名号，并不担任具体行政职务。这类名号如赵郎奴此处题名"卢奴、广武二县令赵郎奴"，上部佛龛题名中有"天保七年广武令赵郎奴"，可见此处题名镌刻时间在上龛天保七年以后，此时赵郎奴已得到两次北齐政府授予的荣誉县令名号，前为广武令，后为卢奴令。为彰显荣耀，在二次题名时一并刊刻。

上部佛龛中广武令前未说明为诏除，会造成其为实授的误判。

题名中出现多个行政单位，根据《魏书》卷106上《地形志上》的记载，为肆州永安郡下属县的有定襄、阳曲、驴夷。永安郡治今定襄；永安郡领定阳、平昌、西五城。汾州五城郡下有平昌县；定州中山郡治卢奴县；恒州善无郡有善无县、恒州梁城郡有参合县；俎县无考。

东魏、北齐时期的恒州为安置六镇鲜卑而设置的侨州，寄治肆州秀容郡城，即今忻州市忻府区一带，可见善无县和参合县距七岩山很近。侨州居民是鲜卑军人及其家属，是东魏、北齐政权的重要军事力量来源。

"中正殿中将军善无县令尉清周"是本题记中唯一未载为诏除或制除的中正，且担任行政职务，应为实职。

《隋书》卷27《百官志中》载北齐制，殿中将军第八品，三等县上、中、下三级县令分为第六、七、八品。如按将军号与职事官号对等，善无县令为三等下县令，也是第八品。

《魏书》卷106上《地形志上》："自恒州已下十州，永安已后，禁旅所出，户口之数，并不得知。"[4]

---

[4]〔北齐〕魏收：《魏书》，中华书局，1974，第2504页。

这些安置六镇鲜卑的侨州的人口情况没有公开，魏收作《魏书》也不得了解。实际上这里是有行政管理的，题名中的善无县令即是明证。

尉清周之姓显由尉迟氏所改，他应为六镇鲜卑军官，担任县令实职。其担任中正，即为善无县中正。可见在六州鲜卑侨州中，也施行了中正制度。

②都督

都督为武职，在北魏末年尔朱荣时期开始广泛使用，是北朝军队中基本军官的名号。在中央禁军中不同层级中多有都督名号，分正、副都督职，官品由第八品到从四品不等。又东魏、北齐时，主要军事力量来源为六州鲜卑军人，他们的驻地或在邺城、晋阳二都禁卫，或在地方重要军事战略地区戍守。题名中的都督赵显度或为鲜卑化汉人后裔，可能即来自侨置秀容的侨州恒州。

③天柱王领民统军

尔朱荣曾有"天柱大将军"的名号。此"天柱王"似应与"领民统军"连读。

"领民统军"为正史资料未载职官。

领民酋长这一官职，北魏始置，一般由归附政府的少数民族部落首领担任。东魏、北齐时期，为便于管理六镇鲜卑军队，设置六州领民都督府管辖屯驻战略地区的六州鲜卑。其下也有各类属官。[5]

领民统军或是安置鲜卑军人的侨州属官，或是六州鲜卑都督府属官，"领民"同时"统军"，体现了行政管理和军事管理的双重职能。

尔朱荣曾为天柱大将军，是改变六镇鲜卑余众历史命运的重要人物。其人虽遭北魏统治者的憎恨，但在六镇鲜卑心目中却不失领袖地位。高欢功业实际上是尔朱氏政治的延续。天柱王领民统军赵氏应曾为尔朱氏属官。

三题记中供养人姓氏分布很广，刘氏占比相当可观。忻州地区自东汉末年以来设新兴郡，安置南匈奴五部中的北部。南匈奴汉国覆灭后，南匈奴部众和其他入居此地的各类胡人融合，北魏时开始被称为稽胡（山胡），首领中仍以刘氏为多。北魏末年，本地刘氏中刘贵因是高欢的"发小"兼"亲家"，家族跻身东魏、北齐统治阶层。[6] 刘贵的当地亲族亦应

---

[5] 参考拙文《东魏北齐六州领民都督府考》（待刊）。

[6] 参考拙文《刘懿——从高欢的发小到亲家》，《金石证史》，三晋出版社，2018，第18—26页。

不少。

东魏和北齐题记中出现了北魏末年以来设置在肆州的侨州恒州军政官员，如代郡太守、善无县令等，以及军官，如都督、领民统军等。

肆州是尔朱荣、高欢的重要根据地。题记中的贺拔、尉是典型鲜卑姓氏，应是被尔朱荣收服，后为高欢所用的六镇鲜卑军人。

综上可知，七岩山北魏、东魏、北齐时期佛教摩崖造像活动参与者姓氏众多，特别是东魏、北齐时期，有南匈奴山胡系后裔刘氏、呼延氏等北朝以来的本地居民，也有六镇鲜卑侨州恒州军人为代表的新定居者。摩崖开龛促进了不同族群和社群之间的文化交流和融合。

盛唐七岩

隋唐时期，七岩山佛教事业繁盛。

今可见先天二年（713）杨贤晟造像记、开元十八年（730）房涣摩崖石刻。

1. 先天二年（713）《杨贤晟造像记》

七岩山东侧山谷距现地面约6米高的岩壁上有一处摩崖造像，共有北、中、南3部分。北侧居中为一尖拱龛，内雕一坐佛，左右两侧各一胁侍菩萨立像。胁侍菩萨上部又各雕一体量略小的胁侍菩萨，身形显得更丰满些。中部造像的核心为帷帐尖拱龛，内雕坐佛，龛左右各一胁侍菩萨立像。胁侍菩萨上部各雕体量较小的两尊胁侍立像，下部各雕两尊坐佛像。帷帐龛左右两侧，各有6个长方形龛，左侧最下两龛内为三佛坐像，其余均内雕二佛并坐像。核心龛下有力士托举摩尼宝珠，左右侧为供养人像。最外侧又雕二佛并坐像和单佛坐像。这些造像均身形丰满。南部造像区的下部为一较大尖拱龛，内雕一坐佛二胁侍菩萨立像。上有两小龛，上龛内雕一菩萨立像，下龛内雕一坐佛。

南区其他壁面上为字迹潦草的题记，即《杨贤晟造像记》，多有风化：

七岩寺因……大代天平年所〇曾祖达、祖通、通弟会□□□作岩七宝山。置先天岁杨贤晟七宝饮七伤依念此七岩……嫂梁氏／……乃代合家大小……／虽苦海之难余，凿兹微祖今于百尺塔下……七岩寺北建楷合一躯□□就节万钱……／圣王下及皇家人□□同登迦因以此……／先天二年岁次□□五月癸亥朔一日雨山前定襄府校尉杨贤晟及妻刘合家大小普供养

此为先天二年（713）杨贤晟一家开凿摩崖造像题记。题记中记载此地为七宝山，又有七岩寺，或即东魏灵光寺之俗称。题记记述东魏天平事并追溯其曾祖以下历代祖先。定襄府为唐代府兵军府名，杨贤晟曾为定襄府校尉。唐贞观后，府兵军府长官为折冲校尉，下有若

七岩山东侧岩壁上的摩崖造像

干校尉，分统府兵。一校尉领兵为一团，有士兵200人。兵员为地方自耕农。杨贤晟为定襄世代居民，其家为地方大族，至盛唐时期仍担任府兵军官。

在这一造像群的上下岩壁上可见明显凹槽。下部壁面上还有多个残破佛龛，风化严重，大多也应是中古时期作品。

2. 开元十八年（730）房涣摩崖石刻

七岩山东壁上有房涣摩崖题记：

祖金紫光禄大夫、左领军大将军讳仁裕，佐命功臣，名书唐史。父银青光禄大夫、左金吾大将军讳先忠，才兼立韬，蒙国宠荣。开元十八年二月二十三日，朝散大夫、守忻州刺史、上柱国清河房涣，因来北谷监采铜矿，登山历览，怅然有怀，遂思此州山川之铭，乃书其事，以题石壁云，山川绮错，实曰秀容。金峰作镇，木水荡胸。汉皇忻口，夏后前踪。表栖白鹤，山列青松。铭自书。

此题记为开元十八年（730），时任忻州刺史房涣撰写并书。题记载房涣为监督铜矿事而来，此矿应在七岩山不远处。题记记述其祖、父职官和名字。其祖房仁裕曾参与镇压江南

七岩访摩崖　落景未知还

陈硕真起义。此题记载仁裕"佐命功臣，名书唐史"，其平江南乱事可能被记入《高宗实录》之类官方史书，房涣在题记中亦以为荣耀而宣扬。最后一段是登山历览后赞颂七岩山一带巍峨的山川形势。

中唐来华的日本高僧圆仁曾到访七岩寺。开成五年（840），圆仁在求法五台山后，于"（七月）八日，（五台建安寺）斋后西南行卅里，到忻州定襄县七岩寺宿。九日早发，西南行卅里许，到胡村普通院断中，歇"。[7]

七岩山为文化汇聚地，现存晋北地区延续时代最长的中古摩崖造像群，为梳理地方文化史迹提供珍贵史料，同时又是一方人文胜地，访古探幽之所。金元之际著名文学家元好问往七岩山探幽，有诗《同周帅梦卿、崔振之游七岩》："客路频年别，僧居半日闲。同游尽亲旧，举目是家山。世事风尘外，诗情水石间。悠然一樽酒，落景未知还。"

[7]〔日〕圆仁：《入唐求法巡礼行记》，上海古籍出版社，1986，第133页。

净居寺石窟　山崖上的民间盛唐风

晋北大道 NORTH

　　山西的母亲河汾河穿行在宁武、静乐、娄烦各县的吕梁山山谷之中，这一段是汾河的上游。汾河谷地是祖先筚路蓝缕、繁衍生息之地，也是历史上在这里生活的各民族往来的通道。先秦时期在这里活动的是戎狄，后为赵国属地，秦汉时期始置郡县。东汉末年至魏晋北朝时，以南匈奴为首的北方民族在这里定居下来，隋唐时各族大交融，成就了浴火重生的汉文化。中古时期佛教大兴，静乐县城以南12 千米处的丰润村边曾有净居寺。如今古建已不存，山崖上留存下的石窟，成为信仰的痕迹。

　　义务看护石窟的老人姓李，83 岁，身体硬朗。他说自己没什么文

净居寺石窟景观

化,但知道这里是文化遗产,能在这里做些事,也是晚年积德的好事。这样的人,我在山西民间遇到了不少,往往被他们的言行感动。我们的文明历经劫难,却能延绵不绝,文明传承正是因为有无数李老这样的普通人。

河谷东侧山崖上现存10窟。靠近地面的一窟,破坏严重,窟内东壁(正壁)风化无法识别,南、北壁均为帷帐龛,龛内雕一坐佛二弟子二菩萨组合。窟门外侧存一力士像,大体轮廓尚存。石窟开凿时间可能在北朝后期至隋初之间。此窟为近年新发现,文物部门未标号,可称之为新1窟。

沿山崖边的小道,可见崖壁上连续开凿的6个石窟,窟门均为正方形,从北向南,有1—6的标号,应是早年文物部门所为。

1号窟,东壁(正壁)造像严重风化,居中为坐佛,两侧为菩萨坐像,坐佛和两侧菩萨像之间各有3尊胁侍菩萨立像。画面下部两侧为力士像,南侧力士像上又雕楼阁。画面表现的应是唐代净土变主题。[1] 南壁为倚坐弥勒佛二弟子二菩萨立像组合,北壁为一坐佛二弟子二菩萨组合。南、北壁造像均有头光。窟门内侧左右各雕一力士,上身裸露,下着裙。此窟造像三壁三坛式,此后的2—6窟内造像形制均相同。

旁边的2号窟,明显有后人修缮的痕迹,石像上多有泥皮。东壁(正壁)是一佛二弟子二菩萨像组合。佛结跏趺坐于须弥座上。北壁是一坐佛四菩萨像组合。坐佛右内侧菩萨立像

[1] 李裕群:《山西静乐县净居寺石窟考察报告》,《故宫博物院院刊》2021年第10期,第4—35、143页。

2号窟北壁造像一坐佛四菩萨立像

左 | 3号窟南壁胁侍和窟门内侧护法力士
右 | 3号窟南壁造像组合

下 | 4号窟北壁一坐佛四胁侍造像

右手提裙边的造型是唐代常见的造型手法。南壁上是一倚坐弥勒佛二弟子二菩萨立像组合。窟门内侧左右各雕一力士像。窟门上有残存题记:

　　一铺文殊、普贤菩萨,／迦叶圣像,金刚力士,／狮子宛然,道异良工／□□恩垄莹匠石／□□敬之雕□于是。

　　第3窟,东壁(正壁)风化,与1窟东壁造像雷同,也是西方净土变主题造像。南壁为一倚坐佛二弟子二菩萨像组合,北壁为一坐佛二弟子二菩萨像组合。窟门内侧左右各一护法力士像。

　　4号窟与3号窟类似,也是东壁(正壁)风化,大约可看出为一坐佛二弟子二菩萨像组合；南壁为一倚坐佛二弟子二菩萨像组合；北壁为一坐佛四菩萨像组合。此窟现存的菩萨、力士造像更为圆润丰满，体现丰腴之美。

5号窟，东壁（正壁）风化，应为一坐佛二弟子二菩萨造像组合；南壁为一倚坐佛二弟子二菩萨组合；北壁为一坐佛四菩萨组合，佛左侧菩萨捧物，佛右侧菩萨应是近年被盗，石壁上岔口明显。窟门内侧左右各雕一护法力士，残存局部彩绘。

6号窟东壁（正壁）风化，造像不存；南壁亦风化严重，应为一倚坐佛二弟子二菩萨组合；北壁为一坐佛二弟子二菩萨组合。窟门内侧各雕一护法力士。

标号3—6窟这4窟，每两窟之间的石壁上均凿出摩崖碑。可依次称为1、2、3号摩崖碑。

标号3—4窟之间的摩崖碑即1号摩崖碑，螭首，中部龛内亦雕坐佛，两侧有题字"北龛三像之碑"。

壁面横纵方向有界格，风化较严重。碑文楷书，分两部分，第一部分先颂扬佛法，然后发愿：

> 为皇帝及法界合识等，于此岚／州静乐县丰闻城东大山上□□□□凿石作法□上堂方圆□／……于其堂内敬造阿弥陀佛、释迦牟尼佛、阿弥陀佛等三如来像……之侧□造二菩萨、二圣僧、金刚□□二力士□□二狮子……[2]

[2] 录文参考忻州市文物管理处：《山西静乐县净居寺石窟调查报告》，忻州文物局编《忻州文物石雕卷》，三晋出版社，2018，第361—374页；李裕群：《山西静乐县净居寺石窟考察报告》，《故宫博物院院刊》2021年第10期，第4—35、143页。

3—4窟之间1号摩崖碑碑首局部

4号窟门下雕二狮子像，此摩崖碑显然与第四窟有关。

第二部分是供养人名单。文多漫漶风化，可识别有"龛主王士闻祖归洛隋任汾源县中正""龛主录事王士文祖隋任大都督""王君威祖仁婆成父万……"等。

供养人王士闻祖王归洛在隋任职县中正。隋代静乐曾名汾源县。隋初仍延续中正制度，因此有汾源县中正之职。

大都督为西魏、北周至隋初府兵制下军府中的基层军官名。唐府兵制下，每个军府管理的军事单位为团，普通军府配置3—4团，特等军府下辖5团，一般每团士兵200人。每团的长官，西魏、北周至隋开皇年间均称大都督，正六品；隋大业时改称校尉；唐仍称校尉，贞观时官品降为从七品下。后代碑文中记录前朝职官的情况一般在政权初期碑刻中可见，如隋开皇、仁寿年间的洛阴修寺碑题名中录有北齐禁军军官名号。[3] 据后文可知，此处的石窟为唐高宗时期开凿，去隋亡已有60年之久。隋开皇十年（590），府兵制度改革，军入民籍，从此取消单独的军籍，军府军人均归入属地行政民籍管理。或许王士文之祖即为隋初落籍静乐的府兵军官。录事是开府和多个政府机构中的中下层官名。另外，此题名中的王士闻和王士文应为同族。

4—5窟之间石壁上所雕摩崖碑，即为2号摩崖碑，与前碑形制类似，碑文相对较少，风化较严重，可见"月甲辰朔十五日戊……具出大千石佛……是以僧/□□□万基乐孝慈等卅人敬造宝龛□□乃□凿龛内/□□□阿弥陀像并二菩萨阿难迦业贰在左右上愿……"

[3] 参见拙文《洛阴修寺碑考——隋府兵制下汾河中游民族大融合实例》，《北朝研究（第十三辑）》，科学出版社，2021，第152—164页。

5号窟北壁造像

净居寺石窟　山崖上的民间盛唐风

核干支，"月甲辰朔十五日戊"的时间应是上元二年（675）五月十五戊午。此碑文是第五号窟的供养人发愿文，是僧俗信众 30 人合力捐资开凿石窟。碑文下半部是供养人题名，其中可见一家三代名字均镌刻其上；有崔、乔、朱、李、张、侯、邢、陈、马、乞扶、翟、鲁等姓。

5—6 窟之间摩崖碑保存相对完整，为 3 号摩崖碑，与前两碑形制类似。碑文多为弘扬佛法，为众生祈福，并赞颂开窟之地的自然形胜，

其中可见：

县石龛像碑文并序○○净居寺僧庆寂

静乐县丰闰村山崖龛像者，净居寺僧云郡县太仆寺录事王君威等邑义卅三人共所立也。……

上为天皇天后，下暨法界众生、牧宰官寮，俱资福善……

修文洪州都督府高安县沈嗣宗，/ 书岢岚州静乐县丞邑曹知信，/ □□□并州大都督府太原县陈君表，/ 雕饰晋阳县徐神威、赵英徽，/ □□□□岁次丁丑辛酉朔十五日乙亥建立

由此题记可知，僧俗王君威等 33 人建立社邑合力开凿石窟。当时的寺院名即为净居寺。关于地望名，与 1 号摩崖碑文称丰闰城不同，此碑文称为丰闰村。另，王君威之名亦见于 1 号摩崖碑题名。

题记中出现天皇、天后之名。唐高宗后期，武则天取得共同执政权，当时二人并称天皇、天后。

早期碑刻中留存撰文、书丹、镌刻和雕饰等工序的匠人姓名罕见。此碑文则全部列出，是自唐代开始碑刻规制渐丰的实物例证。题名的功德主姓氏中可见王、陈、邢、胡、宋、曹、任、盖、翟、李、武、贾、兰、路等。

隋唐时期，太仆寺是主管全国马政的中央管理机构。《新唐书》卷 48《百官志三》载太仆寺下属官有录事，从

上 ｜ 5 号窟力士像残存彩绘
下 ｜ 4—5 窟之间的 2 号摩崖碑

5—6 窟之间 3 号摩崖碑局部

七品上。录事是太仆寺内协助太仆寺卿开展工作的重要僚佐。唐代在西北和山西多地适宜地区养马，设置牧监。山西吕梁山区本是农牧兼作地区，畜牧业发达。魏晋以来也是胡人定居的重要地区。《新唐书》卷 50《兵志》载岚州曾有楼烦、玄池、天池三个牧马监。《旧唐书》卷 39《地理志》亦载唐末设置的宪州是"旧楼烦监牧也"。而"旧楼烦监牧，岚州刺史兼领"。楼烦监牧的位置应在汾河上游流经的楼烦、静乐范围内。作为主管全国马政最高机构太仆寺的官员，王君威参与静乐地区寺院开窟活动，我推测他本人应与楼烦监颇有渊源。

题记落款"岁次丁丑七月辛酉朔十五日乙亥建立"，推算干支，可知立碑时间为唐仪凤二年（677）七月十五日。七月十五日盂兰盆节，民间多在此时做祈福法事。

1 号摩崖碑为 4 号窟的开窟功德碑，以此类推，2 号摩崖碑应为 5 号窟的功德碑，3 号摩崖碑应是 6 号窟的功德碑。

标号 4、5、6 号窟的形制近似，窟门外侧的立柱八角收分，上下两节，柱础、柱头和接口处雕仰莲和覆莲。3 通摩崖碑形制相同，功德主有重复出现者。

6 号窟南侧上方石壁悬崖上有一窟，难以接近，远观内部，无造像，或为古人开凿的禅窟，可称之为 7 号窟。

标号 1—6 号石窟以南约 200 米山崖上，还有紧邻的两个小窟可称之为 8、9 号窟。靠北侧的 8 号窟似为未完成窟。靠南侧的 9 号窟风化严重，有被盗痕迹，也为三壁三坛式，东壁为一坐佛二弟子二菩萨像；南壁为一佛二菩萨像组合，坐佛左侧菩萨无存；北壁是一坐佛二弟子二菩萨像组合。造像形制和 1—6 号窟类似。

整体上看，1—6 号窟上部壁面上有统一凹槽和仿木构瓦垄，是统一规划和设计后进行施工作业的。石窟为唐初典型三壁三坛式，窟门为约 1 平方米的正方形，造像多为一坐佛二弟子二菩萨、一倚坐弥勒佛二弟子二菩萨、一坐佛四菩萨等组合形式。造像体现比较典型的唐代雕塑圆润饱满风格，弟子、菩萨、力士像形态鲜明。西方净土变主题造像多次出现，在唐代造像中是罕见个案，或与北朝以来发源自并州的净土思想关联。[4]

3 通摩崖碑形制高度近似，为唐上元二年（675）至仪凤二年（677）前后刊刻。石窟开凿的倡导者为僧俗组成的社邑，参与者是寺僧团和地方信众，其中有定居至少三代的隋府兵军人后裔、地方大族，重要发起者之一王君威是唐马政机构太仆寺官员。

净居寺石窟是晋北地区初唐至盛唐时的民间石窟艺术精品，在造像题材、碑刻艺术、地方史、民众信仰传承等方面均有重要研究价值。这里的保护、研究和传承工作，还有很多事可做。

[4] 李裕群：《山西静乐县净居寺石窟考察报告》，《故宫博物院院刊》2021 年第 10 期，第 4—35、43 页。

木图摩崖

——北魏题记+唐造像合体

原平东北部山区有一条山间公路路况极好,路的尽头是木图村,它正在一条山谷的关键处。沿沟谷向上,山势收窄,我在乱石中磕磕绊绊,前行3里左右,在山谷窄处东侧山岩底部,有一石窟,摩崖造像就在其中。窟口有1981年原平县(今山西原平市)所立县级文保单位标志碑。

摩崖造像高70厘米、宽52厘米、进深9厘米。造像石质呈豆绿色,是破坏表层岩石后,在更深一层壁面上雕凿而成。现已看不出明显龛形,壁面上居中为倚坐的弥勒像,周围是二弟子、二菩萨立像。佛有头光,袒右肩,左手置左腿上,右手做说法印。二弟子、二菩萨造像均面相丰满。菩萨裸上身,身形婀娜,手持帛带。此摩崖造像组合保存较好,身形姿态为盛唐造型风格。

在造像西侧原始壁面上是字迹粗犷刚劲的题记,魏碑体,部分剥落、崩塌。

可见竖题4列:

正光五年七月十二日,比丘僧/道人董云兴在此山林中名/华林寺,隐造同像两区、/砖浮图一区、造十二部经供养[1]

由题记可知,北魏正光五年(524)董云兴记录:华林寺建造同像二区、砖浮图一区,并造十二部经。

这是指三件功德事:同像二区可能是摩崖造像两尊,砖浮图一区即砖塔一座,造十二部经应是写经。据题记可推断华林寺可能即在附近。

但目前留存的造像为唐代风格并非北魏。颇疑北魏开凿的原有造

[1] 现岩壁残损剥离,部分题记已佚,部分录文参考张林香:《山西省原平市木图村佛教摩崖造像调查简报》,《文物世界》,2005年第5期,第46—47页。该文未识读出正光年号,对题记和造像年代未加分析。

左 ｜ 一佛二弟子二菩萨造像组合
右 ｜ 北魏题记局部

像残损，唐人将壁面修整后重刻。现存造像明显低于岩石外层表面，且石质颜色不同。

"十二部经"是指佛教经书的叙述方式和内容分为 12 种。所谓"造经供养"是指修造佛教基本经书，用于修行学习和佛法传播。可见华林寺是有一定规模的佛寺，这方面有实际需求。

在华林寺做祈福弘法之事的同年年初，六镇变乱爆发，社会大动荡开始。原平所在的晋北地区遂成为尔朱荣、高欢集团的发家之地。古寺、浮屠、经文均已不存，唯记录那次功德的摩崖题记幸存至今。北魏造像在混乱中被毁，唐代后补，于是出现了题记与造像并非同一时期的情况，形成北魏题记 + 唐代造像的奇葩组合。

三晋第一摩崖碑

——东汉南行唐北界碑考略

整体上为南北走向的太行山脉是黄土高原和华北平原的分界，山中有一些缺口，成为沟通山脉东西两侧的门径，其中最著名的是后人所举之"太行八陉"。途经这些缺口的古道是数千年太行山交通网络体系的核心部分。当然这些缺口绝不只8个。在今繁峙县东南方向即有一条峡谷，发源自繁峙的大沙河，经此谷向东南蜿蜒流淌，进入河北平原后注入白洋淀。此谷自大寨口以下约20千米路段一路下切，两侧山体险峻、谷底狭窄，自古是山西繁峙、河北阜平之间的捷径，不在所谓"八陉"之内。

这条悠远深谷的北口附近还是高原地貌，两侧山体相对平缓。1998年，在今大寨口村以北河谷崖壁上，繁峙地方学者李宏如发现一处摩崖石刻，此后相继有前往考察的研究者。[1]

如今摩崖所在岩体在修缮后的108国道路基之下、沟谷西侧高8米左右的崖壁上。

上至近前观察，这是斑驳崖壁上镌刻的摩崖碑。工匠在壁面上刻出碑首和碑身样式。碑首内部应有铭文，已难以识别，碑身高约1.3米、宽约0.7米，所刻铭文字径7—22厘米之间，有24字："冀州常山南／行唐北界，／去其廷四百八十里，／北卤城六十里。"在此碑左下角又有一"界"字铭文。

碑文书体为粗犷的汉隶，未书刊刻时间。由碑文可知为冀州常山郡南行唐县的北界界碑。有研究认为，"其廷"是指冀州常山郡治所在地。"北到卤城"是至当时的并州雁门郡卤城县治所。在将碑文中的汉里与今制长度换算后，碑文中的里程数与前往常山郡治、卤城县

[1] 有关研究参见李裕民：《汉地南行唐地界碑与卤城的考索》，《考古与文物》2007年增刊，第127—129页；张润泽：《试论"南行唐北界"摩崖石刻的年代及价值》，《邯郸学院学报》2020年第3期，第11—18页；孙继民：《"南行唐北界"摩崖石刻考察的收获》，《邯郸学院学报》2020年第3期，第5—10页；张弛：《汉"冀州常山南行唐北界碑"考》，《艺术品》2020年第5期，第72—77页。

东汉南行唐北界碑

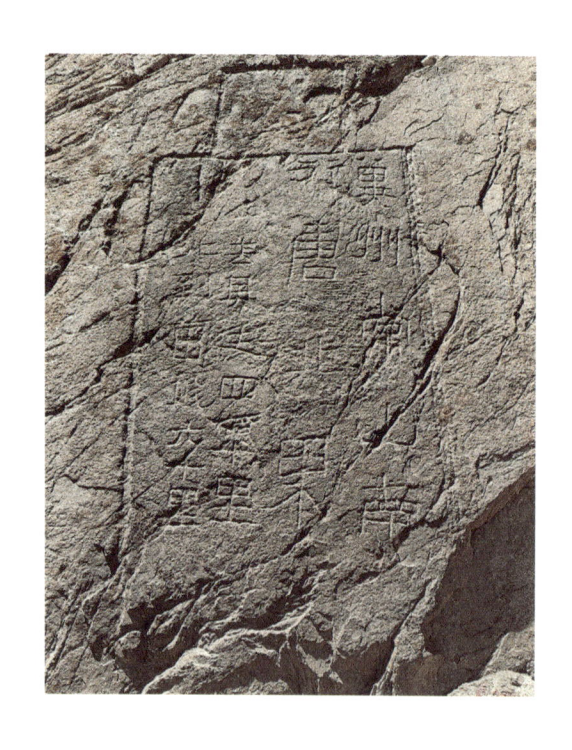

[2] 关于此摩崖碑文中的"其廷"所指，注释[1]列举各文有不同意见：张润泽文认为是冀州治所，李裕民、张弛文认为是常山郡治，孙继民文认为是南行唐县治。本文用郡治说。

[3] 陈桥驿：《水经注校证》，中华书局，2013，第 279 页。

治的距离大体相符。[2]

东汉灵帝时，面对北方鲜卑的兴起和袭扰，政府曾命幽州、冀州勘察边界。《水经注》卷 11《滱水注》载："徐水又径北平县，县界有汉熹平四年（175）幽、冀二州以戊子诏书，遣冀州从事王球、幽州从事张昭，郡县分境，立石标界，具揭石文矣。"[3]

可见东汉熹平四年（175）时，幽州和冀州郡县进行了分界立碑工作。此处大沙河河谷摩崖碑应为当时冀州常山郡南行唐县勘察行政区划范围后，在辖区北部所立界碑，因此碑文中出现冀州字样。因地在河谷中，古人即就地取材，直接选在河谷崖壁的合适位置刊刻。

南行唐县治所在今河北行唐县南桥镇故郡村。东汉时南行唐县的辖区竟跨越太行山，抵达山西繁峙境内。结合东汉末年北方形势和实际地理情况，亦可理解为更好控制这条穿越太行山的峡谷地带，对此区域进行统一管理是有必要的。照此推断，此界碑刊刻时间很可能即在东汉熹平四年前后。为控制峡谷，根据形势需要，历代在峡谷险峻处会加强管控。如在此东汉界碑以南的峡谷中即有明代内长城竹帛口段、茨沟营堡等。可见此古道亦是两千多年来往来太行山东西两侧、晋冀之间的重要通道之一。

大沙河今已接近干涸，河谷为季节河道。中古时或水流充沛，是古人穿越太行山峡谷的天然通道。此南行唐北界碑一直不见于文献著录，近年来复见，弥足珍贵。它也是目前山西境内已知原地保存最早的摩崖石刻，由此，堪称三晋第一摩崖碑。

晋东山上

EAST

貳

太行山作为黄土高原东部的地理标志，是山西、河北、河南的天然分界。为联系彼此，太行山中的交通线为两侧民众利用。如今为人称道的"太行八陉"是太行山交通系统中的8个隘口要点，实际上山中的关隘要津绝不只此。围绕这些隘口向山脉两侧延伸的道路古已有之，"太行八陉"之一的井陉是山西中心城市太原和河北平原中部之间的关键要点，途径这里的交通线至今仍在使用，我们称之为井陉道。

一批中古石刻分布在古道沿线，如开河寺石窟、娘子关承天军石刻、两岭山摩崖造像、阳摩寺石窟、石佛寺石窟等。其中，娘子关承天军石刻是记录唐后期中央与藩镇关系的重要实物证据；阳摩寺石窟兴盛于北朝、隋唐，保存北朝、唐代石窟艺术特点，北朝千佛信仰、唐代地藏、新样文殊等造像都可看到，其保存的大量题记是珍贵的地方史资料。井陉道之外，太行山中的中古石窟摩崖呈散点分布，比较重要的有阳泉与五台山之间的盂北地区造像、上文唐摩崖造像、松溪河流域的石马寺石窟等。

两岭山摩崖造像

阳曲县东黄水镇东部有古道通往盂县。此路穿越山区，崎岖曲折。前些年公路改道，走南部相对平坦处，现为314省道。东黄水至尧沟村之间的古道基本荒废。

在尧沟村西北部是20世纪修建的公路，沿山谷盘旋上下，多处与古道交错。在建国桥附近，古道沿河谷而行，古人在崖壁上开凿摩崖造像。我第一次到访时，山中雪厚，来到沟底无法前进，只探得1号摩崖造像。次年春季才考察了2号和3号摩崖处。

雪后俯瞰两岭山沟谷

1号摩崖造像

建国桥桥头边的崖壁上有摩崖造像一龛，即为1号摩崖造像。

1号摩崖造像龛圆拱尖楣，高约1米、宽约0.6米、进深约0.2米。龛内雕一佛，面貌已毁，结跏趺坐，着通肩袈裟，有头光。两侧现无胁侍。龛外两侧下部雕相对两狮。龛左侧平整壁面有题记，可见界格，斑驳不清。可大体识读：

大业□年八月廿日／佛弟子同□□□军事／□□□愿造□弥□／像一区／……明主……

可见此龛为隋大业年间开凿。内雕应为阿弥陀佛像。佛两侧原有胁侍菩萨或弟子像，下应有火珠造型，今未见。龛内有较明显凿痕，早期形制已被改。附近石壁上还有清代修桥摩崖题记，多已漫漶。

从此龛东侧进入河谷，林木茂盛，古道难以分辨。河谷北侧崖壁上是2号摩崖造像组。西侧和东侧龛较大，中间有一小龛，均为圆拱尖楣龛。两侧龛内雕一佛二弟子像或二胁侍组合；龛外左右两侧各雕一护法；龛下方雕双狮、宝珠。中间小龛内雕一坐佛像。

东侧龛长1米、高0.8米。佛像左侧弟子像曾险遭盗割，痕迹尚在。

龛左侧岩壁上有题记："大唐仪凤二年（677）岁次丁丑正月／甲子朔二日乙丑，上为天皇天后／……五人等……边地众生……"。左侧5米处崖壁上，还有一处仅勾勒出龛形的龛。

上 | 2号摩崖造像组
下 | 唐仪凤二年摩崖造像

沿沟底继续向东约30米，崖壁上为3号龛组，可见两龛。东侧的较大，佛龛高0.9米、宽1.05米，内雕一坐佛二菩萨立像组合。龛外两侧各一护法力士，龛下雕双狮、宝珠。龛左侧石壁局部磨平后作题记，可见："维大隋大业三年（607）岁次丁卯五月乙酉朔十二日庚申，/佛弟子□次洛兄/弟合家大小等敬/造像一区。为三界□□/过去及未来。/上为皇帝陛下，又为七世父母、因/缘眷属、法界众/生，共同妙□。"西侧一小尖拱龛，内雕似为一尊菩萨立像。

两岭山摩崖造像

隋大业三年摩崖造像

两岭山摩崖造像群位于阳曲县东部和盂县西部山区之间的古道沿线，现在可见多处摩崖造像，存隋大业和唐仪凤年间题记3条。

暮然回首佛爷沟石窟

系舟山脉自东北向西南延伸至阳曲县北部地区。在杨兴乡杨庄以北的深山中有一座佛爷沟石窟，路途遥远，道路难行。

初春，我们自杨庄以北铺岩村北上，抵达山间一处岔口，直行看到深谷边的青石，再前行从右侧进入深谷。小径在山谷西侧，一直走到尽头，发现已无路，原路退回，将出谷时，依稀望见东侧山崖上的窟门。此窟在深谷东侧的岩壁上。在夕阳中我们爬上山坡，来到窟前。这是一个单窟，在地面以上约1米处开凿。石窟上部壁面上有凹

佛爷沟石窟外部景观

北方毗沙门天王像

槽和方孔，是开凿时的木构窟檐所用。窟柱大部已毁，门为圆拱尖楣，圆拱下壁面上刻"功德佛龛"四字，尖楣上雕相向的二飞天。窟门两侧各雕一威武的力士，高约1.5米。

北侧天王像旁壁面上刻"北方毗沙门天王"，天王面容狰狞，左手托举宝塔，右手叉在胯部腰带处。肩部披披风，上身着铠甲，腰部有护甲，下身着战裙。天王头裹幞头，两角飞起向上，衣袖也做迎风状，以显示天王的威武之势。此像存局部朱红彩绘。此天王是本窟保存较完整的造像。

莫高窟中唐以后的塑像、壁画中出现托塔天王形象，即北方多闻天王，佛教四大天王之一。宋元时又有托塔李天王之名，附会于唐初大将李靖。此处是内地石窟中出现托塔天王造型的较早实例。

窟门南侧天王像头部被毁，服饰与北侧天王相似，双手执金刚杵一类的兵器。旁边壁面刻有"毗楼勒叉天王"，此即佛教四大天王中的南方增长天王。中古时期，门外力士大多不具名号，此窟则明确刊刻北、南方天王名号，且二天王雕在窟门北、南两侧，正合其位。

窟外壁面有两处风化严重的石刻题记，一是毗楼勒叉天王像南侧的摩崖碑，碑首题"□灵洞/□□□记"，一是毗沙门天王像上部的功德主题名。

窟内高、宽均约1.8米，进深约1.3米，内雕一坐佛二弟子二胁侍菩萨造像组合，造像高1.2米左右。坐佛结跏趺坐于须弥座上，身后背光和头光，背光内层雕缠枝花纹，外层雕火焰纹；颈部三道纹，体态丰满；内着僧祇支，外披袈裟。弟子和菩萨像被毁严重。菩萨像腿部存有U形衣纹。

整体上看，此窟造像偏世俗化，身形较臃肿，应为唐后期风格。托塔天王像是亮点。发愿功德主应多为附近村落居民。

阳摩寺石窟

寿阳县北山近盂县，东西向山体如屏。从古村下州（即东魏、北齐所置侨州夏州）北行约10千米，穿过铁路涵洞，可到达山脚下。北山脚下的阳摩寺村在抗战时曾有几百名同胞惨遭日军杀害，现已无人居住。

在阳摩寺村旧址即可看到巍巍山体。山腰处有双凤寺，为现代重建。继续北行，翻过第一道山峰，看到第二道更高山峰，阳摩山石窟就开凿在第二道山峰的半山岩壁上。沿杂草丛生的小径而行，到达谷底，可看清山腰处的石窟。再跨过一泉眼处，登上一个小平台，看到护坡条石，绕到上面就来到了石窟前。

阳摩寺石窟开凿在半山腰一块东西向岩石上，可分东、中、西三部分，开凿活动自东魏至隋唐，乃至北汉仍有回响。建筑类型有石窟、摩崖造像，个别窟的功能可能是禅窟、影窟或瘗窟。东区多小型佛龛，体量最大的石窟在中区，开凿最早的摩崖造像在西区。

一、东区

东区包括1大窟以及摩崖造像4组，共7龛。大窟圆拱尖楣，窟门长方形，雕出仿木构门砧、门柱、门框，内部高约2米，三壁三龛式，北壁（正壁）中央为佛坛，左右各一弟子立像，已残。主尊位置和左右两壁均已无造像。有研究者以为大窟为禅窟。

第1、2龛为一组，风化严重。第1龛内雕三坐佛，第2龛内雕一坐佛。

第3、4龛为一组，可分三层。下层有后期线刻佛像两尊，旁可见题记："天会四年三月□□□□"，应是北汉天会四年（960）。金代也有天会年号

左 | 东区 5、6 号龛造像
右 | 东区大窟窟门

（1123—1137），但金天会四年（1126）正是宋金争夺太原之时，社会动荡时期，缺乏开龛活动的条件。

第 5、6 号龛为一组。5 号龛内为地藏菩萨坐像，圆顶光头，戴项圈、璎珞。左下一供养人像。菩萨像下有题记："惟大唐开元八年／岁次庚申／七月壬子朔／廿九日庚辰，／佛威敬／造大沙门像／地藏像一区，上为／师僧父母，／又一切众生成佛。"供养人像左侧题记："惟大唐开元九年四月／卅日，佛弟子孙元庆／妻中玉，敬造阿弥／陀一区，为／亡过父母，但／成正觉。"

据《大乘大集地藏十轮经》《地藏菩萨本愿经》等多种佛经记述，地藏菩萨是释迦即灭、弥勒未降生之间，受佛祖嘱托，救度众生的菩萨，所谓"代佛宣化"。地藏菩萨信仰在隋唐时出现，很快在信徒中广泛传播。单独开龛供养地藏菩萨出现于唐中期。地藏菩萨有菩萨装、佛像装、沙门像、被帽像等多种形制，此龛造像既有圆顶光头，做沙门形象，又有项圈、璎珞等菩萨服饰，是一尊早期未定型的地藏像。供养人题记上方有一小龛，内雕二佛。

6 号龛中心为一坐佛，左右为二弟子四菩萨立像，最外侧又各雕一坐佛。龛楣上有四尊坐佛，面相圆润。东北角雕二佛。中心龛下有题记："维大唐开元八／年岁次庚申／七月壬子朔／廿九日庚辰，／骑都尉孙阿子／为向大军／发敬造像一／铺，为七世先亡／生父母、合家／大小，俱证正觉""佛弟子孙阿／子、／万思九敬／造阿弥陀"。

据《新唐书》卷 46《百官志一》，骑都尉为唐代勋官第五转，视为五品。勋官是唐代对军功人员给予的荣誉和褒奖，非实际职官。在开元八年（720）时"为向大军发"，是特为某次军事调动而祈福造像。

阳摩寺石窟

7号龛最靠近东部，内雕坐佛，风化严重。

二、中区

中部区域按自东向西顺序，主要有3窟。

核心1号窟又名金佛殿。窟前凿出前室，地上一石香炉，前方留有两柱础，可见旧时前廊有木构。前室左侧面雕伞盖之下的盛装菩萨立像，戴冠、项圈、手镯、臂钏，肩搭披帛，珠光宝气；左手托莲蕾，右手持净瓶。窟门左右两侧壁面上是以普贤骑狮、文殊骑象为核心的高浮雕像，而非常见护法力士。文殊菩萨和普贤菩萨左右有胁侍菩萨，坐骑象、狮前有御者，外侧雕一威猛护法力士，主次分明、错落有致。这组高浮雕的神像和坐骑形态塑造鲜活生动，细节表达更为精致，体现了唐后期石窟艺术的高超技艺。

窟门正方形，门框上刻《古灵嵩寺新造功德堂记》。题记先述自然环境之殊胜，又载：

古寺／厥号灵嵩也。／晋始立，至大魏、／大周、后秦甲申岁／奏寺额，遂□终／崇皆镌铭记。从秦／至唐宝应元载，年／代既深，古□堕坏。佛龛圣迹□□□／存。后遇○广平帝／崇敬佛僧，我今○皇／帝乾坤永固，佛法重／新。北京留守太傅王、／盂县令窦、寿阳令孙、／忻州定襄县无／畏大师讳金刚照，／俗姓崔……杖锡此山……德宗贞元……日奄化……山众……西二十……元／和六年岁次辛卯三月朔廿八记。／……门人僧惠玘　门人僧□□门人僧普□　门人僧……[1]

此题记刻于唐元和六年（811），北京即晋阳，北京留守王锷是唐中期重臣，德宗朝历任各地节度使，颇有干才，宪宗时任北京留守、河东节度使，聚财扩军，巩固了晋阳战略地位。当时兼任河东节度使的王锷与来自定襄的僧人金刚照交好，会同盂县、寿阳两县县令支持其主持灵嵩寺。金刚照圆寂后，为纪念其事业，开窟名功德堂。有研究者认为此窟是纪念金刚照的影窟。[2] 题记为金刚照弟子撰写，追溯灵嵩寺为西晋始建。题记中的大魏即北魏，

---

[1] 阳摩寺石窟部分题记录文结合实地观察，参考《山右石刻丛编》卷7《阳摩寺功德铭文》，胡聘之辑：《山右石刻丛编》，清光绪二十七年（1901）刊本；许栋、王丽、石文嘉：《山西寿阳阳摩山石窟东区调查与研究》，《文物春秋》2017年第5期，第49—58页；许栋、王丽、石文嘉、崔晓东：《山西寿阳阳摩山石窟中区及西区调查与研究》，《大众考古》2020年第3期，第66—80页。

[2] 许栋、王丽、石文嘉、崔晓东：《山西寿阳阳摩山石窟中区及西区调查与研究》，《大众考古》2020年第3期，第66—80页。

大周即武周，后秦待考。广平帝即唐代宗，宝应元载（762）为代宗即位之年。

现在窟内三壁已被砍砸一空。东、西壁前有石台，窟门内地上有门臼。如今的金佛殿仅存其名而已。

窟门西侧有一处字迹潦草随意的题记："秦宝奏帝　奉魏王□□相公令旨／……古灵嵩寺，五峰皆幽岩，□□现石／□□□龙宫清池……此山自古□／□圣迹之地□宝山照应□□百佛一堂。／报应一生，保佑见在父母，西方□□莲花化生／天会三年三月十五日记。"

此天会三年应为北汉刘承钧年号，即公元959年。题记中的魏王应是北汉权贵。

2号窟位于金佛殿西侧，仅存西壁一小龛，内雕一佛二菩萨像组合，其余壁面无造像。窟门外壁上有一左起镌刻的贞元三年（787）题记："诔志瘗述铭意，／为国王帝主、大臣宦官／长、师僧父母，开山敬造佛堂□□，／鹫岩经室，敬安尊像，大／圣圣教　贞元三年，岁／次丁卯五月甲申朔廿／九弟子修记。"

更西侧的第3窟，雕出前廊，窟内无造像。窟门内侧地上有门臼。

金佛殿窟门侧文殊菩萨及侍从造像

三、西区

阳摩寺石窟西区现存摩崖造像多组，从东向西可分为7组。其中三组摩崖造像体量较大。

（一）第一组

第一组龛上部为6层造像小龛；中下部开一龛，内雕一坐佛二弟子立像组合。

小龛下有字迹随意的发愿题记：

比丘惠□／零嵩寺／大像主法／义母人一／百人等，／大魏岁次丙寅，武定四年六月

□□□□比丘惠岳东村妇人法邑主法敬维那乐近／吕娥共一百人等／□众心劝助敬造大像／小像百区，上为〇皇帝陛下、／渤海大王、□□师僧、七世／父母、□□□□合邑因缘／眷属……后为／边地合生之类，持佛国／登正觉。斋主秦造像为亡父，／光明主杜乔□范世□，／香火主秦□□，清净主秦伏生，／都绾主长史董道业。

此题记记述寺僧和诸多女性信众组成的社邑组织百人联合开凿摩崖造像的事迹，时在东魏武定四年（546）。造像活动有较为明确分工，有负责组织活动的维那、都绾主，有斋主负责法会事务，有光明主、香火主、清净主等捐助者。当时高欢实际控制东魏政权，题记中的渤海大王即高欢。东魏摩崖造像题记中出现渤海大王或高王的有多处。

都绾主董长史应是州郡或军事机构重要僚佐。阳摩寺附近有东魏、北齐设置的侨州朔州、夏州、燕州，皆在今寿阳境内。董长史可能在侨州任职，或为侨州人士。

东魏造像西侧有4小龛，内雕坐佛。上一龛发愿题记："比丘惠／信为／亡父母／造像／一区。"其他3小龛并列于下。

（二）第二组

第二组4小龛，其中3龛内各雕一坐佛。最西侧一龛内雕菩提双树下的一佛二供养人像。题记可见："惟大唐／开元九／年五月／佛弟子／孙阿□／□□□／□□□／敬造释／迦降魔／像一铺。"

我推断此供养人孙氏应与东区第六龛供养人为同一人。

（三）第三组

再向西的岩壁上是西区第三组龛，内容丰富。

这部分造像自左向右纵向可分6部分，左起的第二、第四部分为造像小龛，面积最大。

左起的第一部分上下排列5小龛，前两龛内各雕一坐佛，中为骑狮普贤菩萨和胁侍菩萨像组合，剩下2小龛内雕三坐佛和二坐佛像。

第三部分在两侧多层小龛造像之间，上为并排两龛，左龛稍大，内雕一坐佛二菩萨立像组合；右龛稍小，内雕一坐佛像，下有4菩萨立像。下部是长篇发愿题记——《阳摩山功德铭文》。

与常见古代书写方式不同，此铭文左起竖题，先叙佛法，后描绘本地山川形势，再接述造像缘起：

唐国北京□□西界，山名阳摩，峰峰秀／巅，中有仙洞龙宫，有石室清池，众灵嵩之□。岩／上有功德铭，云是往先大魏武定三年造。衣服／犹古，消变欲暗。至唐朝李家第八广平／皇帝，正天下，取四海。奉则北京，主姓辛名士（云）／京，能止动乱，出将入相之日，

西区第一组龛东魏摩崖造像和题记

县主姓秦名善。文／明今古雅震贤风，三主钦明，是其世也。于此□／□改为袈裟座莲花台及方座二大士普贤文／殊、龛中观音势至等诸大菩萨。盖及仙是其增／新。惟大唐大历二年，岁在丁未八月一日。修建功／毕，随镌铭记传于后。……

此铭文提到武定三年（545）功德铭，即东侧西区第一组龛第六部分的东魏武定题记。广平皇帝即唐代宗，即位前曾为广平王。所谓"正天下"，是指代宗平息安史之乱。辛云京为安史之乱后唐政府倚重的官员，时任河东节度使、太原尹，封金城郡王，后任检校尚书右仆射，即宰相职。大历三年（768）去世。在其"出将入相之日"，寿阳县令修缮阳摩寺造像，作此铭文为记。

第五部分3龛，上龛为龙树下坐佛；中龛内分两小龛，各有两坐佛；下龛内是骑象文殊菩萨像和左右胁侍菩萨像。其中驱象者由昆仑奴转为于阗王胡人形象，这样的文殊造像被称为新样文殊，是目前发现最早的新样文殊造像。[3]

[3] 文殊和普贤菩萨造像在此部分摩崖造像的位置对称，显然是经过设计的。许栋：《中国中古文殊信仰研究》，甘肃文化出版社，2023，第316页。

阳摩寺石窟

西区第三组龛崖造像和题记

第六部分 3 龛，最上龛内雕一坐佛像，有题记：

武定三年五月一日，/ 秦□□□□□/ 造像一区，上为○皇帝，下为七世父母、所 / 生父母、因缘眷属，法善知 / 识，有形之类，一时成佛。

中龛内分为 2 小龛，各雕一坐佛，下有题记，右侧难以分辨，左侧题记：

比丘惠□为 / 现在父母 / 造像一区。

下龛内也分 2 小龛，但只右侧刻一坐佛，左侧空置。下有题记：

□□□□□/ 造像一区，上为 / 皇帝陛下、师僧 / 父母、因缘眷属，有 / 形之类，一时成佛。

这一部分造像风格类似，武定三年（545）题记为现存阳摩寺石窟最早题记。

（四）第六组

西区第六组多龛，其中一龛内雕一佛二菩萨像，下有力士像做托举状。西侧多个小龛，内均雕坐佛。其中一条题记："大周开皇二年，岁次戊寅七月卅日 / 合村邑母十五人，敬造佛像一区，上为皇帝陛下，下为七世父母所生父母、因缘眷属、边地众生，一时成佛。比丘惠明……"后为女性邑子多人题名。开皇二年（558）是隋朝年号，此处刻为北周国号，原因待考。此年岁次壬寅，这里应是将干支误刻为戊寅。

西区第四、第五、第七组造像均仅有单龛。第五组仅一龛，内雕三佛造像和胁侍，有研究认为是药师佛、释迦佛和弥勒佛。

中古佛教信众几百年间在这里兴造不断，留下一批珍贵文化遗存。阳摩寺石窟虽大多残破，但颇有特色，开凿时代始于东魏，至唐繁盛，五代末年还有余音。现存造像以东区唐地藏菩萨像，中区唐高浮雕文殊、普贤造像，西区新样文殊造像为代表。现存题记多条，以西区东魏武定三年、四年题记，唐大历二年题记，中区唐元和题记文字量大、信息最丰富。这些造像和题记在美术考古和石刻史料方面均颇具艺术鉴赏和学术研究价值。

千年过后，古寺不存，造像题记犹在。阳摩寺石窟是晋东地区重要石窟寺遗存，未来还可进一步深入研究。

晋东山上 EAST

寿阳石佛寺石窟

寿阳县羊头崖乡最南端山谷中的阔郊村在公路尽头，地处寿阳、榆次、和顺三地交界的深山中。

石佛寺石窟在村西小河谷北侧岩壁上。石窟现存3部分，西部和中部紧邻，东部稍远，共2个石窟、8个小龛。清人曾在窟前修建石券保护，最近又有地方人士捐资修缮。前些年佛头被盗，后来村人进行了修补。

河岸北侧崖壁上的石佛寺石窟

西部为 1 号窟，窟前石券门上有石匾，上书"石佛寺"，内部三壁三龛式，覆斗顶，北壁是一佛二弟子像组合，西壁是一佛一弟子一菩萨像组合，东壁为一倚坐佛一弟子一菩萨像组合。可见东、西壁的菩萨和弟子像是对称安排的。东壁倚坐佛即弥勒佛。北魏中期石窟中开始出现交脚菩萨造型，一般是东壁主尊，后逐渐演进为垂足坐佛。

8 龛排序以自西向东顺序编号。1 号窟西侧有 1、2 号两个小龛，风化严重，也有砖券保护。1 号窟东侧 3—8 号龛之间内部连通，前有清代仿木构建筑，石匾上书"清静轩"。

3—5 号龛在同一壁面上开凿，3 号和 5 号龛为一佛二弟子二菩萨像组合；4 号龛位置较高，为二佛并坐和二弟子像。

6 号龛内为一佛二弟子二菩萨像组合，风化严重。7 号龛和 4 号龛类似，为二佛并坐及二弟子二菩萨像组合。

8 号龛前被遮挡，内为一坐佛像，风化严重。龛下壁面上保存目前石佛寺石窟唯一可释读题记，虽有残损，大体可识别：

开皇十□年，/ 佛弟子田胡 / 女造堪象 / 一躯，今成就 / 祖田令顺、父 / 思儿、妻药 / 阿妃、息子□、/ 皇帝陛下，法 / 界众生，居时成 / 佛。金刚主赵□仁。

东部为 2 号窟，也为三壁三龛式，平面方形，攒尖顶，进深约 1 米。北壁为一坐佛二弟子像组合；西壁和东壁均为螺发弟子居中，左右为菩萨立像，是比较少见的组合。第 2 窟三壁造像组合与南响堂山石窟北齐造像类似，西壁菩萨像又与隋初山东青州驼山石窟类似。

目前可知西部 8 号龛为开皇年间田氏所凿，并有田氏一家四代人名。其他各龛窟与北齐—隋石窟形制多有类似处，造像均为低平肉髻、身形较圆润、僧衣多贴身，造像多见倚坐弥勒像等。二佛并坐形式北魏中期多见，北齐时少见。总体看，石窟时代应在北齐—隋时期。

无意间在与村民交谈中得知，阔郊村居民均为宇文氏，他们自认祖先是从长凝迁来。唐代有昌宁军府，应即长凝镇地名的由来。隋唐府兵源以胡人军人后裔较多。源出匈奴，后为鲜卑著姓的宇文氏的一支可能作为府兵留居昌宁府，逐渐成为此地居民。现在榆次区长凝镇居民中有宇文氏，为大姓。两地之间现虽无公路交通，但直线距离并不很远。

[1] 参见李裕群：《山西寿阳石佛寺石窟》，《文物》2012 年第 2 期，第 84—95、97 页。

上 | 西部 1 号窟
下 | 东部 2 号窟

寿阳其他中古石刻遗存

1 金窑足村东北摩崖造像

金窑足村东北木瓜河东岸崖壁上有两龛，均为圆拱尖楣龛，约正方形，内雕一坐佛二弟子立像组合。佛坛两侧各一卧狮，尺寸相同，长、宽30厘米左右。南侧龛两侧有供养人题名："释迦佛主丁谔侍佛时，佛弟子丁谔妻鱼侍佛。"北侧龛侧题名："佛弟子丁独山侍佛时，/佛弟子独山妻吕侍佛。"结合形制，我判断应为北齐至隋初丁氏家族开凿。鱼氏罕见。太原出土隋代《虞弘墓志》载其为鱼国人，以鱼为氏。此龛题名之鱼氏女或亦为中亚民族后裔。

2 北榆村东北摩崖造像

北榆村东北河边北岸距地面高约5米崖壁上的摩崖造像，开凿在朝西和朝南两个壁面上。朝西壁面上一窟，窟门边沿处各雕一脚踏怪兽的力士。内部东壁（正壁）为一坐佛二弟子像组合，左右两壁雕菩萨坐像。佛、菩萨均有头光。此窟造像头部被砸毁，身姿健硕丰满，我推断应为唐代作品。

朝南壁面的佛龛可分为5横排，现存17龛。造像均较丰满，胁侍菩萨像身姿多呈S形。

造像有单佛、一佛二胁侍、一佛二弟子、一佛二弟子二胁侍二力士等多种组合。保存多条题记，年款为唐总章二年（669）、咸亨元年（670）。供养人无官职。

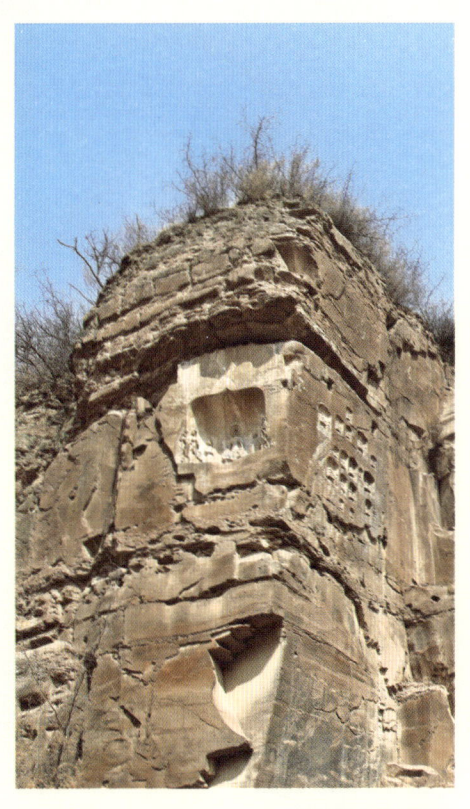

北榆村东北摩崖造像

3　横岭村东摩崖造像

横岭村以东河岸山崖上留存摩崖造像，横向、纵向整齐排列为6行6列，共36个小龛，均内雕一坐佛。佛龛北侧不远壁面上有潦草题记："显庆四年（659）三月廿一日/……子韩感。"此佛龛可能是未完工工程。

4　方山石佛和石窟

寿阳东北部往盂县方向的方山山谷中留存摩崖造像，砂石质地，风化严重。主尊立佛高约5米，高肉髻，脸型长圆，手部和身体部分残损严重，赤足。民间称"丈八佛"。时代应在北朝后期。

方山西部岩壁上现存一龛、一窟。佛龛内雕一坐佛二胁侍，佛座下雕有花卉纹饰。窟门两侧壁面各雕一力士。窟内正壁主尊为坐佛，身形圆润。胁侍菩萨身体曲线夸张。窟壁上局部彩绘尚存。题记无存。我据形制判断应为唐前期风格。

方山石佛

5　北神山摩崖造像

　　寿阳西北部北神山有轩辕庙遗址，格局颇大。遗址后山崖上存一佛龛，内雕一骑狮文殊像和左右胁侍菩萨立像。窟壁上部有二飞天环绕。菩萨和飞天体形丰满。题记无存。我据造像形制判断应为唐代遗物。

北神山摩崖造像

6　韩村摩崖造像

　　寿阳西南部韩村西南铁道边岩壁上留存摩崖造像立佛，高4米多，被过度重装后，无法判断最初形制。旁边崖壁上有小龛，内雕一坐佛二弟子二胁侍二力士组合，但也被重塑金身。在此龛上部残存题记："永隆二年九月十六日/……村邑□□敬/造阿弥陀像三铺/平……录事……邑长……邑婆……"27人题名前均有邑婆名号。此后题名为各类法事活动的捐助者："大斋主飞骑尉王元德父……/□□主冯长生父□□母……/大像主赵郎□父达摩母……/大像主……/开光明主王世……为七……/大□主刘……为七世……"

　　此题记是记录唐永隆二年（681）佛教信徒以及当地女性居民为主的功德主合力开凿阿弥陀佛像三龛的事迹。题名中的"飞骑尉"，为唐勋官十二转的第三转。

开河寺石窟

阳泉市区东部桃河河谷是往来井陉的必经之路。出城后不久,河北岸有一座孤峰高崖,下有古寺开河寺。古建早已不存,现有建筑是近年新建。山崖上现存东魏、北齐时民众集资开凿的3座小型石窟和隋朝初年开凿的摩崖造像,总称为开河寺石窟。

3窟平面均为方形,四角攒尖顶,三壁三龛式,内部面积1—2平方米。

1号窟即东窟,窟门圆拱形,外侧做六角收分门柱,下有莲花座,顶部莲花座上托火焰形门楣,门外各雕一力士,残损严重。门楣上方凿长方形门额,刻北齐河清二年(563)阿鹿交村70人发愿题记和供养人名单。

北壁(正壁)为一坐佛二弟子二菩萨像组合,居中坐佛端坐在束腰须弥座上。龛下雕神王和蹲狮。东、西壁均为一坐佛二菩萨像组合。3龛各雕出门柱和尖拱门楣。下有供养人题名。其中东壁下有题名:"东堪大像主前并州开府行参军张明供养佛时。"可见此供养人曾为并州某开府帐下僚佐,有一定社会地位。

1、2号窟之间有上下3小龛,上龛内雕自在观音像,时代较晚;中龛雕一倚坐佛二弟子像组合;下层是并列两个尖楣小龛,内雕坐佛。

2号窟是中窟,窟门残毁,门侧力士像不全。内部三壁三龛式,低坛。北壁(正壁)为一坐佛二弟子二菩萨像组合,东、西壁均为一坐佛二菩萨像组合。

2号窟窟门上方有长方形横匾式龛额,与1号窟同,是东魏武定五年(547)并州乐平郡石艾县安鹿交村24人发愿题记:"上为佛法兴隆、皇帝陛下、渤海大王,又为群龙百官、守宰令长,国土安宁、兵驾不起、五谷熟成、人民安乐;下为七世父母、所生父母、因缘眷属、□动众生,有形之类普蒙慈眷,一时成佛。"[1]

[1] 题记录文参考侯旭东:《北朝并州乐平郡石艾县安鹿交村的个案研究》,《史林》2005年第1期,第10—20、123页;赵培青:《阳泉石窟摩崖造像》,三晋出版社,2015,第6—15页。

上 ｜ 1号窟外部景观
下 ｜ 2号窟外部景观

开河寺石窟

此渤海大王即东魏实际统治者高欢。不过高欢于该年正月去世，镌刻题记时已在此年七月，可能是由于高欢去世后高澄秘不发丧，造成了信息的后滞。

题记上部还有明嘉靖四年（1525）本地名人乔宇和同道多人来此雪中游题记一条。

2号窟西侧壁面上有2小龛，上龛内为一坐佛，下龛内为一坐佛二菩萨像组合。

3号窟即西窟，窟门与1、2号窟同，损毁严重，门上长方形门额，刻题记和供养人名单，为北齐皇建二年（561）并州乐平郡石艾县阿鹿交村邑义陈神忻合率邑子72人发愿题记。

北壁（正壁）为一坐佛二弟子二菩萨组合，下有宝珠、香炉、夜叉承托，左右雕蹲狮和神王像。旁有供养人题名。东、西壁均为一佛二菩萨像组合，下雕神王像和供养人题名。

3号窟东侧壁面上有2小龛。上龛内一佛二弟子像组合，下有北齐皇建二年（561）题记："皇建二年四月八日，敷城王弟七郎君阿弥为内外眷属造像一区。"下龛内雕一佛二弟子二菩萨像组合。龛下雕博山炉，夜叉承托，左右雕跪姿供养人。龛左侧有北齐河清二年（563）题记："河清二年七月五日，佛弟子王辛敬造石像一区，上为国王帝主，下为七世父母、因缘眷属、有形之类，一时成佛。"

3号窟东侧下部小龛北齐河清二年题记局部

此两小龛的题记时间与3号窟题记接近，或有关联。

三窟的功德主们多是来自当时的石艾县阿（安）鹿交村村民，他们通过当时的佛教信徒组成的公益社邑组织，集资开凿石窟。安鹿交村村名可能本非汉语，或从胡语音译而来。

2号窟开凿最早，3号窟其次，1号窟最晚。

供养人名单中有张、卫、郭、李、王等多个姓氏出现，大小姓氏几十个，卫姓最多。安鹿交村是一个杂居村落，从题名中看不到明显的优势家族。各家族集资开窟，持续几十年，很多村民参加不止一次开窟捐资活动，说明关系较为融洽，同时也是民间佛教信仰盛行的见证。3个主窟附近还有几个小龛，估计与3次开窟时间相近。

西部摩崖造像是在山崖上开凿的一坐佛二菩萨立像组合，主佛高4.6米，面容圆润，着交领衫、下垂式袈裟，左腿下垂踏莲座，右腿盘起架在左腿上，半结跏趺坐于须弥座上。背光里有飞天造像。菩萨像已全毁。石壁上有一长篇发愿题记，年款为隋开皇元年（581），领衔者为定州刺史豆卢通世子僧奴。豆卢通《隋书》有传。

隋开皇元年（581），大将军、使持节定州诸军事、南陈郡开国公、定州刺史豆卢通世

隋开皇摩崖造像

子僧奴作为大施主和当时的石艾县司功张宝明等人在此开窟摩崖造像。此张宝明应与1号窟河清二年（563）题名中的维那张宝明为同一人。定州是中古时期河北中部的重要城市，定州军政长官豆卢通往来太行山，都要途经桃河河谷这条要道。豆卢为鲜卑大姓，是慕容部的一支。豆卢通伯父豆卢宁，出自关陇集团显贵家族。豆卢通是隋文帝杨坚的妹夫，其妻为杨坚之妹昌乐长公主，政治地位显赫。豆卢通家族与安鹿交村民共同开凿摩崖造像，一方面因为佛教开窟活动是当时非常普遍的社会现象，另一方面说明他们之间有活动交集。在石窟附近的安鹿交村周围，当时可能曾设有官方驿站，为往来的军政人员服务。豆卢通父子通过驿站停留，与当地村民产生联系，方有牵头开凿造像之举。

后人为保护造像建一石窟。角落内有一残石，上有北魏永平三年（510）安鹿交村人造像题记："永平三年正月十三日，河东郡人□在安禄交居住合村邑子等□造石像一区，上为皇帝陛下，后复为七世父母、因缘眷属，□福□□□□。"此石刻残损不全，风化严重，形制已难分辨。

桃河峡谷是山西晋东与河北井陉间的必经之路。古道交通繁忙，早有聚落出现。佛教徒开凿石窟，祈福迎祥，是中古社会盛行的公益事业。阿鹿交村紧邻大道，在此开窟造像，对佛教传播自然大有裨益。[2]

[2] 此河谷地带是北朝后期重要交通线。开河寺以东8千米处有东魏元象元年（538）红林湾石窟，此窟题记中为首者张法乐即为并州祭酒通大路使。参见杨晓芳、韩炳华、王炜：《山西平定红林湾石窟考古调查简报》，《文物季刊》2022年第2期，第3—10页。

摩崖上的娘子关前史

——埋没的唐代承天军

井陉是联系太行山东西两侧的要冲，古道上的娘子关是重要关隘，也是战略枢纽，最早的军事设施可追溯到修建于东汉末年的董卓垒，唐代更形成了以承天军城为核心的军事城堡，后来逐步由城、堡、寨组成的防御体系。

时光荏苒，白驹过隙，唐代摩崖石刻成为这一战略枢纽唯一在原地保存至今的石刻文物。

娘子关前，北面是温河、南面是桃河，关城在两河交汇之地。两河在山谷蜿蜒曲折，汇合后水量大增，称绵河。这一带河谷中，泉水出露、瀑布飞流，宛如南方水乡。在两河汇合形成的三角地带，较低的位置现有城西村，村北高大山岭紫金山上留存唐承天军城旧址，是一览众山小、俯瞰河谷的制高点。

山下有一座复建老君庙。正殿后岩壁上开凿有石窟。圆拱形窟门高约1.5米，窟内有新塑老君像，壁上无造像痕迹。窟外西侧下方岩壁经过平整，镌刻唐大历元年（766）铭文，保存尚好，只末尾一段不存。石刻行书，内容分两部分，前一部分为《铁元始赞》，称颂河东节度兵马使张公铸元始天尊铁像；后一部分为《承天军城记》，追溯唐代安史之乱后在此设立承天军史事，并列出承天军主要军官17人名单。[1]

铸铁像的张公即当时的承天军使张奉璋，本为李光弼副将。唐朝为平定安史之乱，于至德二年（757）前后在此设承天军，控制要道，为经略河北做战略准备。承天之名由唐肃宗亲赐，张奉璋任承天军军使。承天军是唐朝为平安史之乱所置军事机构，正史中未保存下有关

[1]〔清〕胡聘之辑：《山右石刻丛编》，清光绪二十七年（1901）刊本。

承天军建制的系统资料，此石刻正为实证。《承天军城记》载，除承天军城外，张奉璋又筑德化城、灭胡城及三个堡垒，形成三城三堡的军事防御体系。

由于娘子关在平叛战争中的战略位置，承天军兵力可能曾达万人，如铭文中所说"铁骑千匹，虎贲万计"。17名军官名单中，详列大使、管乐□副使、节度经略副使、游奕副使

上——老君庙石窟内塑像
下左——《铁元始赞》局部
下右——《承天军城记》局部

摩崖石刻上的裴度题名

同讨击副使、营田副使、防城副使、都虞侯、押衙将等职。其中将有10人，或即《唐六典》记载统领千人的千人总管或千人子将。10人所统兵恰为万人。

承天军在唐后期持续发挥作用。穆宗长庆元年（821），河北藩镇成德镇发生叛乱。唐政府派宰相裴度率中央军和各镇军队联合围攻讨伐，裴度指挥部即在承天军城。随后半年，战事未有明显进展，唐政府通过招降，或者说与藩镇妥协，双方才罢兵。战事结束时，裴度命军中书记舒元舆记述此事始末，并将自其以下的驻军官员59人的名字，镌刻于老君庙后的崖壁上，这就是此地的第二处摩崖石刻——《承天军题名记》[2]：

有唐长庆元年秋七月，赵人乱，其帅弘正为下所弑／我公奉□诏率诸侯之师问罪。冬十月，师次于承天……／十有二月如贵泉二……／天子下哀痛诏……庭凑为帅以息人也。是月，／班师晋阳，／命书记元舆录其从行府□□□将校凡五十九人列于承／天军城西石锋。

这处摩崖石刻经历千年沧桑后多处风化，但裴度的官职结衔和名字，还较完好保存下来。裴度是中唐时期著名政治家，曾担任宰相要职，积极维护唐政权的统一，在对藩镇的战争中多次取胜。舒元舆曾任宰相，一心恢复朝廷中央集权，后在甘露之变中被杀。

与常见的古代镌刻格式不同，这处题名是自左向右刻。

题名中可见，任职者中多是中央外派驻军官员，如监军判官、节度推官、观察判官等。

[2]〔清〕胡聘之辑：《山右石刻丛编》，清光绪二十七年（1901）刊本。

还有重要兵种军官，如多名马军和步军兵马使。这些职位均为使职，是唐后期职官制度变革的石刻证据。[3]

当时的著名文人韩愈被朝廷指派为谈判代表，前往成德军首府镇州（今河北正定）。韩愈此行由承天军进出。此崖壁上也留下了韩愈往来题记：

<small>镇州宣抚使尚书兵部侍郎／韩愈、／副使尚书驾部郎中吴丹，／长庆二年二月十五日由此路／同往镇州，其月二十日回。</small>

石刻上有韩愈大名，但非其本人书写。岁月久远，已严重风化脱落，难以识别。

古人识货，后人在崖壁上留题的不少，如可见明代平定名人乔宇题名。

韩愈是著名诗人、文学家，在当时很有名气。他和裴度又是好友，这次往来承天军中，也留下诗句：

《奉使镇州，行次承天行营，奉酬裴司空》（作于承天军城）：

窜逐三年海上归，逢公复此著征衣。

旋吟佳句还鞭马，恨不身先去鸟飞。

《镇州路上，谨酬裴司空相公重见寄》（作于承天军至镇州路上）：

衔命山东抚乱师，日驰三百自嫌迟。

风霜满面无人识，何处如今更有诗。

可见韩愈对完成使命的信心，更有与裴度的友情。他们在政治方面也有类似的立场。

紫金山下老君庙殿内窟壁和殿后石壁摩崖石刻可统称为老君庙摩崖石刻，是唐代承天军历史的重要实物史料，其中有平定安史之乱、唐后期平定藩镇叛乱等历史事件的细节描述。同时保存裴度、韩愈等重要历史人物题名，对承天军史和唐后期军事制度有重要研究价值。老君庙摩崖石刻的保护和利用，对娘子关地区文化遗产保护和文旅发展，具有现实意义。

---

[3] 贾志刚：《唐代河东承天军史实寻踪——以五份碑志资料为中心》，《人文杂志》2009年第6期，第124—130页。

上文唐龛

　　盂县西部南北走向的乌河河谷，谷地和缓、交通便利，北通五台，南下东梁，东可达盂县县城，西可达太原。河谷中西烟镇以北有上文村，此地据说为宋代"二程"之母侯氏故里。唐宋时，上文文化兴盛，也是佛教开龛活动的局部热点地区。

　　上文村南部河谷东侧山梁当地称石佛山，从北侧跨过河道，沿山脊上升最为方便。如今在山的阴坡有成片松林，一直蔓延到山脊上。山脊西侧面向河谷有一片崖壁，古人在这里开凿摩崖造像。

第一龛双立佛造像

自北向南，目前可看到大小佛龛 13 处，根据相对位置，可大体分为 3 组。第一组有 2 龛，其中第一龛为主龛，圆拱形，内雕双立佛像，高约 68 厘米，身型丰满，面部被毁，高肉髻，僧衣合体。

龛外左右两侧各有题记。其中左侧为：

许行斌为身愿造石像一双，普 / 为法界众生供伺供养。

右侧题记为：

大唐上元三年（676）岁次景子十一月乙丑朔三日丁卯，□并阳曲县 / 赵仙乡义丰村骑都尉前校尉□□□、妻张妹娘 / 子息堪，子妻皇甫、邢张张，女颜容、孙男行斌、妻张、男长 / 开、长游、开贵、女秋娥、孙男行珉、妻□庆、孙男行会、孙女 / 妙光、孙女妙海，合家敬造石像一双。上为天皇天后，下 / 为法界众生，愿□苦解 / 俱成正觉。[1]

可见这是许氏一家三代人的题名。结合两侧题记，右侧题名的孙辈人名均为行字辈，其中有行斌，应即左侧题记中的许行斌。

2 号龛较小，内雕一坐佛像。佛像高不到 20 厘米。龛下题记风化，可局部识别：

……/ 妻王，男海□, / 妻杨，孙男阿郎, / 女善光、女善英 / 女令环、女将见 / 合家供养。

第二组有大小 5 龛，编号 3—7 号龛。其中以居中 4 号龛和 5 号龛为主龛，均为圆拱尖楣龛形，内雕一坐佛二胁侍菩萨立像，造像体态丰腴，面部被毁。主尊高 32—38 厘米。4 号龛左右两侧各一护法力士，在 4 号和 5 号龛为中心的壁面外侧左右下角各雕一卧狮。

4 号龛左侧力士右侧有题记：

咸亨五年（674）八月廿日，□仙乡义丰村佛 / 弟子邢天护、妻，弟男行师，为亡母、师、妻 / 王田……男德赞 / 妻……德□庆德俭 / 男……兰孙女弘 / 父母女伐……陛下、师 / 僧父母及□□眷属、法 / 界众生，俱登□□, / 佛弟子合家供养，一心侍佛□□□ / 慧□□法华薄并□□。

在壁面上有两个方孔，应是早期为遮蔽造像安装木构龛檐梁架之用。在二主龛上方壁面曾有长文题记，王堉昌民国考察时也仅可识别部分，其中有：

---

[1] 上文摩崖造像研究、录文参考：赵培青：《阳泉石窟摩崖造像》，三晋出版社，2015，第 91—99 页；梁育军、韩利忠：《山西盂县上文村摩崖造像》，《文物世界》2019 年第 3 期。

第二组佛龛

[2] 王堉昌：《盂县金石志略·盂县造像录》，三晋出版社，2018，第237页。

　　佛弟□□□妹敬会德□登□法□德咏德□妻……姊神娥□，上为天皇天后，下为师僧□□□亲眷，属法界众生，俱登□觉。佛弟子合家供养佛时……[2]

　　今大部分漫漶，无法识别。

　　5号龛左侧有题记：

　　大唐上元元年（674）岁次甲戌九月丁未朔十八日甲子，合邑婆／廿一人敬造阿弥陀佛成，上为皇帝陛下为法界众生，／共成佛道。郭通母苑、张小奴母庞、王金□达妻韩、皇甫弁母／贾、许廓妻郭、张孝妻王、陈方妻邢、许堪妻张、王感妻／郭、邢师妻王、郭胡妻刘、刘愿妻王、赵文惠妻皇甫、盖护／妻张、郝毛妻王、王君妻李　合邑人供养佛时。／张□惹、张□□贾玄□□□斌，并供养王师妻、郭惠母□师□／妻□□□□妻张、李玄妻张、赵堪妻许……

　　可见这是由当地妇女们结社开凿的阿弥陀佛摩崖造像。

　　综合起来看，以4号、5号龛为中心，当时是有计划开凿的一组造像。

　　在第4号龛北侧是3号龛。内雕一坐佛，下有题记：

　　上元元年九月，／太原县人郝玄太／妻王，上为皇帝／陛下、师僧父母、普／为法界众生，

5号龛左侧题记

合／家大小供养佛／时。贾玄□供养。

5号龛左侧是6号龛，内雕坐佛。6号龛左侧为7号龛，下有题记：

惟大□仪凤□□□，／佛弟子景安妻□□、／张盖伏□赞弟伏／兴敬造石像一躯。□阿女／妻张兴、妻王，神感、神义／神敬、神亮□佛子，合家供养。

第三组摩崖有6龛，编号8—13号龛。8号龛、9号龛均为小佛龛，内雕一坐佛。9号龛右侧有题记：

仪凤二年（677）九月十二日，／达上为天皇天后、七／铺父师、□妻□□□□／名哲像正□□□妻□。

10号龛内雕一坐佛，下有2个卧狮龛。右侧题记：

仪凤二年（677）十月六日，／□道及男□齐惠□／见存父母、法界众生，／妻胡、男小□，妻乔、男□，／妻杨，宝男仁义、仁□，／摩子妹菩萨，合家眷属□□。

11号龛较小，为尖拱龛，内雕坐佛像，头部被毁。12号龛与10号龛造像风格类似，下有3个小卧狮龛。13号龛基本被毁，存局部残迹。

上文唐代摩崖造像诸龛，开凿于高宗、武则天联合执政时期，当时的石窟艺术呈现出造像体态丰腴圆润、姿态万千的盛唐艺术风貌，这些特征在上文唐龛中均较为明显。

上文唐代窟龛集中开凿于咸亨五年（674）至仪凤二年（677）之间。题记中多次出现天皇、天后字样。唐上元元年（674）八月，武则天正式取得天后尊号，与高宗并称天皇、天后。自此在形式上实现了二圣同时主政，实际上国家大政归其把控。上文摩崖造像恰为这一事件发生前后开凿。如1号龛主尊为双佛立像，应是暗示天皇、天后共同执政的政治模式。

佛教信徒多以家庭为单位开凿摩崖造像，常可看到多达三代人的联合署名。可能多为本地居民。

两条题记中出现的阳曲县赵仙乡义丰村、□仙乡义丰村应为同一地。可见唐时的上文村一带为阳曲辖地。开凿者中还有合邑婆群体，是女性社邑。从题名中可见来自20多个不同姓氏家庭的女性。

大多数供养人无官职名号，为普通民众。只有1号龛供养人为骑都尉前校尉。骑都尉为唐代军功勋级十二转的第五转，官品视为第五品。唐府兵制中，校尉为军府中军事单位团级的指挥官，一般每团统领府兵200人，官品为从七品下。此人曾在军府中担任中层军官校尉，因军功得到勋官第五转骑都尉。开凿摩崖时他已离开军府，故称前校尉。

盂北藏山千佛寺造像

盂县北部有一条重要古道北上可达五台山。

古道途经今藏山地区,这一带高山深谷,层峦叠嶂,景观恢宏。在古道附近的沟谷中还幸存多处摩崖造像,是中古佛教石刻文化的珍贵遗存。以北魏—东魏时期开凿的千佛寺摩崖造像为中心,附近有大围村摩崖造像、普贤村泉子洼摩崖造像、苌池村镇池寺的北齐造像底座题记,在藏山南部深山中还有绝壁之下的陆师嶂摩崖造像。

苌池镇南兴道村附近的龙华河谷地西侧山崖上有千佛寺摩崖造像,古寺早已不存,岩壁上的摩崖造像部分保存至今。

这处摩崖造像南北走向,崖壁前有券拱石窟以避风雨。

摩崖造像似以在两个相邻壁面上开凿的千佛造像为中心布局,可称北侧千佛壁为A区,紧邻的南侧千佛壁为B区,B区右侧的不规整壁面上的千佛造像为C区。据统计,3个壁面上的坐佛像达1065尊,均有舟形头光,身形偏瘦,着双领下垂僧衣。[1]

部分造像旁有供养人题名,可见:段珍宝造、刘保兴造、王造、王祈造、王□□、王小吴、王大女、王阿姐、徐州长史／尉景略。[2]

供养人多为普通民众,王氏最多,大女、阿姐等可能是女性信徒。尉景略应为胡人,本为尉迟氏,孝文帝汉化改革后改为尉氏,在徐州某府中任长史。

A、B区千佛壁面居中位置各雕一帷帐下的圆拱龛,内雕坐佛,龛外侧各雕一戴高花冠的菩萨立像。

A区中心龛下题记:"千像主／前赵郡太守、嘉殷州刺史／河间邢生,／兴和三年六月廿日。"

功德主邢生的结衔中,前赵郡太守应是已卸任,嘉殷州刺史中的"嘉"应为"假"字的异写,此刺史职为临时性的任命。邢生自认河

[1] 赵培青:《阳泉石窟摩崖造像》,三晋出版社,2015,第57页。

[2] 千佛寺造像题记录文参考王堉昌:《盂县金石志略·盂县造像录》,三晋出版社,2018,第137—141页;赵培青:《阳泉石窟摩崖造像》,三晋出版社2015,第53—63页。

千佛造像局部

间为其郡望，来自河北，可能是尔朱荣在河北收编六镇鲜卑时跟随入晋的地方大族。东魏兴和三年（541）题名时，这支邢氏已定居在这一带。

B 区中心龛下题记风化难以识别。B 区下部又有一较小的方形龛，形制与中心龛一致。

A、C 区造像外侧各有若干小龛。A 区左侧 5 个圆拱尖楣龛，1 号小龛与右侧的 2 号、3 号小龛和 4 号、5 号小龛并列两横列开凿。各小龛形制基本类似，内雕坐佛。1、2、4 号小龛外两侧各一菩萨立像。3、5 号小龛内雕坐佛，外无菩萨像。在 2 号和 3 号小龛下存题记。

2 号小龛下题记："永熙元年四月八日，/ 王兴浚造像一区，/ 上为皇帝陛 / 下，后为师僧、/ 父母、行路诸人、邑北众生，/ 一时成佛。"

3 号小龛下题记："永熙元年四月八日，/ 清信士女□法姜王 / 为亡夫赵常造像一区，/ 后为皇帝陛下、/ 师僧、父母、行路诸□、/ 邑北众生，苦同一 / 切厄难者，一时成佛。"

题记刻于永熙元年四月八日，即佛诞日。北魏孝武帝改元永熙已是十二月，王堉昌认为应实为永熙二年（533）四月所刻。[3]

---

[3] 据王堉昌：《盂县金石志略盂县造像录》，第 137 页，民国时此处有题记："永熙二年（533）七月十五日，清士佛弟子张好郎造像一区，上为皇帝陛下、师僧父母、下□边地众生合□合识一时成佛。"现已难辨。

据〔日〕道端良秀《中国的石佛和石经》（法藏馆昭和四十七年〈1972〉版，第 60 页），作者在 1941 年考察此处看到一条题记："永熙元年四月一日，清信士□□……造像两区，上为皇帝陛下、师僧父母，下及边地众生、合灵合识一时成佛。"现已难辨。

可见以上两条散佚题记中共提到发愿造像 3 区，现存两条题记发愿均为造像 1 区，合计恰为 5 区，即 5 龛，与此处现存 5 龛正符。

3号龛题记是某女所作发愿文,先述亡夫,"后为皇帝陛下",这一表述方式罕见。

两条题记的被祈福者中都有行路诸人、邑北众生。盂县北部是连接五台山和盂县县城的必经之地,一条古道纵贯南北。千佛寺就在古道边上,因此祈福对象有"行路诸人"。"邑北众生"即指本地居民,此地位于当时的石艾县北部,故称邑北。

保存下来的题名不多,有结衔者只有二人,仍可观察到一些信息,可对当时"邑北"地区的人群构成做一推测。题名中的尉氏应是六镇鲜卑人士,邢生是河北大族,他们是北魏末年进入这一地区的"新人"。其他姓氏中的段、刘、王、张等,可能有一部分为魏晋以来进入这一区域的各类胡人后裔,如鲜卑有段氏,南匈奴—山胡有刘氏,乌丸有王氏、张氏等,可谓"旧人"。这些来自不同地区的各族"新人""旧人",在共同佛教信仰之下,一起发愿开凿摩崖造像。

在C区外侧,也有3小龛,均为圆拱尖楣龛形,内雕一坐佛,龛外侧各雕一菩萨立像。1号龛在上;2和3号龛在下,横向开凿。

在千佛造像B区上部岩壁上,有一横列造像,7小龛,每龛外两侧各一菩萨立像。再外侧各雕相向两位供养人立像。七佛造像上部岩壁上有民国十三年(1924)盂县县长王堉昌考察题记,其中提出前文北魏题记中的永熙元年实应为二年。

千佛寺曾有千佛造像塔[4],原存盂县县城大王庙,现已移入阳泉博物馆。

[4] 李裕群:《山西盂县博物馆收藏的北朝石塔》,《文物季刊》1996年第4期,第84—86页。

C区千佛造像局部及其外侧佛龛

千佛造像上部岩壁上的七佛造像和民国王堉昌考察题记

千佛寺摩崖以千佛造像为核心，居中佛龛内所雕坐佛即释迦牟尼佛。上部又有七佛，是北魏中后期社会流行的千佛和七佛信仰的体现。

千佛是北朝流行的祈福形式。大乘佛法认为在过去庄严劫、现在贤劫、未来星宿劫三大劫中皆有千人成佛。佛祖为现在贤劫第四佛。因此现世贤劫千佛最为当世崇拜。七佛和弥勒信仰在北朝中后期非常盛行，也是当时开窟常见类型。千佛寺主体造像坐佛数量过千，又有七佛造像在上，千佛和七佛信仰特征明显。

北朝后期，千佛、七佛、弥勒信仰在此地佛信徒中颇为盛行。距此不远的今定襄七岩山东魏天平三年（536）摩崖造像和题记中亦有千佛和七佛信仰的明确体现。[5]

此处摩崖造像题记现存最早为永熙二年（533），其后有兴和三年（541）题记。民国时此地还可见唐开元摩崖造像[6]。

千佛寺东面即是巍峨险峻的藏山地区。千佛寺摩崖造像正处在这一带中古佛教石刻文物分布区的中心位置。

[5] 参见前文《七岩访摩崖　落景未知还》。

[6] 王堉昌：《盂县金石志略盂县造像录》，三晋出版社，2018，第139页。

盂北藏山地区其他摩崖

1　崎岖奥境陆师嶂

　　张家庄村北倚靠着藏山南部的巍巍山峰。山峰绝壁之下，有明清时玉帝庙的建筑遗址。民间传说此地曾有六羽人入山洞成仙，称为六师，即是地名陆（六）师嶂的来历。

　　要进入庙内，需经过岩壁上开凿出的狭窄石门。建筑基本贴近崖壁分布，已完全坍塌，难以分辨原貌。只有照壁尚存，上部有砖雕题字——崎岖奥境。

　　在遗址左右两侧岩壁上残存部分摩崖造像和石窟。庙遗址东部岩壁上雕有千佛造像和4龛，庙遗址西部有1石窟、2佛龛和1处千佛造像区。

　　东部摩崖造像是在粗糙不平的岩壁上打磨后开凿的千佛造像，龛内雕坐佛，高肉髻，面方圆，着双领下垂僧衣袈裟，双手置于膝上结禅定印。上部岩壁有方孔，应是旧时安放木构檐之用。千佛造像下部壁面有残毁。

　　1号龛内雕一尊戴三叶冠的菩萨立像，右侧存题记："比丘愿宜造观世音像一区，/仰为亡父、现在老亲及法界众生，/一时成佛。"

　　1号龛东侧两小龛，内雕坐佛。

　　1号龛东数米远的壁面上是2号、3号龛，上下排列。2号龛内雕一坐佛；3号龛内为一佛二弟子像组合，下有卧狮和供养人像。

　　3号龛东侧是4号龛，也是内雕一坐佛。

　　此4龛形制类似，应为相近时间开凿。

　　庙西侧现存石窟，窟门方形，内部造像无存。窟侧残存千佛造像，个别龛侧存供养人题名，可见题名"邑子郑□"等。窟侧有清道光十四年（1834）重修题记。

　　千佛造像两侧各一龛，是5号、6号龛，风化较严重。

　　此地还残存明清残碑多通和清道光十年（1830）摩崖禁山碑。一处岩壁上存有民国山西地方金石学者、时盂县县长的王堉昌的游诗摩崖碑。此游诗年款为共和十四年，即民国十四年（1925），较为罕见。王堉昌在任时，遍寻盂县摩崖造像，结集为《盂县金石志略》《盂县造像录》。由于部分原物已灭失，这两种书史料价值颇高，是当今了解这一地区摩崖造像文物遗存的基本文献。

　　陆师嶂摩崖造像地处深山，难以到达。造像风格与藏山西侧的兴道村千佛寺摩崖造像近似，造像体态相对圆润，应为东魏—北齐时作品。在道教兴盛之前，中古时这里是一处深山中的佛教文化区。

2　佛掌沟摩崖造像

由兴道村向南，不久即到大围村。村西有一条山谷——佛掌沟，似乎在暗示沟中有摩崖造像。

佛掌沟的最深处岩壁上有一长方形竖龛，龛楣无存，内雕一释迦牟尼立像，低平肉髻，面方圆，左手施与愿印，右手施无畏印，上着双领下垂袈裟，下着长裙。裙摆形式不同于北魏。龛左侧题记已漫漶。造像通身白色，而周围山体崖壁深黑色。造像相对完好，有经过后期补修的可能。

3　泉子洼摩崖造像

普贤村西南 1 千米的山谷名"泉子洼"，沟谷里崖壁上有一长方形竖龛，内雕一立佛，已风化无存。圆形头光两侧相向各一手持长颈莲花的飞天，体态较丰满。龛右侧题记风化严重，局部可识读："七世先亡□僧父母……六道□生感……。"

昔阳石马寺石窟

昔阳县西南部石马寺石窟位于石马河东侧。现在这条河谷不在主要公路沿线，相对偏僻。

据说宋时此地有寿圣寺，后因门前有一对石马又称石马寺，是民间俗称。

《元一统志》："石马神庙，在（乐平）县南三十里石马村。"[1]可见元时石马神庙已在。

现在石马寺得地方企业投资进行了修缮。石马寺建筑群坐东朝西，进入院内，大殿前是一对复制的石马。绕到殿后即是石窟。

石马寺石窟倚岩壁自然形势开凿，可分为3部分，外部均有后期所建的前出抱厦和木构房屋保护。旧时各部相通，可顺时针环绕石壁一周，是比较合理的。现在新建的房屋隔墙已将各部分开。

石马寺石窟所在岩石的西壁现存可见一大龛，内雕一佛二菩萨立像组合。佛、菩萨均有桃形头光，与云冈石窟类似，后代被重妆贴泥皮，现在已剥落很多，佛身上可见很多圆孔。佛像高4.6米，螺发，头部比例较大。胁侍菩萨戴三叶冠，披披帛。窟外左右两侧各雕一力士，头戴冠，手持物。

此大龛北侧崖壁上有题记，几十年前隐约可见"大魏永熙三年（534）"字迹，现已无法识别，或即大龛供养题记。

西壁北侧有数十个内雕坐佛的小龛及30多个供养人像，部分尚有颜色。壁面上有一线刻三层楼阁式塔。

北侧一窟，内部三壁三龛式，造像头部多被盗毁，自然风化也较严重。北壁龛内是一坐佛二菩萨像组合，头部被盗，主尊僧衣繁复，下垂遮蔽佛坛；菩萨宝缯折角，为北魏晚期风格。

南侧一窟名龙洞，显是民间说法，内部也是三壁三龛式，内雕坐

[1] 李兰盼：《元一统志》，中华书局，1966，第136页。

左上 ｜ 西壁上部的三层楼阁式塔
左下 ｜ 石马寺子孙殿窟内造像
右上 ｜ 子孙殿内弥勒菩萨像

佛，风化严重。

岩石的南壁上现存石马寺石窟中最大一龛，主尊高 5 米多，与西壁大龛类似，龛内居中为一佛二菩萨像组合，外有二力士。主尊脸型圆润。左右菩萨身形妖娆，头部被盗，手臂造型富于女性美感。菩萨宝缯折角，左手执囊，右手持物于胸前，披帛边缘弯起，如被风吹拂，很有特点。这类大披风或许是当时一种时髦胡服。

两大龛造像风格类似，时间相近，与曾有残存题记年号对照，我推断其应是北朝晚期作品。

南壁崖壁上有早期安置木构的凹槽。凹槽之外有多个小龛，内雕一佛二菩萨组合，或一坐佛像，脸型均较为圆润，身形丰满。

在居中巨石南侧有一较小岩石，其上也有一窟。后人供奉送子娘娘，称之为子孙殿。内部造像虽然被毁严重，但三壁三龛形制尚存：东壁（正壁）一佛二弟子像组合；南壁（左壁）主尊戴冠，宝缯折角下垂，下部风化，能看出双腿做交脚状，应为弥勒菩萨；北壁（右壁）

昔阳石马寺石窟　　083

左 ｜ 石马寺南壁大龛主尊
右 ｜ 南壁大龛菩萨像手臂

为一佛二胁侍像组合。正壁主尊僧衣下垂遮蔽佛座，胁侍身上披肩造型和居中巨石上的两大龛胁侍雷同。据此我判断此窟也为北魏末年开凿。

崖壁东侧留存观音主尊坐像和十六罗汉造像。这部分造像应是宋代作品。这一部分石窟和小龛保存较好。其重要原因是在崖壁和旁边的石壁上方，明人在外侧石壁上继续砌墙，再用砖砌起叠涩向上的顶棚，覆盖在大岩石和外侧石壁之上，形成回廊，这样，石窟被完全封闭起来。崖壁一侧是佛教窟龛，对面是多幅道教神像壁画。

从墙壁上的小门走出，绕到崖壁北侧，壁面上是三四排单像小龛，最高处是自在观音石像。此壁造像风格具有宋代特征。

附属房间展出部分文物，以明清重修石马寺石刻为主。旧时一对石马风化，也安置在此。石马应是墓地石像生，时代并不很早。

石马寺石窟体量较大，自北魏末年到唐宋时期的艺术风格都可见到，历史与艺术价值较高，在北太行山区石窟中称得上颇有可观。

昔阳北朝窟龛

1　下讲堂石窟

昔阳西南有沾水，今为松溪河支流。沾岭为沾水、清漳河东源和潇河三河发源之地。沾水边的下讲堂村北侧山崖上现有两窟，风化十分严重，岩壁上还有多个小佛龛已风化。

东窟较大，内部三壁上部雕出相连的仿木屋檐，每个壁面上雕出两根抹角石柱，石柱之间雕一佛二弟子像组合，外侧各雕一胁侍菩萨立像。此窟为屋形龛，雕出抹角石柱较罕见。

西窟较小，内部三壁三龛式，北壁（正壁）造像与常见形制不同，为一坐佛二胁侍菩萨二弟子组合，胁侍高大，戴冠；其他两壁为一佛二胁侍像组合。此两窟或为北齐时期开凿。

2　寺家庄石窟

寺家庄石窟现存东、西两窟，坐北朝南。西窟平面近方形，长、宽、高均为1.7米左右。窟门外侧雕刻的似为立佛，类似羊头山第三窟外侧立佛像。窟内造像三壁三龛式，龛为方形屋顶龛，比下讲堂东窟屋形龛更为标准，每龛均雕出庑殿顶屋檐，檐下雕出人字直臂叉手，柱子被毁，无法分辨是否为抹角。内部造像风化严重，大体北壁（正壁）龛内为一佛二弟子组合，坐佛脸形长圆，僧衣繁复遮蔽佛座，龛柱外应是左右各一胁侍立像。西壁（右壁）造像形制与正壁基本相同。东壁（左壁）主尊戴冠、宝缯折角下垂，应是交脚弥勒菩萨像。此窟造像具有北魏后期风格。

寺家庄石窟西窟内屋形龛

东窟平面呈方形,体量比西窟稍小些,窟内造像三壁三龛式,尖拱龛,每壁造像为一佛二弟子二胁侍组合,风化严重。此龛时代稍晚,或为北齐时期开凿。

3 东丰稔石门摩崖造像

东丰稔摩崖造像现存4龛。其中两龛较小,内雕一坐佛。大者有二,下部的一龛内雕一坐佛二弟子组合,龛外左侧雕一狮子,右侧雕一力士。龛左侧壁面上有题记:"维大齐皇建元年(560)八月八日,/冯万和张屯张愿廿三人等,敬/造弥勒下生一区,上为大皇后、/群像百官、中宫内外、四表口顺,/又愿邑义亲眷等二者,住登法/云,现存尘名,侯伯一切,边地厄/难者同升彼岸。"

后为功德主题名。

上部壁面上的一龛,内雕一坐佛二弟子组合,龛外左侧雕一力士,龛外右侧雕一狮子。此龛与下龛北齐皇建元年龛的窟外造像题材呼应。龛左侧有题记:"大齐天统四年(568)三月……"

东丰稔石门摩崖北齐皇建元年题记

穿越晋东南

SOUTHEAST

叁

本章考察记述的内容是晋东南地区的野外石刻。晋东南是山西野外石刻文物存世数量最多的区域。太原前往晋东南长治、晋城乃至南下河南洛阳，东去河北中南部邯郸方向，均需要穿越太岳、太行山区。这里的古道系统以并邺道和并洛道为主线，根据中古石刻文物的分布情况，本章分为7个部分。

前三部分集中在长治盆地以北地区，有3条道路，分别是：
1. 昌源河—涅水线，祁县子洪谷口进山，南下至武乡西部，进入浊漳河流域。
2. 乌马河—浊漳河北源线，自太谷乌马河逆流而上，进入榆社境内浊漳河流域。
3. 涂河—清漳河西源（榆次—和顺—左权），自榆次涂河谷地逆流而上，进入和顺境内清漳河西源流域，沿河进入左权，再翻过太行山入河北。

3条道路沿线，中古石窟摩崖造像保存较多。现存最早的石窟开凿于北魏中期，如子洪石窟、良侯店石窟、塔寺摩崖造像等，可见北魏中期以来多见的二佛并坐像等造像形制。开凿于北魏中后期的石窟遍地开花，如昌源河流域上游石窟摩崖造像、涂河谷地石窟摩崖造像、榆社圆子山石窟、和顺沙峪摩崖造像等。东魏—北齐时期的造像活动更为普遍，遗存如左权高欢云洞、祁县唐河底摩崖造像、沁县五龙头石窟等。隋唐开窟活动，如祁县石佛窑石窟、太谷槐树底摩崖造像、太谷马陵关摩崖造像等。

弥勒崇拜盛行于北朝后期至隋唐中期。古道石窟造像中的弥勒造型有不同尊相，如子洪石窟的交脚菩萨像、倚坐菩萨像，五龙头石窟中的倚坐菩萨像等。

摩崖刻经稀见，和顺沙峪北朝末年刊刻的《华严经》是目前山西境内现存最早摩崖刻经。

第四部分是浊漳河—滏口道区域。

浊漳河上游3条支流在襄垣境内汇合后，蜿蜒东南向，穿过太行山东去。太行八陉之一的滏口陉是连通长治和北方重要城市邺城之间的控制性隘口，由此延展的古道即滏口道。山西境内的滏口道经黎城进入浊漳河谷。浊漳河谷和滏口道黎城段的中古石刻文物分布密集，亮点颇多：黎城白岩寺、凤凰山、老金岐3处石窟摩崖在古道北侧连成一线，神秘的风洞山北魏摩崖、罕见的北魏岩画在襄垣三漳汇流处不远的深山谷底。

本章第五、六部分是考察并洛道途径长治盆地和晋城盆地范围内的中古野外石刻。长治盆地周边多丘陵，开凿于此的石窟多为北魏遗存，限于地理条件，大多体量较小，散点分布。

长治、晋城交界地带以羊头山—丹朱岭区域为中心，形成可观的中古石窟群落。其中羊头山石窟从北朝延续至唐，是并洛道中古石窟的亮点。这一区域的圆型石塔、千佛造像碑、二佛并坐像等均具有北朝石窟的显著特征。晋城南部古道多利用沁河支流丹河的谷地。现存野外中古石刻多见于河谷地带。开凿于北齐—唐的碧落窟历史价值和艺术价值较高。石佛沟摩崖造像保存较好，题记明确。小白水造像与榆社果老峰石塔均为连山开凿模式，是因地制宜的古人杰作。

本章第七部分是沁河流域的中古石刻考察。沁河流域地理位置偏僻，自成体系。沁河主干和支流谷地现存的中古石刻文物十分可观，石窟摩崖中以周壁造像题记历史价值最高，是记述北朝后期关西、关东政权边境冲突的罕见实物石刻史料。开凿于绝壁之上的海东摩崖、下杨庄石窟、峪里老爷沟唐摩崖造像也均给我留下深刻印象。

可能是由于地理环境相对封闭，这一区域的造像艺术多有近乎原始的艺术气息，如海东摩崖、红泥沟摩崖、柳木岩摩崖等处。

1. 昌源河—涅水

要冲之地　子洪石窟

太原盆地和晋东南上党盆地之间是绵延的太岳山脉。古时候两地之间的交通大多是通过穿越山区河谷实现的。今祁县和沁县之间的208国道大体就在这一条古道沿线。其北部线路途径昌源河谷地。

昌源河发源于平遥东南部山区，自南向北流淌，是祁县主要水源，河流出山处有子洪村。此地正当谷口位置，自古是太原—长治两地间的交通必经之地。谷口两侧均为高山，西侧双泉山岩壁上历代开凿的石窟、摩崖造像，现统称为子洪石窟。

石窟边是昌源河道，有古时的引水渠痕迹，紧邻山体即乡间公路。因为历代加筑，路面已经抬升很多，现在多个石窟只能看到上部情况，下部被埋没于淤土中。

目前崖壁上可看到8窟，此外岩壁上还可分辨出几十处大小不等的摩崖造像痕迹。

现存石窟中，靠近地面的是自南向北的1—6号窟，在山体中部是7号、8号窟。

1号窟体量最大，保存情况相对较好，内部空间较大。因岩体坍塌，窟门和窟顶形制难辨，造像是典型的三壁三龛式，三壁主尊风化严重，通高在2.5米左右，面部较圆润饱满，身形健硕。西壁（正壁）龛内可见一坐佛，为释迦牟尼佛；北壁龛内是戴冠交脚弥勒菩萨，左、右有胁侍菩萨立像；南壁帷帐龛内是戴冠倚坐弥勒菩萨像。西壁局部残存规划齐整的小龛。这里三壁主尊交脚弥勒、释迦佛、倚坐弥勒这样的组合罕见。交脚和倚坐菩萨像是云冈中后期多见题材。[1]

2号窟，西壁主尊水波纹高肉髻，僧衣为袒右肩式；南壁壁面局部有多个造像小龛，残存题名可见"弟子阎□□侍佛时""弟子阎……"。窟内残存造像小龛是北朝流行的千佛题材。

[1] 参考马鉴、周一良：《山西石佛考查记》，《燕京学报》1935年，第18期；李裕群：《山西北朝时期小型石窟的考察与研究》，巫鸿主编：《汉唐之间的宗教艺术与考古》，文物出版社，2000年版。

左 ｜ 子洪石窟 1 号窟西壁主尊
右 ｜ 子洪石窟 1 号窟内北壁交脚弥勒菩萨像

7 号窟保存情况最好，内部三壁雕孔子和弟子像。为明嘉靖时所凿。但在窟门两侧岩壁面上能依稀看到佛龛痕迹，很可能此原是佛窟，明时改为儒教窟。[2]

8 号窟因山体崩塌难以靠近。2020 年深秋，在山西石窟考古田野工作坊学习时，我和考古工作者搭梯考察，可见窟内为三壁三龛式，其中北壁主尊保存较好，低平肉髻，面容饱满圆润。此窟建造时代大体在北齐。

子洪口地处要冲，符合中古佛教徒在交通线附近开窟祈福的要求。这里是魏孝文帝迁都洛阳途径的地区，也是北朝后期往来太原、晋北和洛阳、邺城之间的常用通道之一。现存子洪石窟风格继承云冈石窟，也有所创建，如 1 号窟内三壁主尊的组合模式。子洪石窟的开凿一直持续到北朝后期，是古道沿途重要石窟群，于石窟艺术和中古史研究均有价值。

[2] 马鉴、周一良：《山西石佛考查记》，《燕京学报》1935 年，第 18 期。

断崖之上的子洪石窟 8 号窟

四月雪后访北庄石窟

2023年4月下旬，华北地区迎来最强的一场冷空气活动，多地暴雪，祁县东南深山区也是如此。

待雪后天晴，我们从子洪水库东部进入山区。在崎岖的单车道小路上颠簸向深山而行，在一处海拔1368米的山间高地上，我们举目四望，但见蓝天白云之下，远山巍峨的山巅被积雪覆盖，由远及近的山体上青松与白雪相交，分外壮丽，堪称人间仙境。

再前行绕过一道山梁，来到山间小村北庄。油路到此结束。穿过仅20来户的山村，来到村南，一条砂石小路绕过一道沟谷通向南边的山村南庄。这里原有幽仙寺，现存两个石窟院落遗址。院外留存多座僧人石塔，地宫已被盗，形制应为清代风格。遗址西侧岩石上有一风化严重的高大石碑，由龟趺、碑首、碑身组成，通高3米以上。碑首残存部分可见蟠龙雕刻，碑身斑驳已无法识别铭文。其形制为中古风格，或与谷底石窟摩崖同时代。山风呼啸，在古碑西侧树丛中，我手脚并用攀援而下至谷底。谷底北侧是约20米高的绝壁，壁面上存有多座石窟、摩崖造像龛。

谷底西侧下部有一窟，平面方形，长、宽、高均约1米。窟门不全，内部三壁低坛，北壁（正壁）雕一坐佛二弟子二胁侍像组合，东壁（左壁）为一坐佛二胁侍像组合，西壁（右壁）为一倚坐弥勒二胁侍像组合。此弥勒像已为倚坐像，但仍为菩萨装。与此类似的弥勒像，还可见于祁县子洪石窟1号窟右壁主尊、陵川宝应寺石窟5号窟右壁主尊、沁县五龙头石窟右壁主尊等。三壁主尊和胁侍均有背光、头光。弥勒像和胁侍像均戴花冠，宝缯折成直角下垂。正壁主尊和东壁主尊高肉髻，造像面容长圆，健壮。正壁主尊左手施与愿印，右手施无畏印，着双领下垂袈裟，下摆覆盖佛坛。此窟造像应为北朝后期风格，东魏

左 | 绝壁谷底石窟北壁造像
右 | 绝壁谷底石窟西壁倚坐弥勒像

的可能性较大。

窟门外东侧壁面上有4个小佛龛，内雕一佛二弟子组合或一坐佛。造像身形健硕。窟门东侧面上有"大中三年（849）七月廿日开工"题记，可能是唐后期一次窟龛修造活动时所留。

窟门外西侧下部有风化严重的小龛，形制难以识别。

绝壁上部壁面上开有一窟，约为方形，长、宽、高均在0.6米左右，窟门崩塌，形制不存。内部造像风化严重，三壁主尊均在低坛之上。北壁（正壁）一佛二弟子像组合，主尊坐佛面部长圆，削肩，有背光。背光两侧雕小佛龛，内雕坐佛。东、西壁上应均为一坐佛二胁侍像组合，坐佛面部长圆，外侧胁侍像风化崩塌不存。此窟或与下部石窟时代接近。北壁主尊佛像和左侧弟子像之间残存题记。

此窟下部4龛，造像风化严重，可见主尊均为低坛上的坐佛，附近壁面存若干小佛龛，内雕一佛二弟子像组合。

壁面上有一个千佛窟，方形，长、宽、高均约0.8米。窟门不存，三壁上满雕千佛小龛，在正壁下部居中位置开一佛龛，内雕一坐佛，高肉髻，面容、身形修长，下部风化剥落。此千佛窟应为北魏末年开凿。千佛窟外西侧壁面上雕一座三层佛塔，下有基座，三层出仿木构屋檐，每层雕一圆拱龛，龛内一佛二弟子像组合。塔上有相轮，顶部为宝珠。此塔高浮雕，有均匀收分，雕凿精致。此类高浮雕塔在云冈石窟第11窟、天龙山石窟等处亦可见

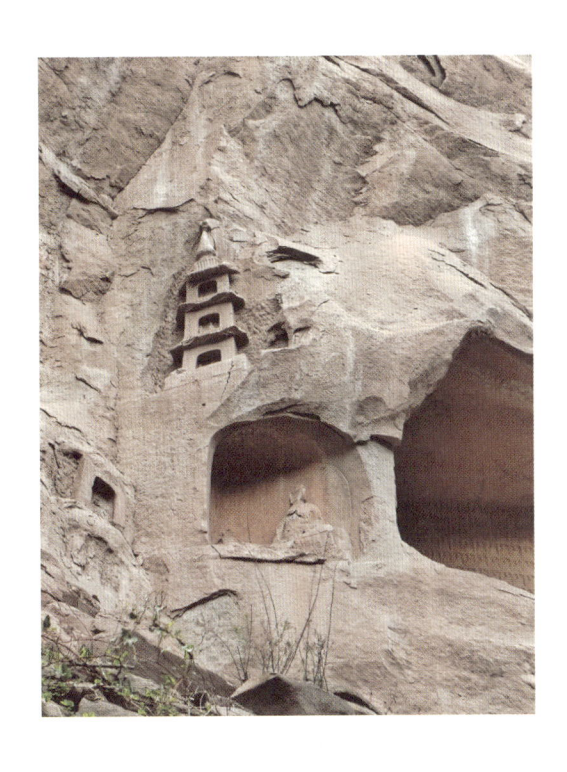

左 | 绝壁上部石窟与摩崖造像龛
右 | 绝壁上的浮雕塔

到。此塔为北朝后期开凿。

北庄石窟包括石窟和多个摩崖造像龛,可能始建于北魏,直至唐代开龛和修缮活动依旧不断。今幽仙寺遗址和古碑附近应是中古佛寺位置。

北庄石窟所在绝壁岩体风雨侵蚀,风化严重,特别是浮雕塔上部岩层已分离,出现明显缝隙。这座精致的浮雕塔随时可能崩塌消失。

麓台山谷底访秘窟

麓台山，本为祁县、平遥两县界山，在祁县南部大山深处，是祁县南山地区著名的山峰。《魏书》卷106上《地形志上》并州太原郡条载榆次县有"鹿台山祠"。鹿台山即麓台山。

麓台山山顶北侧平地处有一座山神庙，庙宇坐南朝北，由3个联通的石窟院组成。其中前院中有6口窑，对面是已经倒塌的戏台；后院是封闭的砖窑院；偏院是5口空砖窑。前院是主院，有新山神塑像。东边窑中张贴龙王画像。龙王像前有一洞口，是传说中的麓台龙

石佛窑石窟外景观

上一 石佛窑石窟北壁一坐佛二弟子像组合

下一 石佛窑石窟东壁一倚坐佛二菩萨像组合

洞。2014年6月,有榆次探洞者进入内部了解情况,原来这是一条山体中的自然大裂隙。山神庙就建在这个巨大的山体裂缝上,以致后人附会出很多故事和传说来。

院内碑刻多风化,难以辨识。其中有弘治十七年(1504)永和王令旨碑。永和王是明代驻汾阳的藩王,参与麓台山神庙重建。一通清代重修碑,铭文风化严重,前几年友人还能从中识读出戴廷栻的名字。戴氏是祁县大族,戴廷栻是傅山好友。祁县城中的丹枫阁是他们常聚会的地方。

从山神庙出发,来到近乎荒废的石佛窑村。在村前的深沟底部存有石窟。

崖壁上有孔,是旧时安放木构的位置。窟门圆拱形,门左、右侧各一力士像,东侧力士已完全风化;西侧力士像被凿毁,只能大体看出身形,戴冠、披帛绕身飞扬而起。

西侧力士像旁石壁上有大段题记,风化严重,为开皇十一年(591)十月己酉朔廿三日所题,前部为发愿文,被毁严重;后部为题名,均以邑子相称,姓氏中有阎、郝、曹、武、谷、庞、张、南等,并无人数绝对优势的姓氏。

麓台山谷底访秘窟

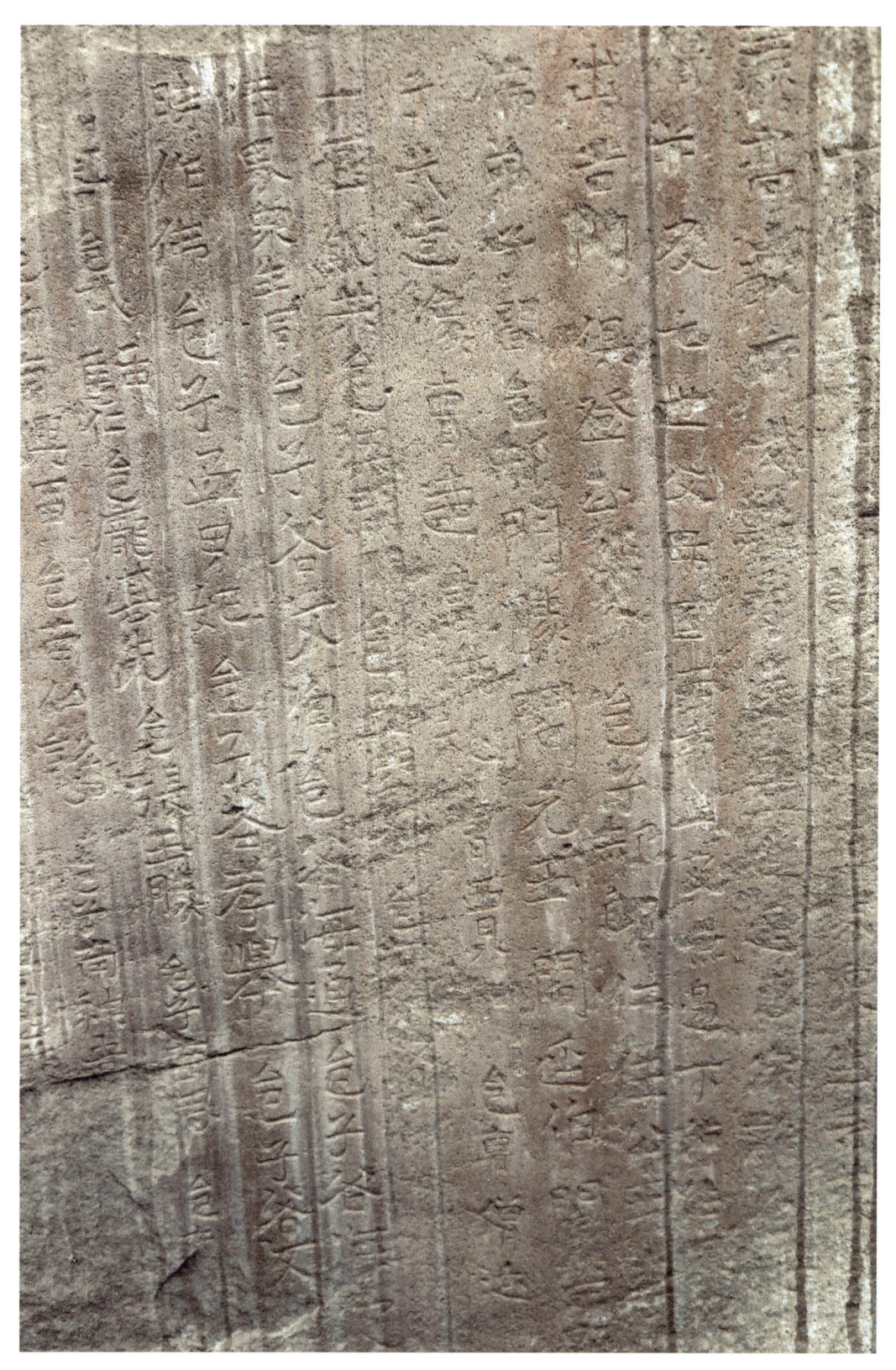

石佛窰石窟隋开皇十一年题记局部

石佛窑石窟南壁西侧题名局部

窟内造像应经过清代、民国重妆。北壁、西壁佛座均为较低的束腰须弥座。北壁（正壁）是一坐佛二弟子立像组合，西壁为一坐佛二菩萨立像组合，东壁为一倚坐佛二菩萨立像组合。三壁造像头部都被盗毁。三壁壁面上还各雕有10余座小佛龛，内雕坐佛。

南壁西侧题名：

开主堪主阎启净、行副像主阎子行、/大堪主阎思敬、/大斋主武冀欢、释迦像主谷文伯。

谷文伯之名见于窟外岩壁题名中。

南壁东侧题名：

大斋主白定虎、香火主白子尚、白子口、/白明尚、白苟生，/副堪主郝要安……

西壁南侧胁侍菩萨旁有题名：

西堪像主高阿口。

题名书体极其古拙质朴。

开皇十一年（591）完成的此次民间开窟活动，在社邑组织下，有诸多姓氏的民众参与，有比较清晰的事务分工，如为开窟捐资的大堪主、释迦主、副堪主、像主等，有佛事活动的大斋主、香火主等。功德主们应是居住在附近的居民。功德主姓氏中有郝、曹、白等姓氏，郝可能为稽胡族群姓氏，曹、白是著名的昭武九姓胡姓，他们可能是粟特族群后裔。

石佛窑石窟造像体态丰满，僧衣贴身。东壁倚坐佛即弥勒佛，北壁为释迦牟尼佛，西壁应为阿弥陀佛，这一组合是北朝后期以来净土信仰的新三世佛模式。净土信仰在唐代盛行，如著名的佛光寺东大殿内主尊三彩塑即是这一组合。

春花带雨访唐河底摩崖

祁县昌源河以东深山沟谷里尚存中古石窟和摩崖造像,唐河底摩崖群就是其中一处。

唐河底村在一条山间的交通支线上,继续向东南可到榆社。

北朝先民在山村附近山崖上留下多处摩崖造像,以佛爷崖、山神庙两段最为集中。由于山体崩塌、开山取石,很多摩崖已不复存在。

我在一处砂岩崖壁上分辨出6龛。摩崖造像在距现地面五六米的绝壁上,均为圆拱尖楣龛,内雕一佛二菩萨像组合或一坐佛像。龛

唐河底摩崖造像

村南沟谷中的隋代摩崖造像

柱上有回首凤鸟，风化较重。造像题记可识读出武定六年（548）、天保七年（556）年号。供养人题名均为女性。这组摩崖多是东魏、北齐时期开凿。现此处山体极其脆弱，亟需加固保护，留住这些近1500年前的遗迹。

在村南蹚水越过小溪，我沿一条沟谷徒步1小时左右，路边有一处摩崖造像，圆拱尖楣龛，高约50厘米，内雕一坐佛二弟子二菩萨立像组合，龛柱外侧各雕一护法力士。造像身体圆润健硕。龛下居中雕覆莲瓣上忍冬花中的宝珠，左、右各一卧狮。造像部分颜色尚存，龛外左、右侧题记：

开皇十二年十二月八日，香火……开龛一区，/上为皇帝，七世师僧父母、因缘眷属、□□法界众生，俱时成佛。

龛下题名：

都邑主王胡仁/张明□/李□生/武邑子/冀延□/贾郭兴/李□树/贾子嵩/贾小仓/张永业/贾晕□/庞士□/贾周欣/□士先/阎义兴

题名中有王、李、张、贾、冀、武、庞、阎等多个姓氏，字迹随意粗疏。造像应是当地村民集体发愿开凿。

武乡石窟摩崖走廊

208国道在南关村进入武乡境内，南下抵达浊漳北源支流涅河流域。武乡县西部的故城镇应是西汉涅县治所，是这一带千百年来的重要居民点。故城镇南过涅河至南岸即沁县南涅水村，是著名的南涅水石刻发现地。这里河谷地势平缓、水流充沛，古代遗址、石窟摩崖、早期古建分布密集，是晋东南文化遗产重要片区。

昌源河边石窑会

昌源河发源自平遥东南部山区，向东北方向流淌，进入武乡分水岭乡地界，继续北流，在石窑会村附近遇到山体阻挡。

石窑会石窟在河边东部山崖上，是密林遮蔽的一处岩壁上的石窟群。下部居中壁面存一主窟，附近有若干小窟和摩崖造像。主窟坐东朝西，内部呈正方形，三壁三龛式，造像近年均被村民重妆，色彩俗艳，但大体可看出早年风格。

东壁（正壁）为一坐佛二弟子像组合，主尊螺发。

南壁和北壁均为一坐佛二胁侍菩萨立像组合。东壁和南壁主尊低平肉髻，僧衣覆盖佛座。三壁主尊均左手施与愿印、右手施无畏印。主尊脸型较方正，有背光。南壁、北壁胁侍菩萨戴风帽。藻井无存。四壁风化未见题记。有水流渗入窟内。我根据造像风格推断此窟或为北齐时期开凿。

主窟正上方绝壁上有一小窟，主尊结跏趺坐，低平肉髻，脸型较方正；左、右立像，只存北壁一双手合十残像，似为弟子像，有头光。此窟应与主窟开凿时代相近。在主窟左、右石壁上均有小型摩崖造像，内雕坐佛。大体应为北朝后期开凿。

重妆后的石窟会主窟东壁造像

良侯店石窟

  繁忙的 208 国道的基础是古代南北大通道。这条交通线见证了北朝以来的佛教传播、迁洛大事，东魏、北齐时又是晋阳至邺城之间的要冲。

  故城村及以北的北良侯、东良侯村，再向北是良侯店，这一区域的几个村均有早期古建、石像、佛头、残碑等文化遗存。

  国道途经良侯店附近，两侧山崖上多有北朝石窟和佛龛遗存，大多已风化或遭到人为破坏，路东侧山崖上尚有存留。

  良侯店石窟保存较好的大窟，内部近似方形，长、高、宽均在 3.5 米到 4 米之间。窟内有 8 尊佛像。东壁为正壁，主尊为二佛并坐大像；头光部分有飞天，执各类乐器如琵琶、横笛、腰鼓等，翩翩起舞、自由飞翔；背光极其精致，背光中二佛肩部有怪兽做喷火状。

  东壁主尊两侧各一胁侍菩萨立像，戴冠，大耳，裸上身，下身着大裙，一手持小佛龛于胸前，另一手持物自然下垂。披巾在肩膀上飘起绕于双臂，呈 s 状。两尊菩萨立像身型健硕、线条流畅，富于动感，堪称本窟精华。南、北两壁也是二佛坐像，坐像有中亚风格。北壁西侧坐像似未完成，未经精细打磨。东壁北侧和南壁西侧佛像着袒右肩佛衣，颇似云冈第

武乡石窟摩崖走廊   103

上 ｜ 良侯店石窟大窟东壁主尊二佛并坐
造像，左右各一胁侍菩萨
下 ｜ 良侯店石窟大窟内的胁侍菩萨像

20 窟露天大佛。

有研究认为本窟为太和年间作品，与云冈中期同时。就二佛并坐风格而言，可能在北魏迁都洛阳前已开凿。

主窟外两侧崖壁上各有一些小型窟龛，大多风化。个别可分辨，约为北齐至隋的作品。

良侯店附近是古代交通要道，在这里开窟，对传扬佛法、进行祈福活动很是方便。主窟三壁主尊均为二佛并坐造像，是罕见的。北壁西侧造像未最后完工，给后人留下千载之谜。

石人底石窟

故城镇在古道沿线,西汉时是涅县治所所在,留存文物古迹内容丰富。

近年在石人底村发现一处石窟。现在该村名一作石仁,显然石人更为妥帖,石人应即指石窟造像。

村北有泉水,村民汇聚为池。池边石山中部有一处石窟。

石窟坐北朝南,窟门坍塌,周边岩壁被毁,已看不出窟门形制,高度应在2米之上。内部造像三壁三龛式。

北壁(正壁)居中雕一大龛,内为二佛并坐像,佛首被盗,着袒右肩袈裟,僧衣下垂覆盖佛座。左右两侧雕各一帷帐龛,内为菩萨立像,衣饰华丽繁复,高肉髻。下部左、右各雕一回首瑞兽。

东壁居中佛龛内雕一坐佛,高肉髻。外侧雕一力士。帷帐龛内雕一菩萨像,与西壁菩萨略同。左上部又雕一庑殿顶建筑,内一士人装束的居士,外有多个僧人。为首一人,似与之在交流。此画面是北魏后期流行的《维摩经》中的"文殊问疾"场景。

西壁居中佛龛雕一坐佛,高肉髻。外侧力士无存,雕一线刻菩萨立像,朝向坐佛。上部和对面对称,也雕刻"文殊问疾"场景。

窟外岩壁多有风化脱落,外壁下部保存局部最初岩面,可见部分题名,多达几十条,但因为是每竖列的末尾部分,仅存个别姓氏:李、陈、胡、张、孙、白、马、斛斯等。功德

上 | 石人底石窟北壁
中 | 石人底石窟西壁文殊问疾线刻图景
上 | 石人底石窟菩萨立像

石人底石窟外岩壁残存题名

主涉及众多佛教信徒家庭，很多题名是家族父母和子女联名。其中可见"妻斛斯"。斛斯为附属北魏的原高车部落姓氏，族人活跃于北朝后期，在尔朱荣部下发迹的斛斯椿为其中代表人物。此后北齐、北周、隋，均有此复姓胡人载于正史。题名出现斛斯女性，应有此部胡人活动并定居于此，时代应在北魏末年尔朱氏崛起之后。

残存题名字体古拙，有风骨，魏碑风范。

我结合造像和题名判断，此窟应为北魏末年至东魏时期开凿。距此不远有良侯店北魏石窟，石人底窟主尊颇有模仿意味。

大有村摩崖造像

此处摩崖造像位于武乡县东部山区大有村以北约3千米处的沟谷西侧山崖上。

现存造像两层。上层造像目前仅存一尊坐像，另一尊早毁。存2条题记，南侧题记为："□信佛弟子王惠猛为亡妻／陈有相敬造阿／弥陀像一区。"北侧题记为："比丘僧法苑敬造／阿弥陀像壹区。／比丘僧惠葩，／比丘僧昙募。"

由此2条题记可知，上层造像为阿弥陀佛，造像供养人中有僧人。

下层壁面自南向北雕凿4尊菩萨立像，均高约1米。其中外侧的第一和第四尊立像损毁风化严重，头部不存。居中的第二、三两尊立像中，靠南侧的第二尊立像头戴花冠，宝缯下垂，身披璎珞，面容圆润雍容，赤足。第三尊风格类似，风化更严重。

下层题记自南向北现存4条。在第一和第四尊立像外侧岩壁上有供养人题名，造像供养人来自多个不同姓氏的家族，其中多为女性佛教信徒名字。

第一条题记在第一尊立像外侧：

佛弟子父连显、/清信母韩真香，/佛弟子□迎宗，/佛□□□□□，/佛弟子□□、/清信妇□延妃、/弟连阿相、/姊息韩超□、/姊女妙贵。

第二尊立像上部壁面上有第二条题记：

大隋开皇六年岁次丙/午十月戊申朔十八日/乙丑，清信佛弟子连延/□韩氏妇延妃，兄息孝/□等□□单□仰为三/□□母并及己身因缘眷/□，敬造观世音像二区，□为皇〇帝陛下祚隆/万代，又为累世父母、常/□胜福、六道四生，俱/□正觉。

武乡大有摩崖造像

第三尊立像上方是第三条题记：

大隋／开皇六年岁次丙午十月／戊申朔十八日乙丑，清信／□子王氏、何□光、单成□／为亡者并及己身因缘眷／属，敬造观世音像二区，上／为皇帝陛下祚隆万代，又／为□世父母、常居胜福、□／□□□同登正……

第三、四条题记同为开皇六年（587）十月十八日刊刻完成，内容亦大同，可知第二、三尊立像均为观世音菩萨像。

在第四尊立像北侧有一供养人像，旁有题名：第王胜猛。

附近壁面上是第四条题记，局部壁面风化崩塌，残存部分可见：

前郡忠□／前郡忠□／前郡……／王郝□／王多猛／王惠猛／□准猛／□智猛／王罡猛／□王猛略／清信女李／清信女陈／清信女□／□信女□／□□女□……／清□□陈／清信□李／清信女李／清信女薛／息天护／息黄寿／息天安／息天寿／□□璋□□璋……／清信女贾／清信女李／邑李思□／邑贾□□／邑王韩□／邑王李□／邑王荣业／邑王□和……

"前郡忠"后的缺字应为"正"字。忠正即中正，魏晋南北朝时期实行九品中正制的选官制度，中央和地方均设中正职，举荐人物出仕。隋开皇三年实施了废除郡一级行政单位的重大改革，因此，此处题记中出现的"前忠正"，即是指在废郡之前曾任郡中正者。当时的中正制度又有中央和地方两套体系，此处的郡中正应属地方的郡中正系统。[1] 隋初为避文帝杨坚之父杨忠的讳，忠（中）字或省去或多改用平字代替，此处题记中竟未改，实属罕见。可见在一些相对偏远地区，避讳制度可能并未严格执行。

现存题记中可见有王氏、连氏多个家庭的男女成员参与开凿摩崖造像活动，他们应是居住在这一带的地方家族。北魏后期汉化改革中，鲜卑是兰（是连）氏改姓为连氏；当时北方各胡族中改姓王氏的也很多，羯、乌丸、匈奴中均有。魏晋时，浊漳北源地区是羯人石勒活动的范围，石勒亦曾在太行山区招降乌丸部落张氏酋长。

大有村摩崖造像，现存造像数尊、题记多条，是隋代摩崖造像遗存，虽风化残破，但仍留存较为丰富的历史信息：隋初此地已有僧人活动，附近应有居民点，居民中女性佛教信徒众多，他们组成联合造像的社邑组织，供养人连氏、王氏可能为胡族。

---

[1] 张旭华：《隋及唐初九品中正制的废除》，《史学月刊》2009年第8期，第19—27页。

大有村摩崖造像地处深山，2022年方为文物部门知晓。2023年2月12日雪后，我和武乡文物工作者一起前往，成为第一个实地考察的外界学者，十分荣幸。

对此处最新发现的野外石刻，武乡县文物部门已在制定保护方案，期待大有摩崖造像得到更好保护。

沁县觅窟龛

沁县，千年古县，古称铜鞮，金、元至清是沁州治所，这里保存诸多文化遗存，散布的中古石窟摩崖造像有多处。

硕果仅存烂柯山摩崖

20世纪中期南涅水石刻的发现，震惊文化界，其意义不逊于后来发现的山东青州龙兴寺造像、河北临漳北吴庄造像，只是发现时代稍早，后期研究和传播不足，社会上对其艺术和历史价值的认识还很不够。

烂柯山隋、唐摩崖造像

南涅水石刻的发现地是一个古人安放佛像的深坑，就在涅河南岸的南涅水村外。有研究者认为这些石刻所用的石料为就地取材，来自东边烂柯山的采石大坑。

或许是与烂柯故事传播有关，现在全国有多座烂柯山。沁县北部这座烂柯山在涅河南岸、南涅水村东侧。山崖壁立，烂柯山上已无茂盛森林，路边多有大石跌落。结合南涅水石刻的取材，可能古人很早就在这里进行有计划的采石活动。

我小心翼翼地穿过荆棘来到山崖边。一处向南突出的山崖基本完好，未被采石破坏。山崖东侧可见一小窟，内部已难分辨造像痕迹，窟门上开有方孔，应是安置木构之用。

转到南侧，有上、下两个圆拱摩崖造像龛。造像左侧壁面上存题记。

上层龛内雕一坐佛二菩萨立像，头部已毁。龛外左侧题记分上下两列，上列：

随皇帝陛下，／路州刺史豆卢，／阳城令渠升，／比丘僧证心、比丘尼元□。

下列：

大像主魏胡，／菩萨主孙明姜、／息令伯、／妻陈罗妃、／妇元□。

此摩崖造像为隋代刊刻，未注年款。上排称引皇帝、潞州（即路州）、阳城县令，并书僧尼名，下排则是供养人魏胡和孙明姜一家两代人。

据《隋书·炀帝纪上》载，大业三年（607）四月隋废州为郡。则此龛开凿时间在隋开皇元年（581）至大业三年（607）之间。刺史姓豆卢，为鲜卑姓氏。

下层龛内雕一坐佛二弟子立像组合，头部已毁。龛左侧壁面上存题记：

大唐调露元年，／龙泉村李大经／敬造龛像一／区并阿南及家／叶，上为○天皇天后、／师僧父母、法界众生，共登／正觉。

此龛题记时间为唐调露元年（679），正是高宗和武后共同执政，并称天皇天后时期，题记中这一双称尊号，在山西唐代石刻中出现较多。雕刻布局考虑不周，导致铭文最后"正觉"二字被迫雕在界格外。

唐龛前些年险些被盗，盗贼用钢钎开凿石面的痕迹还十分清晰，幸亏当时的村民及时发现制止。

山崖西侧面上，留存多个线刻图案和题记，笔迹粗糙随意，多为到此一游之类。

其中可识别题记："河清三年八月十九日／李洪珍年十八。"此为北齐河清三年（564）留题。

附近崖壁上还可见若干风化后的龛形。

烂柯山为地方名胜，周围有多座佛寺。信徒在山中开凿窟龛，成为历年颇久的功德事业。现存山崖的北齐留题、隋唐佛龛，仅是历史上诸多窟龛中的幸存者。

烂柯山摩崖当年险遭盗劫的痕迹

五龙头石窟

沁县县城东南方向次村乡有五龙河，河北面有五龙头村，村对面河边石崖上存有石窟，即五龙头石窟。此窟外立面风化，明清时窟门前建起砖券用来保护。门右侧崖壁上存4个小圆拱尖楣龛，龛内均雕一坐佛二菩萨立像组合。

窟内平面呈方形，高约1.5米。造像三壁三龛式，南壁（正壁）雕一坐佛二弟子立像组合，西壁（左壁）雕一立佛二菩萨立像组合，东壁（右壁）雕一倚坐佛二菩萨像组合。窟门内两侧各雕一力士像，造像被毁严重。三壁主尊都有高大背光，上有飞天。

此窟三壁造像体型健壮，主尊形制设置比较特殊。

西壁主尊为立佛，非常见坐佛。

东壁倚坐菩萨像，应为弥勒佛，是弥勒像由交脚像向倚坐像的过渡类型。

北魏后期石窟造像中交脚像渐多，一般认为是交脚弥勒菩萨。隋代，交脚弥勒像基本转变为倚坐像，装扮也由菩萨装改为佛装。五龙头石窟东壁上的倚坐像仍为菩萨装，体现出风格改变时期的不确定性。

三壁面剥落风化，残存部分题名：

东壁北侧可见："都维那阎智兴、中转主李仲□。"

东壁南侧和南壁东侧上可见："教化主李康、都维那主田洪业、香火主荀珍、右菩萨主

左 | 五龙头石窟西壁（左壁）主尊立佛像
右 | 五龙头石窟东壁（右壁）主尊倚坐像菩萨装

荀贵□兴、副像主阎市德、堪主伏仁□。"

主尊佛坛上有题名："李但供养。"

南壁西侧题名："副堪主阎总贵、斋主李仪欣……上转主张敬。"

东壁造像有红、黄褐、绿等色存留，可能为不同时代的遗存。力士和菩萨袒露上身，下着裙，赤足。

题名部分风化无法全部识别，字迹随意。功德主均无官职，可能是普通居民。姓氏均为单字，应多为汉人。现存题名中可看到参与开窟活动人员的分工角色：组织者——都维那，捐助者——香火主、菩萨主、副像主、堪主、副堪主等，佛事活动组织者——教化主、斋主等。

我结合五龙头石窟造像的体态、服饰特征推断，此窟大体开凿在北齐到隋初时。

2. 乌马河—浊漳河北源

太谷乌马河畔摩崖

乌马河是太谷的母亲河,古称回马谷水,自太谷、祁县交界的上下黑峰、通天沟一带发源,向北穿山进入太原盆地,汇入昌源河后再入汾河。乌马河山区段河谷是古人在太原盆地和晋东南地区乃至太行山东麓之间往来的通道之一。河谷岩壁上留存多处中古时期开凿的摩崖造像。

水患危机中的塔寺北朝摩崖

太谷乌马河谷地中有庞庄水库,为县城供水。水库东岸淹没区水位线上有一处塔寺摩崖造像。

枯水期的塔寺摩崖

前往此地需从水库西岸经水泥桥至东岸，沿路到水边护坡上的台阶。水位下降时才可能接近。在不规则的岩壁上可看到多处摩崖造像。水边一残存佛像，水位线下有石窟，过去应有一处佛寺。

据国家文物局主编、山西省文物局编制的《中国文物地图集 山西分册》在"晋中市太谷县（现为太谷区）"部分有塔寺石窟条："位于岩壁上，现存1窟。坐东朝西，前檐塌毁，高1.55米、宽1.55米、残深1.1米，穹庐顶。窟内线刻佛61尊，正壁主尊高0.5米。后壁存太和十六年（492）题记1则。窟外上部残存窟檐痕迹"。[1]

水边崖壁坍塌严重，看不出石窟形制，坐北朝南的平整立面上有造像，壁面边缘残损。壁面西北部有一圆拱龛，高约60厘米、宽约45厘米。龛内坐佛，袒右肩，着薄僧衣，与云冈第20窟大佛模式近似。佛首残破，结跏趺坐，结禅定印，身型健硕而灵动，极富朝气。龛外两侧左右各一相向带头光合十菩萨立像。

佛龛右下部壁面上残存题记：

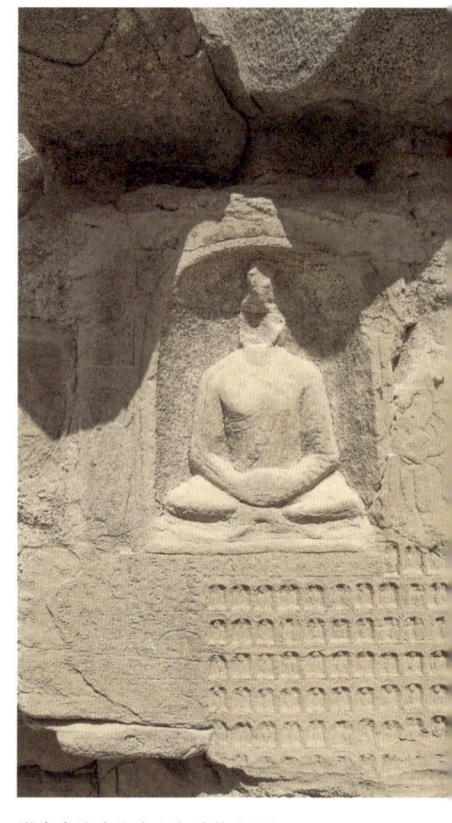

大代太和十六年四月八日，佛……/ 白诩、白俊、刘但、卢恭、白□……/ 王香□、白弁、张遵、白荣超……/ 白弘先、白□之、王□、郝胜、白……/ 白昙□诩等家□□……/ 为……□□□造佛一区，愿……/……□安□□……/……[2]

塔寺摩崖太和十六年造像和题记

---

[1] 国家文物局主编、山西省文物局编制：《中国文物地图集山西分册》，中国地图出版社，2006。

此段描述认为这是一座残破的石窟，太和题记是断代的重要依据。但没有各壁面佛龛和造像形制介绍，"线刻佛61尊"的语义含混。石窟坐东朝西，则东壁为正壁，两壁为南壁和北壁，保存题记的"后壁"指向不明。

[2] 本文录文结合实地考察和图片及〔日〕佐藤智水：《山西省塔寺石窟北壁の北魏造像と铭文》，《龙谷史坛》第130号，龙谷大学史学会2010年1月编。经段彬君提示，致谢。

此处摩崖造像雕凿于北魏太和十六年（492）四月八日佛诞日时，是佛教信徒合力开凿造像祈福弘法所为。供养人中有白、刘、卢、王、张、郝等姓，白氏居多。目前存世的石窟摩崖题记中，太和年号罕见。此年在太和十七年孝文帝迁都洛阳之前，龛内坐佛像与云冈早期造像多类似。学界观点多认为孝文帝迁都引领了晋东南地区佛教造像活动。此处造像题记似可说明，在孝文迁都之前，乌马河流域的民间佛教活动已较为活跃。

坐佛左下部为分层雕刻小佛龛，千佛造像是北朝后期流行造像模式，在石窟、摩崖造像、造像碑中非常盛行。千佛龛东侧有僧人题名。早年可见两竖列：

比丘法冗为所生父母、眷属造像十区。比丘法慈像两区／比丘昙正为所生父母、眷属造像十区比丘法语、比丘法口

千佛龛东侧有一自然裂隙，裂隙东部的崖壁面上部有两座并排佛龛，内雕坐佛，龛下居中一香炉，两侧是对向而立的线刻男女供养人像。龛外东侧题记仅可见"佛弟子卢恭……六区……"

下部为供养人题名，人数众多，可见白、杨、冀、张、卢、贾、姜、赵、韩、李等姓氏，白姓居多。

此大段题名东侧有一小佛龛，内雕坐佛，龛下有题记："□□元年／五月十一／日，佛弟／子庞大／亮合家／供养。"

龛左侧题记可见："高进贵。"后数列风化。

北朝时太谷境内有阳邑县，当地大姓白氏中的代表人物白建，东魏、北齐时颇为高欢父子所重，是军队事务管理重臣。这些题名中的白氏或与白建同族。

东侧岩壁多个不规则壁面上残存众多佛龛、题记、题名，其中可见白、郭、庞等姓氏供养人名。

一处壁面上有若干圆拱尖楣龛，一龛右侧有发愿文题记，风化难辨。其下部有题记："武平七年十一月八日，汇丘法兴为父母造像一区。佛弟子霍喜王乃侍佛。"周围壁面满雕千佛小龛。

北齐武平七年（576）十一月时此地还有开龛活动。此时北周军队已攻克平阳（今山西临汾市）进军晋阳（今山西太原市）。

由于岩壁坍塌，我们已无法全面判断东壁造像情况。但结合现存北壁摩崖造像内容，似与北魏时期石窟形制不太相同。北壁和东壁现存造像在不同时间陆续开凿，似未有系统规划，显得相对随意。

塔寺摩崖造像难以全面复原，此处遗存称摩崖造像更稳妥些。

北齐武平七年造像和题记

目前来看，塔寺摩崖造像活动时间范围至少自北魏太和十六年（492）至北齐末年武平七年（576），绵延整个北朝后期。功德主群体以当时居住在附近的地方大姓为主。

乌马河谷是沟通太原和晋东南的交通线，地方民众在此发起开凿摩崖造像，符合开龛祈福传播福报的目的。

水库水面每年涨落不定，塔寺摩崖造像遭到严重水蚀破坏，岩壁多有裂隙、崩落，部分造像被淤泥淹没。

民间兴造的石窟摩崖体量一般较小，但数量多，分布广。沧桑变迁，早期摩崖造像已百不存一。塔寺北朝摩崖造像颇有学术价值，亟需以有力措施给予妥善保护。

槐树底摩崖造像

高铁隧道边的槐树底摩崖

公路沿乌马河河谷继续东南行，途经杨庄行政村槐树底自然村，在公路上看到太长高铁高架桥横于河谷上方，西侧山体隧道口边的山崖上留存着被树木遮挡的 13 个摩崖造像龛。龛高 10—25 厘米之间。

此地摩崖龛较小，开凿时代为北齐末年至隋朝。

壁面被一条自然裂隙分为南北两部分。佛龛圆拱形，南侧壁面上有 7 龛，其中右上部并排 3 个圆拱小龛，内雕一坐佛。最左侧有题记：

武平七年十一月七日，/佛弟子郝元邑为所生/父母、家口大小，发愿/造象叁区，今身成，/愿上为皇帝陛下、七世/父母、因缘眷属、一时佛。

可见此 3 龛完成于北齐武平七年（576）十一月七日。此时，北周已攻克平阳，北上晋阳，北齐政权即将灭亡。此郝氏造像记内容为常见话术，为皇帝和家人祈福。

左部 4 龛分上、下两横排，各并列两龛。其中上排左侧龛有尖楣，内雕一坐佛二菩萨立像组合，其他 3 龛内雕一坐佛。龛侧均有题记。

上排左龛龛侧题记：

槐树底开皇十六年造像和题记

开皇十六年四月二十/日，佛弟子杨僧德/息辰桦，为亡母造像/一躯，愿着弥陀之口，/上为皇帝陛下、史令□/□□□□□，□为七/世父母、所生父母、僧□/□佛，右为法界众生、□/□成佛。

此题记为开皇十六年（596）杨氏为逝去母亲造像记，其中提到此弥陀即阿弥陀佛，造像中出现阿弥陀佛是北朝后期西方净土信仰的标志。

上排右龛右侧题记：

开皇十六年/四月廿日，佛弟/子杨僧椿愿□/人担给造像一区，/□□就居□□。

与上排左龛题记时间相同，亦为杨氏造像记。

下排左龛左侧题记：

开皇十八年四/月廿三日佛子/杨僧德息/辰桦为□□/□□□造像/一区，上为皇帝/陛下、法界众/生，一时成佛。

此题记为开皇十八年（598）杨氏造像记，发愿人杨辰桦与开皇十六年所凿上排左龛发愿人为同一人。

下排右侧龛右侧题记：

开皇十八年十二/月二十三日，佛弟子/杨像生为息时口/□夫妻愿□造像一区，/……

合家大小……

此条题记亦是杨氏造像记。

崖壁北部摩崖分上、下两排，共5龛，均为圆拱龛，均内雕一坐佛。上排3龛中居中龛和龛侧题记风化难以分辨，左、右两侧各一龛。

其中上排左侧龛外侧题记：

武平七年十一月廿日，佛弟／子□阎仁前愿造／像一区，□□□愿为／所生父母、边地众生，一时成佛。

下排左侧龛外题记：

武平七年十一月三日，佛弟／子□阎□□二人造／像一区，为众生□□□，一／时成佛。

下排右侧龛外题记：

……七年十一月廿日，佛弟／……贵造像／……今得成就所／愿如是。

以上题记可看出，南、北两侧多个佛龛刊刻时间均为武平七年（576）十一月间，当时正值北周灭北齐晋阳之战期间，但距此不远的乌马河居民的造像活动仍在进行，并未受到影响。

南部4龛的4处题记，为隋开皇十六至十八年（596—598）期间开凿的杨氏造像题记，其中有两龛为同一人先后两次开凿。此地村名今为杨庄。由题记看，或许在隋初时，杨氏族人已在此定居。

马陵关摩崖

在距太谷城东南40千米的山谷最窄处有一关口，名马陵关。

马陵关现在位置即马陵关村。关口建在乌马河左岸巨大岩石之上。

关城北门现存一砖券门洞。门洞内外尚存凹凸不平的石板路约50米，是古道遗存。门洞砖面上均嵌石匾，南侧的已失，北侧石匾上题"马陵积雪"，为顺治年间太谷知县郝应第所题。"马陵积雪"号称古太谷十景之一。门洞内存一道光五年（1825）残碑，其上镌刻郝应第诗："马陵何积雪，荫想庞将军。恨减三军灶，灵山起暮云。"

我走在河岸边，仔细分辨片片砂岩，多次以为是摩崖，走近才知是被大自然的杰作迷惑了眼睛。走了很久，终于在一处崖壁上望到距地面5米左右的摩崖。

此处摩崖是单龛，高40厘米、宽30厘米，内雕一坐佛二弟子立像组合，坐佛端坐莲

马陵关摩崖造像

台,有头光。龛外两侧壁面上各有题记。

左侧依稀可见:

至德二载六月五日,为法界众生,/□襄县洪渐乡甄阿仁□□□□/□阳县静□乡镇副郝□□、/太谷县永昌乡郑昇意、/太谷县长乐乡骑都尉乔□□。

右侧依稀可见:

……四方宁静……

发愿题记中的供养人来自太谷本地及他县,其活动应与古道交通有关。骑都尉为唐军功勋级十二转的第五转。至德二载(757)是安史之乱期间,年初,李光弼在太原保卫战中大败叛军,扭转了安史之乱中的山西战局。此处题记出现"四方宁静"一语正是体现了民间希望战火尽快平息的期盼。

白大石石窟外部景观

摩龛云树　白大石石窟

　　太谷南山范围内有多条沟谷，谷中多有自南向北的河流，比较重要的有乌马河谷、象峪河谷、咸阳河谷等。其中乌马河谷最为重要，是太原盆地和长治盆地之间的重要古道之一。太谷南山地区的其他沟谷中现还有若干中古时期的石窟摩崖，现存体量较大的有白大石石窟、浒泊石窟、石堡寨石窟等。

　　白大石村西侧山谷中有一处石窟，即白大石石窟。此窟在一处东西向山体南壁上开凿。壁面经过平整处理，可见多个不同规格的方孔，应是历代修缮时搭建木构的位置。目前壁上可见二层石窟，上层两窟在绝壁上难以进入，内部造像大多风化。下层3窟，按其位置可称为西窟、中窟、东窟。还有个别风化严重的造像，仅可见龛形。目前中窟风化，内无存造像。西、东窟风化严重，窟门不存，内部造像形制大体尚可分辨。

　　西窟最大，长、宽约3米，高约2米，内部三壁三龛式，北壁（正壁）圆拱尖楣龛，内雕坐佛，龛外两侧柱头雕回首龙头。主尊结跏趺坐，头部不存，双手残，削肩，着双领下垂袈裟，下摆遮蔽佛坛。龛外两侧各雕一长方形凹面，内雕一胁侍、一弟子像。胁侍菩萨戴三叶冠。窟门柱位置上残存部分线刻供养人像和题名。龛下雕六供养僧人线刻像。可见题名：

白大石西窟北壁造像

"比丘法□、比丘法胜、并州沙门统法□、□州西□比丘僧□、比丘僧□。"僧人供养人名东有一供养人像,题名:"清信士佛弟子……"龛外两侧上部各雕一像,西侧为一戴冠菩萨坐像,削肩,右手持麈尾;东侧为一士大夫供养人坐像,右手持一扇。此二像是对应位置雕刻的文殊和维摩诘像,是北魏后期石窟中常见的"文殊问疾"题材。左右两壁龛内雕坐佛,龛外两侧有胁侍菩萨。

此窟应是北魏迁洛后的造像风格。

东窟较小,长、宽、高均约1.3米,也是三壁三龛式,内雕一坐佛二胁侍像组合。南壁窟门内两侧壁面上雕两尊力士像,与西窟形制一致。壁面上残存小佛和供养人题名,多风化难识。

北壁龛外两侧各雕一线刻弟子像。北壁主龛内为一佛二弟子二胁侍组合,与西窟正壁一致。只是弟子像为线刻,此类线刻还可见于武乡石人底石窟中的菩萨。窟内造像身形均较健壮,主尊双领下垂袈裟,下摆遮蔽佛坛。此窟时代可能稍晚于西窟,或为东魏时期开凿。

3窟形制在后代有较大改变,是不断修缮利用的结果。如西窟窟门上部岩层被去掉,部分壁面上有白灰层保存。

白大石西窟北壁和西壁拐角处造像

太谷乌马河畔摩崖

榆社寻窟记

自太谷境内沿乌马河上游、象峪河上游，翻越山地，可进入发源于榆社北部山区的浊漳北源流域。经历千百年自然和人为的破坏之后，在古道沿途的山区沟谷中，幸存的中古时期小型石窟和摩崖造像大多风化，被损毁严重。

榆社境内的石窟和摩崖造像均规模较小，但分布广泛，近年来李旭清先生团队反复寻访，记录有四五十处之多。根据地理环境，可以大体分为三个部分：其一是浊漳河北源源头区域，分布在小杏山、王金庄、石源、黄花沟、北平等地；其二是浊漳河北源右岸区域（包括乌马河上游范围），分布多在武源河、鞞鞳水、云簇河等地，榆社现存石刻文物精华大多在这一区域；其三是浊漳河北源左岸区域，分布在北源的左岸支流沟谷中。

庙岭山石窟

榆社较为著名的石窟是县城以南的庙岭山石窟，古时这里有响堂寺，现已是荒野。早年我从桑树沟村后进入山谷，需徒步1个多小时，现在从小杜余沟土路蜿蜒而行，约需30分钟车程，可达山顶处。

山上有一座方形单层砖塔，即响堂寺禅师塔。青砖砌成，古朴简洁，外无装饰，四角攒尖顶。南面设一门。近年曾修缮过。

下到沟里，前行几十米是山崖上的响堂寺遗址。石窟在寺后崖上开凿。前些年建起三开间悬山顶建筑，石窟外也搭起屋檐。

壁上本为一坐佛二弟子立像组合。坐佛居莲台之上，高约2.6米，头部圆润、脖颈短，身躯浑圆丰满，僧衣线条流畅，紧贴身体。佛头和手为新补。背光边缘为火焰纹，内雕七佛和二飞天。两侧弟子像已失。

摩崖东部现存两窟，平面正方形，内四角攒尖顶。佛像头部均被盗。大窟号称千佛洞，正面窟门圆拱形，门上残存交脚菩萨像二尊。窟内北壁（正壁）居中一坐佛，被毁，只存石壁上火焰纹背光内的身形。结合身形推断，原貌为高肉髻，面部丰圆，着双领下垂僧衣，结跏趺坐于束腰须弥座上。袈裟褶皱繁复遮蔽佛座。坐佛左右侧凹槽为固定胁侍菩萨立像位置。[1]

东壁（左壁）中心为两个圆拱龛，上下排列。上龛内雕坐佛，下为立佛像。立佛头部被毁，据早年记载，知与正壁主尊类似。立佛僧衣飘逸下垂，左手施与愿印，右手施无畏印，身形矫健，跣足。佛像右侧下部留存供养人题名，可见米、张、李、郝、段等姓氏，其中米氏居多。

左壁下部一小龛内雕坐佛，形制与正壁坐佛近似。龛右侧存唐高宗时期题记：

> 永淳二年（683），佛子仓君正施布、/丘端正息妻李造像一区，今得/成就，合家供养佛时。

西壁（右壁）中心上部圆拱龛内雕坐佛，与左壁上龛类似。下部原依壁雕立佛一尊与左壁同，前些年被盗。

右壁千佛造像下有多排供养人题名，可见王、张、郝、贾等姓氏，王姓最多。其他

上 | 庙岭山摩崖造像主尊
下 | 庙岭山千佛洞左壁下部永淳二年造像和题记

[1] 李裕群：《山西榆社石窟寺调查》，《文物》1997年第2期，第68—79页。

壁面也雕刻排列整齐的佛龛，为中古流行的千佛造像模式，本窟因此又称千佛洞。

另一窟内已无造像痕迹。石壁上有后人题记若干。

其中有一首题壁诗：

石室寺，道光贰拾柒年重修

四百年前结下缘，相逢只待九三年。

迷迷惑惑重修寺，宝殿森严又焕然。

荆山愚夫中秋月偶题

庙岭山石窟是榆社郊外名气最大的石窟寺遗址，从文化遗产保护、文旅融合角度，都应进行更好地保护和传承。

圆子山石窟

浊漳北源西侧支流武源河边的低矮石山圆子山紧邻干涸的河道，山崖边上是圆子山石窟。

圆子山石窟现存一窟和多个摩崖造像龛。石窟方形，覆斗顶，顶部有莲花藻井。山崖崩塌严重，窟南壁和窟门不存。北壁雕一坐佛二弟子立像组合，左右壁是一佛二菩萨像组合。三壁造像前些年均被盗毁，现只能从岩壁上大体分辨出身形。

坐佛高1.6米，有头光和背光。头光内有莲瓣，背光内匝火焰纹，外匝飞天，上方居中雕出莲瓣张开中的莲花化生。左右弟子像双手合十，袒右肩。壁面上部雕千佛龛，坐佛高肉髻禅定印，旁有供养人题名。[2]

坐佛和右侧弟子像之间壁面上有一供养人像，旁有题名：

法主比丘惠相，教化维那张静、宋劝善，维那高□，供养主张欢，／邑政孙伯、孙方，更□那杨伯成。

[2] 近年石窟内造像被盗毁，造像描述参考李裕群：《山西榆社石窟寺调查》，《文物》1997年第2期，第68—79页。

圆子山石窟现状

右弟子像右侧壁上有4横排供养像，为供养人和举伞盖侍者像，在第二横排前有题名：

……张广侍佛、都浮图主新兴太守张郎、张□侍佛。

左侧弟子像右侧题名：

清信士王道侍佛、维那杨略□、清静主杨广、维那杨洁□、维那王文昌、维那张□□。

《魏书》卷106上《地形志上》肆州条载："永安郡，后汉建安中置新兴郡，永安中改。"[3] 可知永安年间（528—530），位于今忻州的新兴郡改为永安郡。由此，题名中的张郎应在永安郡名出现之前任新兴郡太守。

东壁为一立佛二菩萨立像组合。壁面上部雕千佛，小龛旁有题名。立佛和右侧菩萨像之间有两横排供养人和举伞盖侍者像。上列为首者戴高冠，褒衣博带，前题名："东堪像主安昌令周证。"下列为首者，服饰与前者同，前题名："息乡郡太守周洪侍佛。"

[3]〔北齐〕魏收：《魏书》，中华书局，1974，第2474页。

圆子山石窟左壁供养人线刻图和题名

《魏书》卷106中《地形志中》载豫州下有初安郡安昌县。[4]

两汉、西晋时，政府在今河南确山县置安昌县。北魏后期控制了淮北地区，此地仍称安昌县。初安郡下注文："延兴二年置，孝昌中陷，后复。"孝昌为北魏孝明帝年号（525—528）。可见此地在北魏后期大部分时间为北魏统治区。石窟开凿时周证曾为此地县令。

《魏书》卷106上《地形志上》载并州下有乡郡，为北魏延和二年（433）置，辖乡县（治所在今山西榆社县社城镇）、阳城、襄垣、铜鞮四县，隋开皇初废郡。[5]

此窟开凿时，周洪为乡郡太守。

此窟中出现的3位地方行政长官，即2郡守、1县令，周氏父子为县令、郡守，并一起题名，可见二人均参与开窟活动，我推断其应为本地家族。结合供养人题名中张姓比例较大，我推测新兴太守张郎可能也是本地张氏。

西壁上原为倚坐佛和二菩萨立像组合，佛褒衣博带，身披袈裟，有圆形头光和舟形背光。佛座上题名："□堪像主杨僖。"左、右菩萨像面长圆，宝缯折角后垂。左侧菩萨右侧题名："菩萨主张明郎。"此壁上部也雕有千佛小龛。龛侧有题名。

此窟在社邑组织下运作开凿。题名中有法主僧人，有维那、邑政（即邑正）等活动组织者，教化主等具体实施者，都浮图主、菩萨主、堪像主等捐助者。三壁上部佛龛边均有题名，格式为"邑+人名"形式。

此窟造像接近北魏后期造像流行的褒衣博

[4]〔北齐〕魏收：《魏书》，中华书局，1974，第2534—2535页。

[5]〔北齐〕魏收：《魏书》，中华书局，1974，第2467—2468页。

圆子山石窟右壁上部千佛造像

带风格，结合对题记中出现的官职分析，该窟应在北魏永安三年（530）之前完成。

此窟三壁造像形制：北壁（正壁）一坐佛二弟子组合，东壁（左壁）为一立佛二菩萨像组合，西壁（右壁）为倚坐佛二菩萨像组合。这一造像模式与沁县五龙头石窟类似，石窟正壁左侧壁龛内主尊为立佛，正壁右侧壁龛内主尊为倚坐佛，但五龙头石窟中倚坐像为菩萨装，与此不同。三壁上部雕千佛模式小龛，在北魏后期石窟中多见。

此大窟周围岩壁上有多个小佛龛，多风化，时代与大窟相近。

乌马河上游其他窟龛

乌马河上游榆社境内的常瑞、井泉沟、牌坊村一带，河谷呈东西向，河谷两侧山体留存多处石窟摩崖。

1　牌坊村摩崖造像

牌坊村西山崖上有一座佛龛，高约 30 厘米、宽约 20 厘米，圆拱形龛，上雕一莲花。龛内雕一坐佛二弟子立像组合。造像面部较丰满，主尊结禅定印，袈裟下摆遮蔽佛坛。佛龛东侧壁面平整，刊刻题记，可见：

大齐乾明元年 / 五月十四日，佛 / 弟子高妙之、/ 高伯第、/ 高□□、高业之、高□奴，/ 为七世 / 父母、所 / 生父母、/ 边地众 / 生、造 / 像一区。

此龛是北齐乾明元年（560）五月高氏 5 人联合所开。乾明元年为废帝高殷年号，只用不到一年，高殷即被其叔高演废黜。这一短命年号时期的文物保存至今较为罕见。

榆社牌坊村北齐摩崖造像

2　井泉沟摩崖

井泉沟村附近山崖上有一座佛龛，内为一坐佛二弟子立像组合，形制与牌坊村北齐龛类似。龛上部岩壁可见早期的木构椽孔。井泉沟村、常瑞村附近还有多处小石窟和摩崖造像，都已严重风化，亦多为北朝风格。沿乌马河上游继续西行至上、下黑峰村，已属太谷范围。李旭清先生前几年在村口一石的立面上偶然发现了佛龛。我们重访，看到巨石上有一佛龛，内雕一坐佛。佛龛两侧有题记，风化严重。左侧题记可识别出"天保四年三月……为亡父造石像一区"。右侧题记大体可识别出"为皇……因缘眷属……"。

3　桑家沟摩崖

桑家沟旧村以东约2.5千米处的河谷北侧岩石山体上，可见一风化严重的小佛龛；上部有一石屋，进深约2米。石屋内部北面即正壁，上雕菩萨立像，高约3.5米。两侧各一力士，高约1.5米。菩萨像风化严重，面目不清，可见头上戴三叶花冠，长长的宝缯下垂至肩。身形修长，细腰，手部不存，披帛垂下，下身应着裙，赤足。此风化菩萨像，依然给观者以慈悲、释然之感。当时观音菩萨信仰盛行，这类菩萨像或多为观音像。浊漳北源这一带现存单体菩萨像有武乡北良福源院菩萨像、武乡故县村菩萨像，造像风格均类似。

桑家沟摩崖造像

4　官寨石窟

官寨附近半山上的石窟群较大，现可见6窟10多个佛龛。其中较大的一窟内三壁造像，北壁（正壁）一佛二弟子组合，东壁（左壁）为一倚坐像二胁侍立像组合，西壁（右壁）为一坐佛二胁侍立像组合。倚坐像着菩萨装，是弥勒菩萨像。

官寨石窟现状

乌马河上游其他窟龛

浊漳北源左岸榆社段石刻题记遗存

浊漳北源左岸支流沟谷中也有部分石窟、摩崖遗存保存至今，韩庄、小水卜头、仰天村烧香凹、王景村等处幸存部分石刻题记。

1　韩庄摩崖造像

韩庄村附近山崖崩塌岩石上有摩崖造像，近年村民将其安放在新建房屋内保存。此红色砂岩立面上横向雕3个圆拱佛龛，长、宽约30厘米，内均雕一坐佛二弟子立像组合。龛下居中雕摩尼宝珠，左右各一狮子。各龛左侧均有题记。

左龛题记风化剥落较严重，可见："……/……造像一区……/为七世父母/边地众生/……仁晖……"

后两龛的题记内容基本雷同。

中龛题记："大随（隋）大业元年岁次/乙丑四月辛酉朔八日戊辰，/佛弟子王子恭为德仁造像一/区，今得成就，为七世父母、因缘眷属、边/地众生，一时成佛，仁长公。"

西龛题记："唯大随（隋）大业元年岁次乙/丑四月辛酉朔八日戊辰，佛弟子王/子宁为德仁造石像一区，今得成就，/为七世父母、因缘眷属、边/地众生，一时/成佛，〇仁士威仁士贵。"

我推断左龛左侧题记也和其他两龛题记相似。造像应完成于隋大业元年（604）佛诞日，由王氏兄弟开凿。

2　小水卜头摩崖造像

小水卜头摩崖造像在一处石壁上，上部为一火焰门楣佛龛，内雕一坐佛二弟子像组合。坐佛佛头为后补，僧衣繁复，覆盖佛座。弟子像身披披风。龛左侧题记大多风化，可识别出"……南将军银青光禄大夫"，应是功德主的职官结衔。

下部并排两龛，内雕坐佛，高肉髻，面部较长，僧衣繁复，遮蔽佛座。下有题记可见"大石像主……侍佛"。

此处造像约为北魏后期风格。

3　疙瘩滩村摩崖造像

疙瘩滩村西崖壁上有多个小石窟和佛龛。东侧一段崖壁近年有村民搭建防护棚，棚内现可见3小窟。窟门已毁，造像损毁严重，均为三壁三龛式。正壁坐佛头部较长圆，僧衣下垂于佛座。旁有弟子立像。棚外西侧崖壁上还有10多个佛龛，风化严重。近地面一小龛下残存题记："天保二年／三月八日，／佛弟子／王白驹／造象／一区。"龛西侧题记："亡息云祥供养时。"

4　烧香凹摩崖造像

烧香凹摩崖造像在一处沟谷坐北朝南的半坡上。原崖壁坍塌，现北壁、东壁和外侧壁面存有摩崖造像。北壁和外侧岩壁上各存2小龛，内雕坐佛，题记风化。

东壁靠北侧小龛内雕坐佛，头部残损，施禅定印，着双领下垂式僧衣。此龛下有题记："太昌元年（532）。"

小龛外侧有一长文题记，可识别："……二年七月廿日……／佛弟子李兴洛李□生／……李兴□李□□／……李臣生兄弟七／……造像一区，上为皇／……为七世父母、所生／……因缘眷属、常与善／……从心所求如意。"

此为李氏兄弟七人造像发愿题记，年代不详。

5　王景摩崖石刻

王景村附近山崖上有千佛造像，龛边题名均已风化难识。千佛龛旁有楷书摩崖石刻，即唐《仪州刺史郭公善政赞》。丙辰岁秋九月，寿阳县丞杨季淮撰文，榆社县令于锐书丹。旧时可见开元四年（716，丙辰年）年款。

王景村唐摩崖石刻

鞞䩱水谷地石刻遗存

榆社地处沟通太原、晋东南的通道，民间开窟活动在榆社蓬勃发展，至今多有遗迹。

今社城村南的浊漳北源边有西崖底村，村西是一谷口，但见溪水长流、山高谷深。溪水在此汇入北源。谷中有彰修、北河等村。

《水经注·浊漳水·涅水》载："（武乡）水源出武山西南，径武乡县故城西，而南得清谷口。水源出东北长山清谷，西南与鞞䩱、白壁二水合，南入武乡水，又南得黄水口，黄水三源，同注一壑，东南流与隐室水合，水源西北出隐室山，东南注黄水。又东入武乡水。武乡水又东南注于涅水。涅水又东南流，注于漳水。"[1] 我结合实地考察和文献记载判断，西崖底村边的山谷水流应即《水经注》中提及的鞞䩱水。因《水经注》不同版本，鞞䩱（音 bì běng）又有作鞞鞳（tà）、鞞䩱（tà）的。[2]

鞞，刀剑鞘近口处的装饰；䩱，佩刀上的装饰；鞳，钟鼓声或兵器名；䩱，为皮革质扩胸甲，引申为坚硬义。不同版本写法有异，此名由来可能与军事装备有关。

李旭清先生认为北河村名可能是鞞䩱之讹转。我亦以为是。

山谷两侧崖壁间留存多处石窟摩崖遗迹，说明如今这条荒凉沟谷当年是交通活络之地。

北河村附近有3处小型石窟，分布在村东、村西北、村西。

村东石窟在村东山崖腰部。窟前有护坡，曾有村民祭祀使用。石窟风化严重，窟门和外壁无存。正壁雕一坐佛二弟子像组合。佛座低平，坐佛有大背光，着贴身袈裟，左手施与愿印，右手施无畏印。左右侧均为一立像，风化严重。

村西石窟三壁三龛式，风化严重。正壁似为一佛二胁侍组合。

---

[1] 陈桥驿：《水经注校证》，中华书局，2013，第244页。按：今榆社县城北部不远的浊漳河北源东侧有青峪村，有一条支流自东北山区发源，在此自左岸注入北源河道。北源右侧山谷中有北河、白壁村（今写为白北）。青峪当是清谷，北河当是鞞䩱。此段注文以清谷水汇流鞞䩱、白壁二水后再注入武乡水（北源）。颇疑三地名即来自古代的三水名。若此，则注文此段记述北源与支流次序有误。

[2] 陈桥驿：《水经注校证》，中华书局，2013，第261页。

杜家沟石窟内景

　　沿村西北河谷徒步溯溪而上。路边石壁上是村西北石窟。翻过山崖，从侧面踏过灌木丛才能近前。这是一座风化严重的小窟，三壁三龛式，正壁坐佛有头光，左右两壁浅龛内造像风化无法识别。

　　继续沿小溪前行2.5千米至杜家沟旧村附近。我绕过一道山梁与大片田地，来到3棵高大的楸树下，发现了隐藏在草丛中的小石窟。窟边是陡坡，只能侧身近前。石窟长、宽、高均为70厘米左右。进深窄，无法进入。石窟所在砂岩风化。圆拱形窟门，坐西朝东，内部三壁三坛式。西壁（正壁）居中佛坛上雕一坐佛，左右两侧角上是二弟子像；北壁（左壁）雕一倚坐像，戴冠，宝缯下垂，应是弥勒，左右为胁侍立像；南壁（右壁）居中佛坛上为坐佛，左右胁侍。2023年春雪时，我再次踏雪进山回访。近年友人清理窟门淤土，在窟门南侧岩壁下部暴露出一力士脚部、一狮子、一摩崖碑的下部和龟趺。虽只是一个小局部的残迹，依然可以看到当年工艺之精致。可惜风化严重，题记只可释读出"帝延""造像一区""七世父母"等字，难以连贯识读。再观察，窟上岩壁还有小佛龛痕迹。古人应是在山间取石平整出立面，然后根据规划进行开窟和摩崖。石窟位置正对位于谷地东面的杜家沟旧村，开窟点位应是经过斟酌考虑的。

　　出彰修村不远，左侧山崖上出现一处较大石窟，即彰修石窟。来到山腰，近前观察，石窟高约 2 米、进深 1.6 米，窟门方形，约 1 米宽。造像损毁严重。门内两侧各一尊孔武有力的力士像。东壁（正壁）为一坐佛二菩萨像组合，与一般形制不同，胁侍菩萨外侧壁面拐角处雕二弟子像。坐佛已被毁，下有覆莲底座。南壁（左壁）似为一半结跏趺坐菩萨像和二胁侍像组合。北壁（右壁）应为一倚坐像二胁侍立像组合。倚坐像为菩萨装，与子洪 1 号窟左壁主尊、沁县五龙头石窟右壁主尊类似。

这一窟造像均有头光，菩萨面容饱满，戴冠，僧衣轻薄贴身，赤足。大体亦应为北齐造像风格。

山坡上有清康熙十八年（1679）《重修佛洞碑记》碑刻，记载当时民众曾在石窟附近修建禅室和门楼的事迹，现山崖上有残存地基。

鞞鞈水谷地中的石窟摩崖遗存密集，大多数窟龛的开凿时代应在北朝后期，特别是北齐时期。在此小流域的局部即有如此众多遗存，已是难得，而更多窟龛或许已湮灭在历史中了。

乌马河河谷与浊漳北源河谷是连通太谷、榆社的主要河道，早被古人利用为古道。自乌马河上游地区向东南翻越山谷，取道鞞鞈水、武源水，前往北朝时期的武乡县城（今山西晋中市榆社县社城村），一路较为顺畅。在这些沟谷沿线，中古石刻遗存恰是文化传播的实证。可以说，如今偏僻的谷地其实是历史上乌马河至浊漳河北源古道系统上的重要一环。

彰修石窟北壁造像

果老峰北朝连山石塔

榆社县城西北群山中，有一峰名果老峰，顶峰有座古塔，民间传说其和张果老有关。但山下安国寺有清碑，铭文上有古峰山字样，或果老峰本为古峰山，后人附会张果老传说，而更名。

我们驾车自云竹湖高速口驶出后向西北行，沿盘山公路上行可到达半山处的郭家山村。沿村南防火砂石路进入森林。过一道小梁进入另一沟谷，路边有岔路通往安国寺遗址。

果老峰山巅的连山石塔

我在山风呼啸中来到山峰南侧，穿过荆棘丛，终于来到山顶。果老峰山巅平地只有几十平方米，石塔现高3.5米左右，平面方形，是以山顶巨石就地取材开凿而成，故称连山石塔。石塔周围多块巨岩，应是当时在山体上剥离开的岩体。石塔收分明显，四面开圆拱形小龛，内雕佛、弟子、菩萨像。各层有仿木构出檐，塔刹不存。

一层四面龛内雕一坐佛二弟子二菩萨像组合。坐佛左手施与愿印，右手施无畏印。

二层南面龛内雕二佛并坐像组合。其他三面龛内雕一佛二弟子立像组合。

三层北面龛内雕像应为阿育王施土因缘像，居中立佛右手持物向东侧，东侧像风化剥落难以识别。此像在云冈石窟中已有，寓意普通信众希冀成佛的愿望。[1] 其他三面龛内均是一佛二弟子像组合。

四层各面龛内均为一佛二弟子像组合。

由造像风格看，佛像多为瘦长脸型，秀骨清像，二佛并坐像也是北魏中后期多见风格。

石塔北侧一岩石立面上幸存题记，右起第一条，辨识可见：

大齐国三年四月廿日，僧洪禅师／教化□□邑子王□人记。

第二条题记：

弘治九年（1496）七月初一日，补修塔尖，僧明……灰匠□郭文臣、／石匠□□。

此外在大石北侧下部刻有"僧皇"二字。

"大齐国三年"的书写方式罕见，可能即北齐建国后的第三年，即天保三年，公元552年。北齐石刻题记书写粗疏，或为石塔建成后所刻。

由第二条题记可知明代曾修缮塔刹，现已不存。

石塔西侧一岩石上有一规整凹槽，可能用于安放石碑底座。

石塔可能始建于北魏后期，不晚于北齐天保年间。

无机械设备，完全依靠人工在山顶上建塔难度极大，工程周期也会较长。加之北魏末年战乱不断，山西境内影响甚大。石塔工程延迟完工是有可能的。

逐层雕刻佛像，逐层收分的可移动石塔文物，在山西还能看到一些，如沁县南涅水石刻

[1] 李静杰：《定光佛授记本生图考补》，《故宫博物院院刊》2001年第2期，第67—72页。

连山石塔北侧岩壁题记

中的多节造像塔。果老峰石塔则是高山之巅就地凿石成塔，工程量大，应是古人为求佛法远播、福报传扬的执意之选。

果老峰石塔是目前我国已知现存较早的连山石塔。它高居森林覆盖的群山之巅，是天人合一的完美结合。

3. 涂河—清漳河西源

沙峪摩崖传史册

榆次涂河河谷中的几座小石窟和摩崖，如沟口石窟、庆城石窟、霍城石窟、石片石窟、乌金山西沙河石窟、津河摩崖大佛、西沟石窟等，建造时代为北魏后期至北齐时期。

由榆次涂河河谷翻过分水岭八赋岭，进入和顺境内的清漳西源流域。仪城村附近地势较开阔，北朝后期称平都城。东魏末年，高洋图谋代魏建齐，在平都城首先向勋贵宣布。可见平都城是古道上一处较大驿站。[1]

[1] 段彬：《东魏北齐时代的并邺道》，《中国历史地理论丛》，2021年第1期，第90—97页。

沙峪摩崖造像全景

仪城村以北与榆次区交界附近有关上石窟，村南道路即利用清漳河西源河谷，至横岭镇、阳光占乡，河谷两侧有多处中古石窟、摩崖造像留存，现存比较重要的有：横岭镇东部蚕儿石窟、壁子摩崖造像，阳光占乡西部赵村和赵村东摩崖造像、小上庄摩崖造像，东部有沙峪摩崖造像。

沙峪村西红砂石山崖上的摩崖造像群目前是和顺境内规模最大的摩崖造像群。这里曾遭盗劫，每看到这些残迹，更深感野外石刻保护和研究工作的急迫。

摩崖造像现状

现存沙峪摩崖造像分布在东西向的一道山崖上，从西向东可分为4区。[2]

第一区分为两部分。西半部代表作是两座塔形龛，上、下各一座，形制相似。下部是仿木构庑殿顶建筑，檐下有一斗三升斗拱、人字形补间铺作等早期建筑元素。殿内雕一尖楣龛，龛中雕一坐佛二菩萨立像组合，龛与殿柱之间雕二力士像。佛龛下雕坐狮一对，二狮之间雕有宝珠。上部是塔体部分。庑殿顶屋顶上雕出一高塔，从下向上依次可见高阙形建筑、

[2] 沙峪摩崖造像分区研究参见张驰：《山西省和顺县沙峪摩崖造像调查》，《敦煌研究》2016年第4期，第1—18页。本文中的编号即沿用此文中的序号。

左 ｜ 沙峪摩崖第一区下部塔形龛
右 ｜ 沙峪摩崖第一区上部塔形龛庑殿顶下造像

上　｜　沙峪摩崖第二区北魏永安二年刻经发愿题记
下左　｜　沙峪摩崖第三区千佛造像局部
下右　｜　沙峪摩崖第四区观音菩萨立像残迹

梯形平台、莲花座上的天人（只在一龛中出现）、束腰处的仰莲花瓣、华盖、圆盘，最上是宝珠。摩崖造像中的此类塔形结构很罕见。围绕在这两座塔形龛周围的有 7 小龛，壁面存隋开皇年间题记多条。上一层塔形龛龛侧题记只存开皇年号。下一层塔形龛龛侧存开皇四年（584）发愿题记。其他龛龛侧存开皇四年、五年、八年、十年题记，可辨识的供养人题名，有乔、张、王、绩、李等姓氏。

第一区东壁上部有线刻二佛并坐像 3 组。壁面主体呈倒"品"字形，凿刻 3 座圆拱尖楣龛，龛内均雕一佛二菩萨组合。主尊坐佛僧衣下垂，覆盖佛座。下部一龛体量最大，周围有多个供养人线刻图，上部还有飘逸的二飞天。

二区上部是《妙法莲华经观世音菩萨普门品》刻经，虽有风化剥落处，但其时代较早，具有较高佛经研究价值。其余壁面上还有 10 余座小佛龛，多为圆拱尖楣龛，内雕一坐佛二弟子像组合。龛侧存题记若干条。

此区题记以 18 号龛龛侧北魏永安二年（529）张氏兄弟等人刻经并造像的发愿题记最为重要。其他几条保存文字较多题记也颇有研究价值：如 14 号龛龛侧隋开皇八年（588）王清题记、19 号龛龛侧开皇八年齐显安题记、23 号龛龛侧齐昭仁题记、24 号龛龛侧齐洪仙题记、25 号龛龛侧齐士建题记、26 号龛龛侧开皇九年（589）张威题记。

第三区壁面上存局部千佛造像小龛，规划齐整。千佛造像是北朝后期流行的造像题材。在第二、三区之间可见明显石壁坍塌和切割痕迹。

第四区的突显位置上是两尊高大菩萨立像，可惜前几年被盗凿，残存局部精美配饰痕迹。两尊菩萨立像之间有二龛，龛上有一独立题记。菩萨大像左右侧壁面上也有数个小龛，内雕一坐佛二弟子像组合。这一区存若干条题记，部分文字较多，如 33 号龛龛侧开皇九年景僧伽家族题记、35 号龛龛侧开皇九年张建家族题记、36 号龛菩萨大像侧开皇八年杨洪义造观音像题记、39 号龛下开皇五年（585）张惠俊题记。

历史信息释读

沙峪摩崖造像为北魏、隋代民间人士开凿。造像艺术以塔形龛造型最为特殊。

塔形龛形式与敦煌、云冈、响堂山等处塔形龛相比，结构罕见，艺术价值很高：高阙象征进入天堂的大门；层叠的仰莲须弥山、圆盘象征世界万物；最上宝珠光照万物，象征佛法无边，照抚万物。这一构思，可能反映了魏晋南北朝时期佛教修行的得道途径。塔形下仿木构大殿是北朝殿堂形式。

沙峪摩崖造像可看到北朝后期造像风格变化的轨迹。

沙峪摩崖留存大量题记，为北朝研究提供了很多新材料。

价值上最首要者，是北魏永安二年刊刻的《妙法莲华经观世音普门品》，这是国内已知现存此经最早的全文刻经本，版本价值很高。部分铭文残损，个别文字与现行经文有出入，但不影响全文理解。

现存造像题记内容较丰富。可见在北魏和隋初的开龛活动中均有社邑团体进行组织和运作。如北魏永安二年十一月刻经活动为张还香等30人联名发起，"敬造《观世音经》一卷"。

同日，张还香、张双、张洛成、张湛兄弟4人又发愿造像4区。4区即4座佛龛。值得注意的是，这4人虽为兄弟，但名字中并未见到统一的行辈。

隋代题记留存较多，其中第四区编号37号龛造像题记多人题名有大斋主、副斋主、当阳像主、东箱像主、西箱像主、开明主、都邑主、香火主等名号，姓氏有杨、姬、李、张、王、南、武等。编号36号龛菩萨造像旁的开皇八年（588）题记中有"佛弟子杨洪义敬造观音像一区"题记，杨洪义这个名字在这组造像题名中出现两次，应为同一人。这些题名者是以两尊观音菩萨像为主体的隋开皇八年开龛活动的功德主群体。

隋代题记中多条记载了功德主家族官职信息，颇有研究价值。

以下围绕这些隋初题记做进一步梳理和分析。

1. 14号龛龛侧开皇八年王清题记

开皇八年十一月九日，佛弟子王清，父南道尉，劳天尚书帐内大都督、龙骧将军、金紫光禄大夫、食邑定州九门县开国侯王明坚，妻鲍□，王清妻□妙□……

此题记中开龛供养人为王清，特刊其父王明坚官职、头衔。据《隋书》卷28《百官志下》：北齐时龙骧将军从三品，金紫光禄大夫、开国县侯从二品，为高品级。隋时，金紫光禄大夫为从二品，开国侯正二品，龙骧将军未载品级。隋文帝时，金紫光禄大夫已为散官。《隋书》卷30《地理志中》载隋初恒州下辖九门县，而非为定州下属。王明坚的实职应是在南道尉、劳天尚书帐内大都督这一武职。开皇八年十月，隋文帝发动灭陈战争，命杨广、杨俊、杨素等人分统军队南下作战，当时任命杨俊为"山南道行军元帅，督三十总管，水陆十余万"。[3]

---

[3]〔唐〕魏徵等：《隋书》，中华书局，1973，第1239页。

"南道尉""劳天尚书"可能是南征隋军中一位临时差遣高官,"帐内大都督"应是其手下的亲信武官,这一名号显然继承自北朝后期的军职。王明坚可能是一位中级军官,参加了灭陈战争。其子王清在开战之时开龛,特标明其父结衔,意在彰显,也有祈福意味。

2.19号龛龛侧开皇八年齐显安题记

开皇八年十月八日,佛弟子前照勇将军、北肆州骑兵参军,广武县令齐显安,妻赵盆生、妻张、妻郡君赵弁藏,敬造释迦一区,愿七世父母、合家因缘眷属,含生之类,俱登成道。

此开皇八年题记功德主齐显安,官职结衔为"前",指其北齐职官结衔。隋初石刻中多见刊刻前朝官号者,如太原阳曲洛阴修寺碑、天龙山第八窟摩崖功德碑、正定龙藏寺碑等,此处摩崖题记又是一例。

照勇即昭勇,据《隋书》卷27《百官志中》,北齐官制,昭勇将军为第六品。

传世史料中北肆州失载。

王仲荦先生指出北齐在雁北增设由六州鲜卑分驻的侨州,均加北字,如北朔州、北燕州、北蔚州、北恒州、北显州、北灵州等。但未收入北肆州。[4]

《囗憘墓志》载墓主囗憘是东魏北齐时期的重要禁军将领,常年在中央宿卫和地方驻军之间调防,任"北肆州六州都督加仪同三司。……以武平二年四月廿四日薨于位,时春秋六十有三"。[5]

六州都督是驻防北肆州六州鲜卑军人的军事长官。武平二年(571),囗憘在担任北肆州六州都督任上去世。可见北齐末年北肆州建制确实存在。

北朝时,州长官为刺史,一般兼本州诸军事。北齐官制,上州刺史置府,属官中有骑兵参军,为第七品。齐显安以州僚佐骑兵参军身份,带第六品将军衔,是北肆州刺史的重要僚佐。北肆州应是北齐后期在北边新置侨州,主要目的是防御突厥侵扰。可能为时不久,北齐灭亡,文献记载散佚。由《囗憘墓志》知北肆州驻有六州鲜卑军人。骑兵是六州鲜卑核心武装。齐显安任骑兵参军,应与鲜卑驻军多有交集。

---

[4] 王仲荦:《北周地理志》,中华书局,1980,第1153页。

[5]《囗憘墓志》考察参见拙文《大贤真——碑志、文献互证的鲜卑语》,《金石证史——三晋碑志中的历史细节》,三晋出版社,2018,第67页。

在州骑兵参军之外，齐显安还兼任广武县县令。据《隋书》卷30《地理志中》，雁门郡治雁门县旧名广武，即今代县。而雁门郡在北周时曾置肆州。

齐显安兼任广武县县令，可能北齐的北肆州治所即在广武县。他兼任县令便于就近安排州务和民事。

北周灭齐后，北齐侨州均废。原肆州于周大象二年（580）至开皇五年（585）之间移到广武，开皇五年改称代州。[6]

北周时将肆州北迁广武，北齐末年侨州北肆州已废。北周将北肆州或肆州设置于广武，都是为了对抗北方突厥。

齐显安有3位妻子，第三位妻子赵氏有郡君名号。

[6] 祁剑青：《肆州沿革考》，《唐都学刊》，2013年7月第29卷第4期，第94—97页。

沙峪摩崖第二区19号龛龛侧开皇八年齐显安造像及题记

《通典》卷34《职官十六后妃及内官命妇附》载大唐外命妇之制，（文武官）四品母、妻为郡君，若勋官二品有封，亦同四品。隋代外命妇为郡君者，应与唐制近似。隋唐时，五品官以上的母亲、妻子才有资格得到郡君封赐。齐显安的结衔仅为六七品，官品显然不够标准，可能与北齐末年失序泛封有关。

3. 23号龛龛侧齐昭仁题记

佛弟子昭仁，父为前雄烈将军、北肆州驴夷县令齐洪馥、母裴，愿造释迦象一区，见存眷属，俱登正觉。

此龛为齐昭仁为父母所开。其父齐洪馥官职前加"前"字，与上文题记中的齐显安一样，亦为其北齐官职。雄烈将军，北齐官制为第七品。驴夷县即五台县，本为肆州下辖县。可见在北齐末年设置北肆州后，原肆州部分下辖县被划入北肆州，包括驴夷县、广武县在内。[7]

4. 24号龛龛下侧齐君政题记

佛弟子，前雄烈将军、岚州户曹参军齐洪俱、息君政，愿造释迦象一区，仰为七世父母、因缘眷属，俱时成道。

此龛功德主齐君政父官职带"前"字，与前两条题记相同，亦为北齐官职。其父前雄烈将军、岚州户曹参军齐洪俱，与上条中的前雄烈将军、北肆州驴夷县令齐洪馥均为洪辈，应为族兄弟关系。

《隋书》卷27《百官志中》载北齐官制，雄烈将军为第七品，三等上州、中州、下州的列曹参军为第七品至第八品。据《元和郡县志》卷14《河东道岚州条》，岚州治宜芳即今岚县，北魏于此设岚州，隋炀帝时改楼烦郡。

5. 25号龛龛侧齐定阳题记

佛弟子，前开府参军乡官领户五百家党齐士建、息定阳，愿造释迦象一区，为父母、因缘眷属，俱登正觉。

与上条一样，此条题记中齐士建官职加"前"，也是指北齐官职。《隋书》卷24《食货志》载北齐河清三年三长制："定令，乃命人居十家为比邻，五十家为闾里，百家为族党。"[8]

---

[7]〔北齐〕魏收：《魏书》卷106上《地形志上》载肆州下辖3郡11县，中华书局，1974，第2466—2469页。

[8]〔唐〕魏徵等：《隋书》，中华书局，1973，第677页。

题记简略，齐士建所任开府参军未明具体所指，北朝时期公侯和地方州郡长官都有开府置佐的权利。齐士建在官府为僚佐，还兼任乡官，这样看来其更大可能是在地方州郡府中为僚佐参军。乡官是北朝后期乡村社会的基层管理者，多是地方头面人物。隋初，苏威和李德林就有关于乡村社会治理中的乡官地位和权力范围进行过激烈争论，隋政府逐步压缩乡官的权限和上升通道，学界一般认为是中央集权加强的体现。[9]

苏威认为应"置五百家乡正，即令理民间辞讼"。李德林认为："本废乡官判事，为其里闾亲戚剖断不平，今令乡正专治五百家，恐为害更甚。"[10]

按北齐制，百家为族党，此齐士建为开府参军，同时为乡官，领户五百家党，应是管辖五个百家党的民众，为北齐三长制下的地方社会管理人员，是地方大族代表人物。北齐以来，一乡官管理五百家党的事务可能是当时民间的普遍现象，所以才成为苏威、李德林等人的讨论话题。此摩崖题记与正史内容相互印证，为北朝后期至隋代三长制管理体制演化提供了难得的实物史料。

6. 26号龛龛侧开皇九年张威题记

开皇九年四月十五日，佛弟子张威，父平西将军、淮南王下开府承（丞）洛成，母连郭女，妻申屠韩妃，息钦祖、息洪慕、息士童，造释迦像口区，上为国主、七世父母、生身父母、边地众生，俱登正觉。

此龛为张威发愿开凿，有一家三代人题名。隋制，平西将军为从六品下阶。亲王府掾属为正六品上。隋初之淮南王待考。前文北魏永安二年张氏兄弟发愿开龛题记中也有张洛成之名，可能为同一人。另，北齐时武成帝第七子高仁光为淮南王，曾为清都（邺城）尹。[11]

如果此题记中的淮南王为高仁光，那么张洛成的官职则为北齐授予，题记漏刻"前"字。

7. 33号龛龛侧开皇三年景僧伽家族题记

唯大隋开皇三年九月六日，佛弟子景僧伽，造释迦像二菩萨，祖父佰明、父副兴、母史好妃、弟长孺、弟僧法，合家内愿离苦难，息元尚、士晕、士昂。

---

[9] 罗志田：《隋废乡官再思》，《社会科学研究》2015年第1期，第1—9页。

[10]〔唐〕魏徵等：《隋书》，中华书局，1973，第1200页。

[11]〔唐〕李延寿：《北史》，中华书局，1974，第1893页。

此是沙峪摩崖现存最早的一条隋代题记。内容是景氏发愿题记，题名中出现了一家四代人。

8. 35号龛龛左侧开皇九年张建家族题记

开皇九年四月十五日，前平遥市令，又宜岁授总管大都督，佛弟子张建，妻南，息子尚、子才、子路，敬造释迦像二菩萨，上为国主，七世父母，所生父母，愿法界成佛。

此龛为张威发愿所开。同前文，张威官职前有"前"字，为北齐时所授职官。历代在各级行政单位设市作为交易场所，需要设置有关管理人员。据《隋书》卷27《百官志》，北

上 ｜ 沙峪摩崖第四区33号龛开皇三年景僧伽造像题记

下 ｜ 沙峪摩崖第四区35号龛开皇九年张建造像及题记

齐上上州有市令及史，在西曹书佐和祭酒从事史之间，前者视从八品，后者视正九品。市令品级应在此之间。上上郡和上上县内均设市长，应是流外。此处题记的平遥县"市令"如按制度应为"市长"，可能是民间对市长、市令混称，也可能镌刻时的自我升格。"总管大都督"语义含混，待考。总管为隋初地方行政长官或专任某次军事行动的长官名，在隋初勋官中有大都督一级，在府兵制中也有大都督职。

以上 8 条隋代题记中，有 2 条题记出现隋代职官，有 5 条题记出现北齐时期职官。在石刻中追录前朝职官，可能是北朝后期习惯做法，并不带有明显政治色彩。同时也说明供养人出自地方大族，北齐时已是中下层官员家庭。

北齐史料匮乏，这些摩崖题记中的北齐职官记载提供了侨州北肆州、三长制、"市"的管理等方面的珍贵石刻史料。

摩崖题记中出现较多供养人姓名，可大体对姓氏分布和族群做些推测。

多龛题记显示功德主为张氏、齐氏，可见其应为隋初较为主要的地方家族。其中张氏家族自北魏永安二年即是发愿刻经和开龛的主体人物，更是人丁兴旺。

西晋末年，石勒先后召诱乐平（今山西晋中市昔阳县）的胡部大张䍐督、乌丸部帅张伏利度率众投靠匈奴汉国刘渊，后这支乌丸人即跟随石勒征战。[12] 和顺、昔阳山水相连，沙峪摩崖题记中的张氏或与乌丸张氏有关。

沙峪题名中的其他姓氏人员也多有胡人后裔的可能，如乔为南匈奴四贵族姓氏之一，段可能来自鲜卑段部，氐族有齐氏，昭武九姓有史氏，北魏后期鲜卑是兰（是连）氏改连氏。至于王、李等人数众多的姓氏中，胡人改姓的也很多见。[13]

沙峪摩崖造像虽然残破，但现存部分仍具有较高学术研究价值：

最首要者是迄今已知最早的全本《妙法莲华经观世音菩萨普门品》刻经本，为学界所重；

摩崖造像题材方面，北朝的塔形龛尤为引人瞩目；

隋代题记中出现北齐职官为北齐历史研究提供珍贵史料；

不同民族群体的供养人合力开龛活动，提供了隋初民族大融合阶段多民族族群后裔大杂居的历史镜像。

---

[12]〔唐〕房玄龄等：《晋书》，中华书局，1974，第 2709—2710 页。

[13] 陈连庆：《中国古代少数民族姓氏研究》，吉林文史出版社，1993，第 11、296、396、102 页。

和顺其他小型摩崖造像群

1　壁子摩崖造像

在和顺县横岭镇壁子村麒麟沟自然村北的一处南北走向的崖壁上留存一处石窟，坐西朝东，根据岩石裂隙，可分3个区。

南区上有6小龛。其下部一龛较大，龛侧有开皇十六年（596）造像记，风化严重。

中区下部一龛较大，内雕一坐佛二弟子立像组合。坐佛低平肉髻，着袒右肩袈裟，结禅定印。佛坛立面上线刻相向卧兽。龛南侧存题记："大随（隋）开皇十二年岁次壬子朔十一月二日，王相洛邑义／十七人等敬造像一区，上为皇／帝陛下，为七世父母、所生父母、／因缘眷属、边地众生，居时成佛。／王相洛、李沙门、张子□、杨□、聂□□□阎士□、阎□……"

此龛上又有8个小龛，龛侧有题名。此龛北侧还有9个小龛，龛侧有题名。

北区分为上、下两个部分。下部有一小龛风化严重。上部南侧一龛龛侧有开皇年间题记，为佛弟子郝氏造像。

上部北侧一龛残毁，下有题记："开皇十九年五月廿九日，佛弟子李□洛□□造像一区。佛弟子李士股、佛弟子李士才。"

此处摩崖造像均为开皇年间开凿，建造者应为本地普通居民。供养人姓氏分布较多，均为单字姓。

2　蚕儿摩崖

壁子村南的蚕儿村西山崖上有一处摩崖造像，风化严重。"三普"时曾录有"孝昌三年（527）三月郝文宗"字样题记，现在岩壁上已难以分辨字迹，只可依稀看到供养人名有"郝文兴"。山崖上还散布多个小佛龛。内雕一佛二弟子或一佛二弟子二胁侍像组合。坐佛均为低平肉髻，长圆脸型，僧衣较为贴身。造像风格近于北齐—隋初。

蚕儿摩崖造像群局部

3　赵庄东南摩崖

在阳光占西部赵庄东南的公路边一处岩壁上有摩崖造像。目前可见4处。东侧一龛，风化严重，内应雕一坐佛二弟子像组合。旁边岩壁立面上雕10个小龛，旁有题记："开皇十四年（594）四月二日，王粲/行学，发心造象十区，如愿。"

10个小龛旁的岩壁上有并排雕凿的两佛龛，形制大体一致，圆拱尖楣，内雕一佛坛上的结跏趺坐坐佛，右手施无畏印，左手施与愿印，僧衣下垂，遮蔽多半个佛坛，原佛头已失，村民近期新补。佛两侧各一站立在莲台上的弟子像。佛坛下部居中有力士托举宝珠，左右各一卧兽。

中间偏左一龛体量稍大些，下有题记：

维大隋开皇七年/四月八日，/盖玄音空宝妙解/无常。是以佛弟子/杨大眼既见周主/吞齐，劫断形像。今/更兴隆，遂即修造/石堪释加像一区，/上为国祚永隆，又/愿先亡父母、/见在…………正觉/……佛弟子任……

中间偏右侧龛稍小，下有题记：

盖□道难……护/林隐□□全写/形留□□□是/以佛弟子赵士昂/□□□空□

赵村东南摩崖造像隋开皇七年题记

崇/三□□舍珍为/亡□□弟造石/堪释迦像一区,/上为国主延祚,/又愿七世先亡、/现在、因缘眷属,/法界有形具登/正觉。

两龛形制一致,题记书体亦相同,应均为开皇七年(597)年佛诞日刊题记。该题记记载北周武帝灭佛和隋初佛教复兴的社会背景,与天龙山第八窟摩崖功德碑文类似。

最西侧岩壁上现存2龛,上龛为一佛二弟子像,龛左侧壁面残存部分题记:

……岁次甲辰/……庚辰□/……人等/……造释/……陛下/……/……正□/

龛下部题名:"邑子马定贵、/邑子杨阿堆、/邑子杨尚□、/邑子赵长□、/邑子杨□□、/邑子赵遵贵、/邑子胡僧□、/邑子杨□□、/邑子赵□□、/邑子杨□广、/邑子高□遵。"

该题记为开龛功德主发愿文和题名。

下龛为圆拱尖楣龛,尖楣上雕一盛开莲花。龛内雕一菩萨二胁侍弟子立像组合。菩萨戴冠,宝缯下垂至肩,身披璎珞,赤足立于莲台。

龛左侧有题记:

大随(隋)开皇四年,岁次甲辰/九月庚申朔廿一日庚辰,佛/弟子赵洪椿为亡息女娘子,/敬造观世音像一区,当使亡/托影西方无量寿国,上为皇祚永隆,又为七世父母、现/在因缘眷属、法界有形之类,/俱登正觉。

观音和阿弥陀(无量寿)佛信仰在北朝后期流传广泛。此条题记完整,此龛开皇四年(594)开凿完成,龛内主尊为观音菩萨。此龛观音造像风格与北齐并无明显区别。发愿文为功德主赵氏许愿为亡女托生西方净土,即无量寿国。据上龛残存题记内容,或亦为同年开凿。

赵村东南摩崖造像隋开皇四年题记

4　空山石窟

接近空山山顶处的石壁上有一石窟，窟门长方形，内部风化，造像风格难以准确识别。石窟三壁三坛式，北壁（正壁）居中一坐佛，左右两个圆形凹坑，可能是用于插入石像底部；左右两壁造像对称，为一佛一弟子一力士组合。结合起来看，此窟三壁是三世佛二弟子二力士组合。我从造像形制判断，大体为北齐—隋初风格。岩壁上还有若干风化小窟龛。这次与和顺冯锦昌老师一起发现，是外界学者首次来到此窟。冯老师在地方文物部门工作30年，今年退休，这次考察也称得上他在工作岗位上的高光时刻。

空山石窟现状

5　天池寺窟龛

天池寺是和顺县喂马乡深山中的古寺，现在寺内大多为明清建筑。在寺内西侧岩壁上，保存多个窟龛，砂石质地，风化严重。南部最大一窟，正壁为一佛二弟子像组合，左右壁各一坐佛，其他造像无存。窟门外壁上雕凿多个小佛龛。有一龛内雕三坐佛，有两龛内雕二佛并坐像，其中一龛下部可见开皇七年（587）题记。另有一处题记隐约可见："唯大隋□□□年岁次丙午七月……"岁次丙午，即隋开皇六年（586）。可见天池寺石窟大体开凿时代也在开皇初年，与香山寺附近小石窟时代相近。

和顺其他小型摩崖造像群

6 云龙山石窟

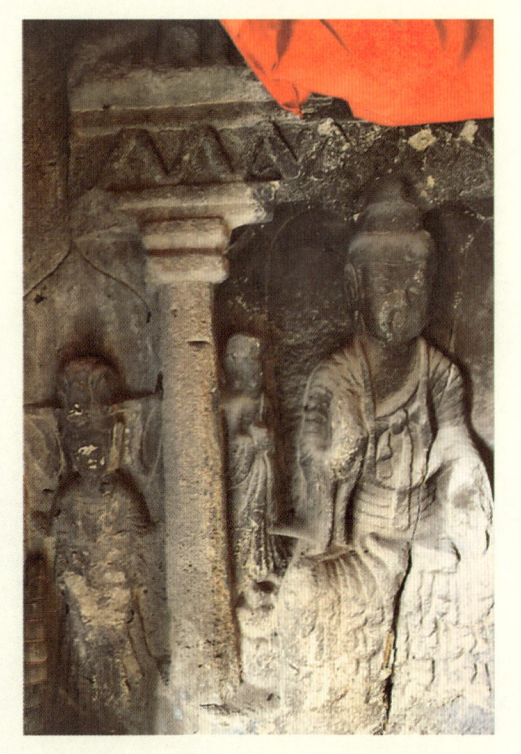

和顺县城北云龙山麓有两窟,坐北朝南。西窟风化严重。东窟窟门外两侧各一孔武有力的力士。内部三壁三龛式,每壁均雕一歇山顶屋形龛,雕出的铺作为人字直臂叉手。龛侧为抹角石柱。正壁和西壁龛内为一坐佛二弟子像组合。龛外各雕一胁侍菩萨,戴花冠,宝缯折角下垂。东壁主尊为交脚菩萨,头戴冠,宝缯下垂,身披璎珞,应是弥勒菩萨像。此窟与昔阳寺家庄石窟西窟造像形制类似,为北魏后期风格。

云龙山石窟东窟的西壁局部

觅窟辽州之野

左权古称辽州。清漳河西源自和顺西南向南流，入左权县。经石匣水库后，即到今左权县城所在。古道南行经桐峪镇至麻田，又与西源、东源汇合后的清漳河相遇，这段古道途经沟谷今为 207 国道利用。道路再东南行可至河北涉县，进入太行山东麓。此道为北齐时并州—邺城之间皇室贵族常用通路。

左权境内现存中古窟龛遗存也多在古道沿途分布，最著名的首推未完工的"高欢云洞"，此外的中小型窟龛多在清漳西源、古道两侧沟谷之间，时代大多在北朝后期至隋、唐中期之前。

"高欢云洞"之谜

左权县城南 20 千米左右的 207 国道沿线山高谷深，在一处山谷拐弯处绝壁上，有一座半成品状态的大型石窟，当地称之为"高欢云洞"。

"高欢云洞"又称高欢堂，据说高欢曾在此避暑，建行宫。结合北朝史，高欢父子把控东魏、建立北齐，几十年间在并邺道上奔波往来，高欢是否曾在此避暑尚不得而知，但高澄、高洋多次途经此路确是事实。此窟规模巨大，应与高氏皇家有密切关系。民间讹传为高欢堂是将高氏父子事迹混为一体，集中于高欢一人身上。所谓云洞，或许与这一带云雾缭绕的山谷环境有关。

石窟正立面可见为仿木构三开间，当心间大，次间狭窄。已雕出前廊，当心间前柱的八截面已成，柱头上初雕出火珠。次间前柱未完成，次间壁面上似有造像痕迹。前檐柱上雕火焰纹门楣。前檐上雕有 5 个明窗。窟门高约 6.5 米，窟内高约 10 米，进深不到 3 米。可惜工程到此为止。假如继续进行开凿，可能形成与云冈第三窟、北响堂石窟大佛洞类似的格局，成为北齐时最大的皇家石窟。

"高欢云洞"外立面

有的学者认为此窟与高欢有关,因其去世工程停滞;也有学者以为因北齐灭国,造成工程中止。如与高欢本人有关,那么其子孙继续兴建并无问题。且高澄、高洋经常途经此地,建设怀念其父的石窟寺,是理所应当之事。此窟作为北齐时的重要建设工程,因北齐灭国导致计划废止,应更有说服力。

绝壁上部隐约有些人工痕迹,应为工程的组成部分,可见当时确曾有很大的施工计划。

窟内现有当地村民塑造的关公像,1500年前的半拉子工程也算得到了当代的初步利用。

井沟石佛寺合体双窟

石佛寺石窟在左权县城附近的井沟村西部山谷。

早年的石佛寺规模很大,后被毁,现只存石窟。这是在一处独立砂岩石上开凿的双窟。外立面上的方孔是过去遮蔽石窟的木构所用。坐西朝东的两窟,北侧的较小,平面基本为方形,三壁三龛式,长、高均3米,进深稍短。圆拱尖楣窟门的两侧各雕一尊金刚力士,均有头光,威武雄壮,肌肉感十足,与云冈三期、羊头山石窟部分造像类似。窟内佛首不存,晚

上 ｜ 石佛寺石窟外景观
中 ｜ 石佛寺石窟北窟正壁造像
下 ｜ 石佛寺石窟北窟正壁龛上部飞天

近有人以泥塑补。西壁（正壁）居中雕出尖拱龛，龛柱头雕出凤头回首。龛中为坐佛，高肉髻，僧衣遮蔽佛座；龛外侧左右二弟子、二菩萨像，均有头光。主龛上部两侧各一小龛，内为维摩诘和文殊坐像，是《维摩诘经》中"文殊问疾"故事图。

左右两壁与正壁格局相同，稍小。北壁居中龛内雕半结跏趺坐思维菩萨像，左手下垂握右脚，右手上举支撑前额，做思考状。龛外两侧各一菩萨立像。南壁龛内为倚坐像，应是弥勒佛，龛外左右各一菩萨立像。

佛坛立面上有博山炉和供养人像，褒衣博带风格。窟上部飘逸飞天清晰，局部存彩绘痕迹。

窟门内侧左右有供养人像。窟门内侧上部居中雕坐佛，悬裳遮蔽佛座，左右各一供养人像。可见题记"□□□侍佛时"。窟门内壁右侧也可见供养人像和侍者群像，有牵马者和马匹、牛车。窟门内壁左侧雕僧人形象。窟顶有莲花藻井，飞天体态轻盈、宽衣大袖；莲花化生面容清瘦，头部有圆环状飘带，裸露上身，双手做合十状。在飞天之间存有发愿题记："大魏孝昌二年（526），岁次丙午十月丙寅朔／丙□，宜阳□士公□孙□□□□为亡父母、／一切因缘，造石窟一区，□□愿□□□／□□□□□□，合用功四千七百，故记。"[1]

北窟三壁主尊分别为：西壁（正壁）释迦佛、北壁（左壁）半结跏趺坐思维菩萨、南壁（右壁）倚坐弥勒佛。这一组合在中小型石窟造像中比较罕见。

南窟和北窟形制基本一样，也是三壁三龛式。窟门外右侧壁面上有多个小龛和千佛造像。2021年雨水大，水流将壁面上的污垢冲刷，逐渐显出部分之前不曾看到的题记。千佛小龛边有多个题名，多为"邑子某某"。一壁面题记隐约可见"二年岁次戊戌"。

西壁（正壁）为一佛二弟子二菩萨像组合。左右壁均为一佛二菩萨组合。除了主像，三壁其他壁面上多雕千佛小龛。与北窟比较，南窟造像雕刻手法柔和了些。可能是后代模仿北窟所雕。本在窟外的力士像，转为窟门内左右侧壁上的两尊浅浮雕武士。

古辽州八景之"石佛松涛"应指石佛寺景观。如今左权县城就在不远处，只是石佛寺周围的松林已不存。

[1] 李裕群：《中国石窟寺》，科学出版社，2022，第306页。

左 | 石佛寺石窟北窟窟门内壁右侧雕供养人立像
右 | 石佛寺石窟南窟外壁上的题记和千佛造像

下 | 石佛寺石窟南窟南壁和西壁南部

左权县城附近窟龛

| 1 | 西寨石窟 |

望阳垴村北有岔路向西约1千米，在北侧山坡上有一独立岩石，上有石窟，即西寨石窟。岩石位置正好俯瞰河谷，在面朝河谷的一侧，开有3个窟。岩石顶部有锯齿状凿痕，可能是安置木构屋檐之用。

靠东一窟三壁三龛式，北壁（正壁）居中为坐佛，左右两侧各有一弟子、一菩萨像；东、西壁为一佛二菩萨像组合。造像身形较丰腴。中窟三壁三龛式，北壁（正壁）居中佛龛内一坐佛，左右各一菩萨像像；东、西壁龛内均雕一佛二菩萨组合。西窟实际是一浅龛，内雕一坐佛二弟子像组合。石窟所在的岩石为砂石质，风化严重，无存题记，其风格大体应在北齐至隋时开凿。

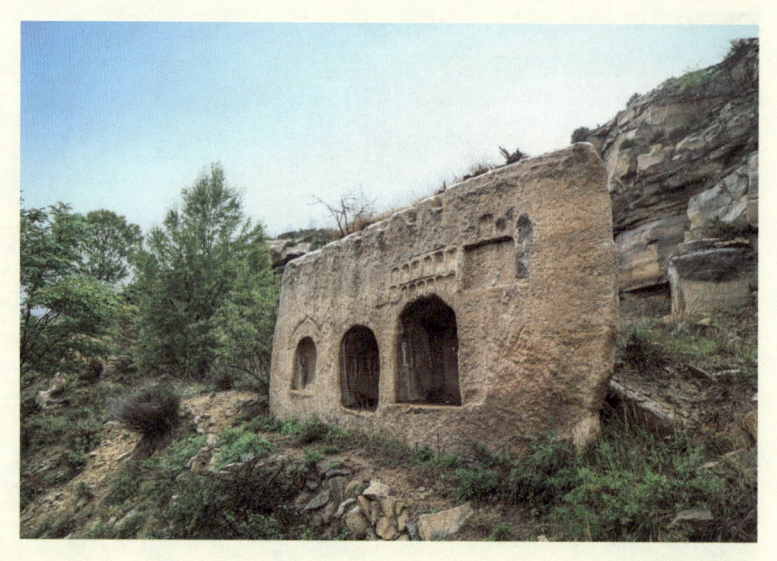

西寨石窟景观

| 2 | 程家庄摩崖造像 |

程家庄村外一东西向红砂石质地的崖壁上，有两组摩崖造像，形式为小型佛龛和千佛小龛组合。靠西部分还有二佛并坐龛像。部分千佛小龛边有供养人题名。单体佛

龛形制一致，尖拱龛或圆拱龛，内雕一坐佛二菩萨像组合。佛龛边现存5条题记，均为开皇十一年（591）所刻，内容比较单一，为"上为皇帝陛下，下为七世父母、当今父母敬造释迦像一区"之类铭文。供养人名涉及众多姓氏，有阎、赵、杨等。

程家庄摩崖造像局部

3　上白堠千佛造像

白堠村村边存有一土台，是一小寺庙的基础。近年来在修缮过程中，在遗址层中发现了若干造像残件，其中多块为千佛小龛造像。由于久在地下，千佛造像基本完好。圆拱龛内坐佛肉髻低平，面容丰润，结禅定印。千佛龛经清理后，人们又将其安置在新建寺庙中。

上白堠千佛造像局部

4　赵家庄摩崖造像

清漳西源东侧山区有赵家庄村。前些年公路施工时，在新路基边的石壁上，发现两个小佛龛，均为圆拱尖楣龛，内雕一佛二菩萨像组合。残存题记可见"合邑十三"字样。

赵家庄摩崖造像

4. 浊漳河—滏口道

探寻化岩角山北朝岩画

　　岩画，一般被认为是史前时期人类使用原始颜料在岩石上绘制的画作。进入文明时代，岩画形式的文化痕迹少见，佛教题材的岩画更是罕见。

　　山西是传统文化遗产宝库。在晋东南深山中就保存这样一处佛教题材的岩画。

　　襄垣县在长治西北部，境内山川纵横，长治母亲河浊漳河的南源、西源、北源三大源头在襄垣东北部汇合为浊漳河主干。汇合处北部浊漳北源以东是连绵起伏的高山峻岭。

化岩角山洞穴向外视野

洞口上方岩壁上的岩画

  岩画在深谷之中。我的寻访从浊漳北源东侧圪垈街村开始。沿防火道来到村背后半山腰处，然后从小径向东北方向山谷前进。由山谷一侧逐渐下行到山脚，初有小径，谷底荆棘密布。栗君请村民大姐带路。挥着镰刀，披荆斩棘，灌木太多的地方也顾不得尽砍。就这样疾行，每半小时休息5分钟，徒步一个半小时后，终于抵达山谷深处。眼前的绝壁高达百米，山根处有一凹陷洞穴，岩画就分布在洞口沿参差不齐的岩壁上。

  10多年前，岩画在"三普"文物调查中被发现。当年的考古简讯记述岩画存6幅，总面积约5—6平方米。从左向右排列，编号为1—6号，其中第2幅为佛说法图，其他为礼佛图。[1]

  10多年过去了，6幅岩画大体还在，颜色更为暗淡。第2幅说法图被雨水侵蚀后更为模糊不清，仅能大体分辨主尊为坐佛说法像，胁侍菩萨等已难以识别。第3幅礼佛图当年已

[1] 崔利民、刘跃中、杨冠：《山西襄垣县化岩角山隋唐时期佛教岩画》，《考古》2011年第5期，第94—95、107—108页。

大多风化，现几乎难以分辨出供养人像。在岩壁下沿有断裂，洞口处有很多大小石块，可能岩壁曾发生过崩塌。

第 2 幅说法图为现存 6 幅岩画的中心，长、宽在 75—84 厘米之间。两侧设置多幅供养人礼佛图，左侧 1 幅、右侧 4 幅。礼佛图长宽在 33—64 厘米之间，略呈长方形。

说法图居中为坐佛说法像，左右待立胁侍菩萨，佛前二弟子合十听法。其他礼佛图中均为供养人立像，朝向说法图方向。

供养人图中均分 2 层或 3 层，各层施画供养人像 10 人左右。供养人像上角处有黑色竖条，应是供养人题名，已风化无法识别。供养人像多头戴纱帽或高冠，身穿红色或黑色交领长衫、褒衣博带，身体挺拔、细长，双手合十，是汉地士大夫形象。

礼佛主题在中古石窟摩崖中多有体现。已知最著名的礼佛图首推龙门石窟宾阳中洞侧壁上的帝后礼佛图，以孝文帝、文昭皇后礼佛为主题，具有极高艺术价值，20 世纪被盗卖国外。国内现存最著名的礼佛图是巩义石窟第 1—3 窟帝后礼佛图。民间石窟礼佛图更为普遍，

上 ｜ 化岩角山岩画第一幅·礼佛图
中 ｜ 化岩角山岩画第二幅·说法图
下 ｜ 化岩角山岩画第四幅·礼佛图

在山西中古石窟中多见，一般以横排朝向主尊形式雕刻。中古石窟中有一定官职的供养人像，多做汉人士大夫阶层装扮，体量较大，后有持伞盖侍从若干，体量较小。画作以体量的大小差别是为显示出主从关系。此类供养人像还有榆社圆子山石窟中的周氏父子供养人像、阳城周壁上官氏供养人线刻图等。

化岩角山谷深处的岩画礼佛图与北朝石窟中的礼佛图一致，供养人体态、服饰符合北魏后期流行的汉地士人供养人像风格。岩画供养人像基本等高，没有出现持伞盖侍从形象，供养人应是普通信众群体。

化岩角山岩画没有采取当时流行的开窟造像，而是采用了更为古老的岩画方式。化岩角山礼佛岩画，很可能是内地现存唯一的北朝时期的岩画艺术作品。

化岩角山岩画地处偏僻，受雨水侵浊、山体崩塌之害，面临随时消失的危机，亟待采取妥善方案给予保护。

上 ｜ 化岩角山岩画第五幅·礼佛图
下 ｜ 化岩角山岩画第六幅·礼佛图

浊漳河谷见摩崖

浊漳河三源在襄垣东北部汇合后，水量大增，向东南方向流淌，在襄垣、黎城、潞城三地交界处受两岸高山夹持，此后在潞城、黎城、平顺三地太行山中蜿蜒，一路向东穿过太行进入华北平原。山区河谷地带散布历代文化遗迹，两侧山中存有多处中古摩崖石刻。

风洞山北魏摩崖

风洞山是浊漳河西侧马鞍山的支脉，在今襄垣、黎城、潞城三地交界处，早年属黎城，现属长治市潞城区辛安泉镇。

山崖上的风洞是天然大洞穴，高达几十米，口小肚大，内部开敞。现洞口处建起仿古建筑，洞内供奉女娲，称娲皇宫。

据说常年有风穿洞而过，洞内深处有一小洞，深不可测。山洞两侧石壁上可见多座小佛龛，内均雕一尊坐佛。

洞内最大佛龛在山洞深处西壁，龛内雕一坐佛二弟子立像组合。坐佛高肉髻，脸型较长，颈部较长，僧衣贴身，结跏趺坐，双手交叉置于腿上。双腿比例稍大，视觉上稍感夸张。

龛下壁面可见一兽面、半跪姿侍者似做牵引状。龛左下侧又有一小龛，内雕一坐佛，悬裳遮蔽佛座。龛右下侧刻一人，戴风帽，着长裙，似做拱手状，或为供养人形象。龛下壁面不规则镌刻供养人题名：

妻旭文妃、女晖光妻□敬妃、女丰光□小香、女光姬、陈阿元、清信女张思、清信女王阿容、邑子贾腾、邑子秦李□、邑子陈进兴、邑子马赵买、邑子栗阿回、邑子陈□士、邑子张宁、邑子张回安、邑子马蒲□、邑子马□、像主马定龙、龙息显庆、息绪定、邑子马□□妻申日女、邑子常伏□妻霍始容。

字体粗犷，横纵列不齐，显得随意。

题名中多有女性，多人称邑子，是魏晋北朝民间佛教结社活动成员的称呼。参与者姓氏分布分散，无职官。

此龛左下侧又有一小龛，内雕一垂足倚坐菩萨像，戴冠，宝缯折角下垂，为北朝中后期造像中常见的弥勒菩萨像。此处为垂足坐，是较早弥勒坐像，意味着弥勒即将降临人间。弥勒下生转世人间的说法在北朝时风靡一时。

龛西侧题名：

邑子马广都妻史□女、／邑子张文㧑妻□□女、邑子张法惠妻郭□女。

可见功德主应是这三位已婚女性。这组题名与主龛下题名书体类似，应为同时镌刻。

北侧崖壁上有一小龛，内雕一坐佛，风格与大龛主尊非常近似，僧衣悬裳覆盖佛座。左侧有题记，风化严重，依稀可见：

……光禄大夫／兼……襄垣太守／□□成……之时……造／石像一区，□七世父母、／所生父母、见□眷属，常／值诣佛愿……／……所□如……／太昌元年九月……／

功德主为当时行政主官，实职应是襄垣太守。

题记年款为太昌元年（532）九月，太昌为魏孝武帝年号。当时华北大部分地区已由高

左　｜　风洞山摩崖最大佛龛内的一坐佛二弟子造像组合
右　｜　风洞山摩崖最大龛右下侧倚坐像和题记

欢实际掌控，北魏皇帝成为傀儡。这也是风洞山摩崖造像群现存唯一确切年代。其他各龛开凿时间应在此前后不远。外侧石壁上还有残存题记，可见："大魏世永……/佛弟子马……"

风洞山摩崖造像风格与题记相参照，可以判断为北魏末年雕刻。

浊漳河谷是古代交通线。风洞山摩崖附近还有黎城东柏峪村北朝摩崖、赵店隋唐摩崖（此两处近年因土石施工被掩埋）。马鞍山扼守河谷狭处，附近中古佛教石刻文化遗存密集。

前些年，北魏建义元年（528）七月刊刻的"张法光兄弟造像碑"[1]出土于风洞附近的黎城县东社村。

张氏兄弟造像碑上的功德主是张氏家族成员，其中有屯留令张法惠的名字，风洞摩崖题名中也出现"邑子张法惠妻郭口女"字样，此郭氏应即造像碑中的张法惠妻子。张氏家族是北魏末年此地的大族，家族成员多人合力雕凿造像碑，立于居住地马鞍山山谷口，又有成员参与了附近风洞摩崖造像活动。

北魏末年社会动荡，浊漳河边的地方家族为求得社会安定和精神安宁，更需要团聚家族力量。佛教开窟祈福活动的广泛参与性无疑成为凝聚家族内部关系的重要形式和手段。马鞍山附近张氏家族的活动即是例证。

---

[1]《北魏建义元年造像碑记》拓片、录文，参见常福江主编：《长治金石萃编》（上册），山西春秋电子音像出版社，2006，第58—59页。

风洞山北侧崖壁上的北魏太昌元年造像和题记

祥井摩崖　二度得见

潞城东南山区祥井村地处深山边缘，距潞城区车程约半小时。早年"三普"资料里记录此处摩崖石刻存有东魏武定二年（544）题记。

2021年初春，我和当地朋友前往。下午下起小雨，我们自村东南进山，沿山谷到山脚下已无路，只能在密林和谷底探索。在一处石坝处转到对面山体，遍寻未见摩崖，我们又前行到谷底，误入密林，无路，只得匍匐前进。雨水渐大，只能返回，登上山脊返回到村边，已下午3点。

又过一月，我们汇合曾到访过摩崖的当地朋友烧土再次前往。这次吸取上次教训，直上山脊，可随时眺望山川形势，而且山脊是石顶，比茂密植被的沟边好走。我们再次来到山谷南侧，眺望上次穿越的松林，上次没找到的摩崖，竟然就在那片山坡松林下方的崖壁上。从山脊下切谷地，无路。

绕过松林，来到谷底北侧，终于看到摩崖。

这处摩崖现在可见为两区。第一区西侧龛有上、下两层，各两龛，其中上层左上一龛只有龛形，未雕凿。下层右下一龛内造像风化无存。剩下两龛，均内雕一坐佛，脸型偏长，僧衣悬垂覆盖佛座并延至龛下壁面。题记无存。

第一区东侧龛是较大一龛，内雕一坐佛二菩萨立像组合。佛像脸型瘦长，僧衣垂下遮蔽佛座，与西区小龛造像雷同，应为同期作品，具有北朝后期风格。龛两侧内沿上又各有一菩萨立像。在主龛坐佛下，又雕一小龛，内为一坐佛，下部有托举力士。

此龛西侧壁面受风雨侵蚀，表面酥碱严重。不经意间，我发现了几个字的痕迹。再仔细查看，壁面上的题记文字很多，应是开龛发愿文，但严重风化，无法识别，很是可惜。

进山前，有村民反映，还有另一处摩崖。我一直怀疑题记是否还在。现在看到的摩崖无法找到东魏武定题记。

民间传说，祥井村山谷里有一宝祥寺，附近有古井，这也是祥井村名的来历。古寺早已不存，旧址在山谷最深处。我们再次登上山脊，又下切到山谷底部，此时又面临无路可行的密林，用镰刀开路，好在这里没有太多圪针，比去年在中条山寻访摩崖的路要好些。

终于，我们来到谷底，林地里有些类似建筑构件的石料，找到了石条围砌的方形井口，这就是传说中的古井了。现在已没有水源。地上能看到山崖底部渗出的微弱水流痕迹。古时水源应是充沛的，古人才得以建寺。

遍寻山崖，并无摩崖踪迹。烧土自告奋勇从沟底返回，我们则回到山脊上，听到烧土声

音"找到了"。这样,我又从山脊下切谷底,再次在松针铺就的"地毯"上行进。这处摩崖在古井百米之外。茂密谷底树林中,直线距离100米也是非常难行的。

这就是村民说的那片摩崖,可以称之为第二区摩崖造像。

目前可见摩崖在两个相邻壁面上开凿,西侧壁面上现存并排两龛,佛龛内雕一坐佛二菩萨立像组合。造像风化严重,依稀可见僧衣下垂至龛下壁面痕迹。

东侧壁面上可见3龛,其中靠左侧两龛雷同,内雕一坐佛二菩萨立像组合。坐佛较丰满,双手结禅定印。右侧一龛稍大,亦内雕一坐佛二菩萨立像组合。崖壁上部被毁。3龛周围壁面均有功德主题名,无官职,可见都维那主、斋主、开明主、邑子等名号。

由于自然和人为的损坏,难觅题记年款。

谷底两个区域摩崖造像直线距离估计在20—30米左右。由于林木茂盛,之前的访问者可能找到了一处,往往忽略了沿沟谷继续搜索。

此次考察,祥井摩崖造像现状得以基本明确:现场已看不到明确年代题记;从造像风格看,摩崖应是北魏末年至东魏、北齐时期开凿。宝祥寺与摩崖造像应有密切关联。

一	祥井摩崖第一区西侧龛
二	祥井摩崖第一区东侧龛
三	祥井摩崖第二区西侧壁面两龛
四	祥井摩崖第二区东侧壁面3龛

浊漳河谷见摩崖

浊漳河谷地其他窟龛

1　南马庄摩崖

南马庄摩崖造像在山沟拐弯处的东部山崖上。崖壁上的造像龛现可见4龛,其中靠北侧有1龛;靠南侧有3龛,3龛体量、尺寸近似,并排布置,应为同时开凿。目前北侧龛和南侧中龛内的造像尚存。

北侧龛内雕一坐佛二菩萨立像组合。造像身形较壮硕。龛下题记:"贞观廿一／年二月廿／一日,张昊／开为父母／造像一龛。"

此龛开凿时间明确,为唐太宗贞观二十一年(647)。贞观为唐初年号,造像风格与隋代还多有类似。

南侧中龛体量稍大,内雕二佛并坐像。二佛坐于低坛上,身形较壮。两侧胁侍菩萨已毁。龛下题记风化。从风格看,此龛应为北朝作品。

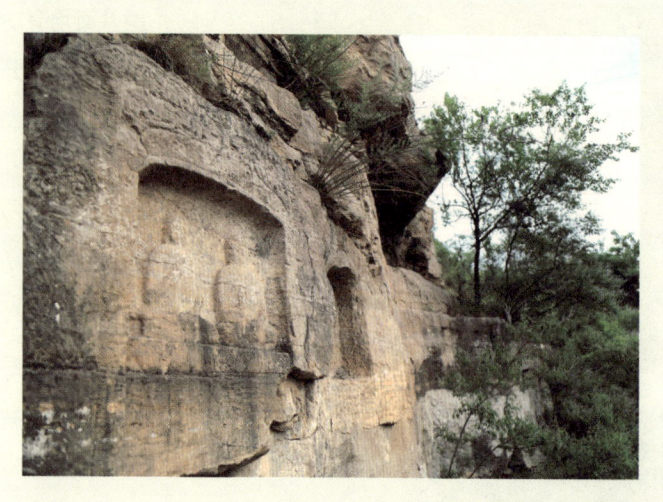

南马庄摩崖南侧中龛造像

2　曹庄佛爷岐摩崖造像

在长治潞城区曹庄村佛爷岐山体上留存有摩崖。

崖壁上有后人搭建的石窟,用于保护摩崖,也方便民众祭拜,现已局部坍塌。摩崖造像坐北朝南，壁面主体上开凿一正方形圆拱佛龛，长、高均38厘米，内雕一倚坐佛二胁侍立像组合。倚坐佛坐在须弥座上，高肉髻，脸型圆润，大耳，内着贴身僧祇支，外披袈裟，左手置于左膝上，手心朝上，右手抚于右膝上，手心朝下。立于莲花座上的胁侍菩萨身形较婀娜，长披帛垂下，可惜已残损。在造像左侧有残存题记，可见："大唐天宝十⋯⋯/石匠高平郡人⋯⋯"唐天宝年号共用15年。此处可判断题记年款在天宝十载至十五载（751—756）之间。佛龛右侧残存题记："佛弟子□光□母董、佛弟子□□妻申男、佛弟子常□□、/张□妻□男□福/⋯⋯/□□福妻崔男□/⋯⋯"佛龛下部雕6个小佛龛，内均雕一坐佛。

此龛风格特征明确，为弥勒信仰造像，结合幸存题记，可知为盛唐时期开凿。

佛爷岭摩崖造像

3　沟北河西禹王山摩崖造像

在长治市潞城区东部有一座高山名禹王山。在山顶南侧的岩壁上，有一处摩崖造像，长约70厘米、高约45厘米。下部题记部分高35厘米。

龛内为一坐佛二弟子二力士像组合。坐佛结跏趺坐于莲台上，佛和弟子有头光，面容圆润。力士均手持一长剑杵地。

佛龛下部又开凿一平面，居中为题记，左、右两侧各一供养人像。左侧为一男供养人像，戴冠，有幞头，手持一长物于胸前。右侧女供养人头发上有六簪，双手做向左拱手状。这一对供养人像服装华丽。

题记局部风化，现存可见：

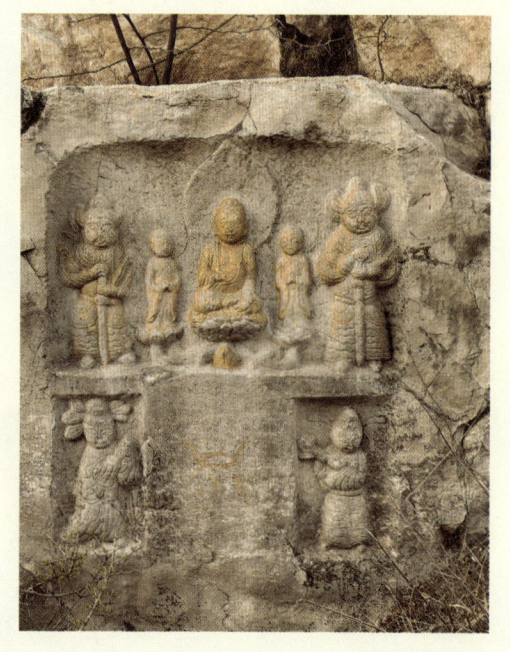

唯咸通十四年岁次□/□三月□□□□壬申，/潞州□□□□□□/为七世父母、□□□□/□□□□，造石佛一铺。/伏愿合家大小平安，无/诸□□□□□供养，/匠人王□用功造题记，/同造人王……

此龛是晚唐咸通十四年（873）当地佛教信徒开凿。造像世俗化特征明显，体现了唐后期佛教的演化情况。

禹王山摩崖造像

4　西村窟龛

长治市潞城区西北，西村和沟渍村之间的公路经过一片丘陵，进山处的山坡上散布若干小型石窟和摩崖造像，基本为坐西北、朝东南方向。小者30—50厘米见方，大者1米见方。

窟龛在两层台地上分布，其中上层由南到北有4处。第一处摩崖造像，龛内雕一坐佛二胁侍立像组合。坐佛着双领袈裟，僧衣下摆较长，左手施与愿印，右手施无畏印，身形较为健硕。胁侍戴冠，披帛，赤足立于莲台。

第二处和第三处较小，龛内均雕一坐佛二胁侍立像组合。与第一处造像风格类似。

第四处较大，窟门和两侧岩壁已毁，三壁造像，均为一坐佛二弟子立像组合。在南壁外侧有一胁侍像。西壁（正壁）佛座上可见部分题记："都维那申屠/永和为亡父/母造堪一区。/开佛光明主常□□，/旨除梁州刺史申/屠高成为□/母造堪一区，/开佛光明主……"

申屠氏这一姓氏古老，可追溯至两周之际。中古时期，上党申屠氏是地方大族。此处开龛题记中的申屠氏人即是当时上党申屠氏的一支。北朝时，政府对地方大族中的高龄人士多给予州、郡、县各级行政长官的荣誉衔,此题记中的"旨除梁州刺史"衔即是此类。

下层有一处,窟门已不存,窟门外两侧各有一护法力士像,内部西壁(正壁)为一坐佛二弟子二胁侍立像组合,两侧壁上各雕一尊站立在瑞兽之上的胁侍立像。

整体上看,西村石窟摩崖造像应为北齐时期风格。

雪后的西村窟龛

5 二龙凹北齐摩崖

自平顺县城沿平顺河边新修公路行约10千米可到中五井乡,又经数个山村,在抵达二龙凹村前,路边岩壁上留存一处摩崖造像。

石壁上的横向裂隙将摩崖分为上下两层。顶部有题记。

上层西侧龛内雕三佛,中间主尊及右侧佛像为结跏趺坐坐佛,主尊左侧为半结跏趺坐佛像。主尊佛座高于左、右像。下雕两头蹲狮,中有宝珠。再下是持物供养人。

中古时期,半结跏趺坐佛像有的被认为是思惟菩萨,也有可能是弥勒像。北朝中后期石窟中,表现不同时空中的弥勒尊像有多种形式,如交脚菩萨像、倚坐像多有出现,但半结跏趺坐像较少。

上层东侧龛外缘被二龙缠绕护佑,龙头向下,双龙足相对,夹持宝珠。内有2个圆拱尖楣龛,各雕一坐佛二弟子立像组合。

下层左侧为一圆拱龛,内雕一坐佛二弟子二菩萨像组合,龛外侧各雕一护法力士。龛下雕蹲狮、博山炉、宝珠。

壁面上部题记尚存,可见:

大齐武平五年,岁次/甲午八月己丑朔二十/二日庚□,佛弟子王/贵洛稽首敬言,/□闻道,籍世□法□/心显,是以佛弟子王/贵洛兄弟子媳合家/等,自觉去业,浮薄运/□□□仰寻听文,皆/言颂建文羡祇陀,先/发洪愿造释加(迦)石像

浊漳河谷地其他窟龛

/四堪。今蒙得就，愿/高祚无穷，康隆万世。/□妃休泰，群僚日茂，/七世所生、因缘眷等，/咸同此福率土一/切边冀□□寝难/平定，三徒休息，所愿/如是。/

上党郡忠正王世珍侍佛，/襄垣郡忠正王惠侍佛，/太元太守王清周侍佛。

另，下层左侧壁面有明代村民题名，与北齐摩崖开凿无关。

黎城古道胜迹

太行山区的交通孔道以"太行八陉"最为著名。中古时,滏口陉连通邺城和晋阳两大北方都会,北魏末年至北齐灭亡几十年间,东魏、北齐权贵往来于此。由滏口向西经涉县进入山西境内的首县是黎城县。这条交通线也是文化线,古道黎城段沿线遗存多处中古石刻文物,成为古道文化的实物证据。

小门摩崖

东阳关在明代重建,是内长城最南端关口。关城两侧各设一小门,方便人员往来。关城东北小门附近的沟谷崖壁上有一处摩崖造像群,即小门摩崖造像。现存摩崖分东、西两区。西区现存并排3小龛,桃尖形龛楣,均内雕一坐佛二胁侍立像组合。坐佛坐于须弥座上。

东区摩崖造像又分东、西两组。西侧一组为相邻的3龛,桃尖形龛楣,体量一致,均内雕一坐佛二胁侍组合,龛下有双狮、宝珠。龛柱上题名:

东龛大像主贾玉诞妻郭息士誉,/……母成兄洪建妻崔息士诠,/中龛大像主贾子建妻□息孝道,/西龛大像主贾子业妻郭息□□道仁。

可见此3龛为贾氏家族所开。3龛东侧壁面上是一摩崖碑,上部有崩塌,存下部,有界格,碑文漫漶风化,大体可见:

……末法……/……是知无常无□圹云凭/……之间齐愿闻就法□□/……子建、子业合家等并情/……于标志孝思造/……之感曰□慕义□/……法业念善主/……缘之愿粤/……六年岁次丙辰四月癸/……于铜蹬东野道之左/……之□易梗……/石书生记血无惧□/……岂忧摧折之祸仰愿/……千年父母申恩长/于净土□□□于福田凡/……觉○贾士政

上——小门摩崖中的隋代贾氏摩崖造像

下——小门摩崖东区摩崖造像

碑文中之"六年岁次丙辰四月癸",核对干支,可补足上下文,应为"开皇十六年岁次丙辰四月癸未朔",摩崖碑的刊刻时间为开皇十六年(596)四月。又碑文中的子建、子业应即左侧龛柱题名中的供养人贾子建、贾子业,应是同族兄弟。尾部可见人名贾士政,应是此摩崖碑文的撰写者,亦为贾氏。据此可判断3龛和摩崖碑应在开皇十六年四月同时完成。

碑文中的"铜蹬东野道之左",即指摩崖在道路左侧。摩崖造像在铜蹬以东,铜蹬应是此摩崖西边不远处的古地名。

东部一组中,靠西侧的单龛内雕一坐佛二胁侍立像组合。坐佛僧衣遮蔽佛座。龛下雕宝珠、对狮。龛右侧有供养人题名,漫漶风化,可见崔、白等姓氏。龛左侧题记,有界格,风化严重,大体可见:

天统五年□月五日,李□□、李□□／造石像一区,即菩萨,□皇帝陛下、／臣寮百官、州郡令长、七世父母、□□／□众生,一时成佛……／……供养……

此为北齐天统五年(569)年李氏信徒开龛题记。

北齐天统龛东侧有两座相邻小龛及崖壁最右侧一龛，内均雕一坐佛二胁侍立像组合。下部一小龛内只雕一坐佛。这几座龛的形制与西侧贾氏族人所开龛一致，均为桃尖形楣龛，应亦为隋代所开。

小门摩崖现存的造像龛由造像风格和题记可知，为北齐至隋时开凿，几十年间均有民间开龛祈福活动。

白岩寺石窟

黎城县城在一山间小盆地中间。县城北侧有多座高峻山峰，自东向西依次为老金峣、凤凰山、白岩山。

最西侧的白岩山山腰部现存有石窟摩崖。自山体西侧有盘山小径可到近前。

岩壁上一窟，内部三壁三龛式，覆斗顶，平面正方形，长、宽高在2.7—2.9米之间。造像为近年据早年图片新补作。北壁（正壁）主尊为坐佛，双手结禅定印，左、右侧壁上各一胁侍菩萨立像，戴花冠，身披璎珞。东壁一坐佛，西壁一倚坐菩萨像。东、西壁靠南侧各雕一龛，龛内雕坐姿菩萨像。窟门内两侧各一力士像。

早年图片中可见正壁主尊坐佛低平肉髻，脸形丰满，着贴身通肩僧衣，坐于仰莲台上。倚坐菩萨像应在东壁，即正壁佛左侧位。倚坐像为弥勒，为菩萨装，戴花冠，披璎珞，左手放在左腿上，右手结与愿印。此窟时代应为北齐后期至隋初之间。[1]

窟门外侧可见两处壁面上的金大定题记，或为金代信众整修石窟时所留。西侧一小龛旧日曾可识读大齐武平六年（575）题记，今已难辨。

前行至白岩山断层崖壁之下，可见据地数米高的壁面上尚存两龛。龛形类似，均为桃尖形楣龛，西侧龛较小，内雕一坐佛，僧衣褶皱繁复遮蔽佛座；东侧龛较大，内雕一坐佛二菩萨立像组合。两龛坐佛均有背光、头光，头部均被毁。

西龛西侧题记，可见：

[1] 图片参考王苏陵编著：《千年遗珠白岩寺》，黎城县文化局，长治市内部图书准印证：（2016）第11号，第55—57页。

白岩寺摩崖宇文氏造像

> 佛弟子宇文贵和为亡母/造石像一区，愿当来之时还/为母子。○○永安三年四月

据此可知，此龛为北魏永安三年（530）佛教信徒宇文贵和为去世的母亲祈福所开凿。一方面可见真挚的母子之情，也可见佛教转世轮回说成为信众信仰。

宇文氏，初为匈奴姓氏，后为鲜卑著姓。此龛为民间小型佛龛，发愿主旨明确简单，与当时北魏晚期政治动荡无关。宇文贵和一族应是定居此地的鲜卑人。

白岩山在滏口道北侧，北魏末年尔朱荣东出太行攻击葛荣时曾途径此地。《魏书》卷74《尔朱荣传》及《元和郡县志》卷15均载尔朱荣曾在这一带射杀双兔，后灭葛荣。

尔朱荣攻灭葛荣后，六镇余部归附，尔朱氏势力大增。宇文贵和家族或为归降尔朱氏集团的六镇军人，受命屯驻于此。

两龛之间也有题记，风化严重，可大体识别：

> 夫上党虚基妙觉声辉空绵缅貌……/……参军镇□将军东关都将荡□、/将军刈陵令宇文拾，□坐千叶像永□/……/上恩与……营刊石像……

此龛功德主应即题记中之"刈陵令宇文拾□"。据《魏书》卷114《地形志》和《隋书》卷30《地理志》中上党郡黎城县条，刈陵本为汉晋潞县，北魏太武帝镇压潞县叛乱，杀2000余家；太平真君十一年（450）改刈陵县；开皇十八年（598）改黎城县。结合造像风格和题记我推断，此龛应开凿于隋开皇十八年改黎城县之前，由时任县令所开。

此县令为宇文氏，开龛又与宇文贵和龛紧邻，应是宇文同族。宇文氏作为北魏末年来此的外来户，因是六镇军人，具有较高社会地位，隋初成为地方大族。

白岩山下今有元村，村名最初或来自拓跋氏。山下东边不远处的停河铺村，依然有宇文姓氏村民，或与题记所见宇文家族有关。

凤凰山石窟摩崖

黎城县北部凤凰山山巅有石窟、摩崖。前些年当地建起现代屋檐保护，岩体保存较好。石窟在接近山顶的岩石立面上，现存3窟，从西到东编号1—3号窟，内均无造像，其中两窟门上有题记。西侧1号窟内部较大，窟门上题记为唐贞观二十年（647）刊刻：

维大唐贞观廿年，岁/次景午十月己未朔/廿六日甲申。盖闻崇/基兴业，盖连阴清源/共天口此峻口文口/男陈宝口男口口口/口口口口口口口/记〇路州黎城县/政新乡慕〇德里口/在苏村口东北三里，/藉以冠盖口润口口/山。勒石镌铭，口/口存不朽。

此为唐贞观二十年（647）本地佛教信徒家族发愿题记。

2号窟上部发愿题记，因岩石风化已难分辨，可见"大周广顺二年"字样。广顺为五代后周年号，广顺二年即公元952年。

2号窟下部的3号窟进深较浅。

3号窟东部一佛龛，龛内雕一坐佛二弟子二胁侍立像组合。佛有头光。5尊造像身形较为丰满，应为唐后期风格。

东侧佛龛下存一摩崖碑，风化严重。碑文追溯唐代迁葬高僧灵骨于此事，内有"大中祥符六年（1013）"字样。山西境内其他地方也有壁葬，如临县义居寺后小窟，内无造像，为安放僧人灵骨之地。

凤凰山石窟摩崖

老金峧摩崖

凤凰山以东山名老金峧。从老金峧村西北方向进山，可看到北方山巅有高台，就是老金峧主峰。老金峧南部山体有多条延伸山脊，一山脊上有石殿北极宫，前廊下有元至元十三年（1276）重修碑。

沿北极宫西侧的山脊线进入山谷，从山脊边缘来到谷底，终于在绝壁上看到摩崖造像。在距地面3米左右的岩壁折角处的两个侧面上，凿刻多层佛龛。

西壁摩崖造像可分3层，下层主龛内雕一坐佛二菩萨像组合，西侧附龛雕一菩萨立像，之间有题记。中层居中的主龛内雕二佛，左为倚坐弥勒像，右是释迦牟尼佛像。主龛左侧又有4尊造像，分2层，其中下层为两坐佛，西侧有地藏菩萨像题记；上层紧靠主龛的是弟子像，西侧是菩萨像。菩萨像边有唐龙朔二年（662）贾君道发愿题记。主龛东侧较大壁面刻发愿题记，题记东侧小龛内雕菩萨立像。西壁最上层2龛，内均雕一坐佛，有发愿题记。

东壁整体镌刻上、下两层佛龛。上层北侧龛内分开雕刻2尊小坐佛，中间有题记；南侧两龛内均雕二菩萨立像，其中南侧龛内菩萨有头光。

下层雕刻丰富。北侧部分又分上、下两层，各雕数尊坐佛，上层坐佛左、右各雕一对双菩萨立像。居中部分雕一菩萨立像和一坐佛，均有头光。南侧部分有一单体菩萨立像和一佛二弟子像组合，菩萨立像下壁面上有唐代题记。

绝壁上的唐代摩崖造像群，隐在深山沟底，受自然和人为的侵扰少，保存相对完好。古人在绝壁上开龛的执着和高超的技艺让人叹服。

绝壁摩崖向东约50米，山体底部粗糙的崖壁上也有一些佛龛，风化剥落严重，其中最大龛内雕一坐佛，有头光，坐于高坛。

通过观察，我在此龛东侧的平整壁面上发现题记。这是被杂草和尘土挡住的一处打磨过的壁面，正方形，有纵向分栏，是隋唐碑刻多用手法，拂去尘土，题记在靠后几栏内：

□□上生经□□○○□论比丘○惠乡/……比丘弘荫讲《上升经》，禅因□论比丘道□/……道□讲《上升经》，比丘奉众○比丘守□记/大汉乾祐二年岁次乙酉蕤宾月廿九日壬申记/……慧善比丘慈□

这是一组五代后汉时期的僧人题名。其中多人为研习《上升经》的僧人。弥勒信仰在南北朝中后期逐渐发展起来，武则天称帝将弥勒信仰推上非常之位，更为兴盛。五代后汉时，黎城僧人依然以研习《弥勒上升经》为主。

"大汉乾祐二年（949）"为五代后汉年号。蕤宾为古代十二律之第七律，律历相对，

左上　│　老金岭摩崖地藏菩萨造像题记
左下　│　老金岭摩崖东壁上的摩崖造像
右　　│　老金岭摩崖后汉题记

蕤宾对应十二月中的五月。核对干支，此月二十九日即壬申日。

后汉政权仅有4年，是五代中最短命的中原王朝，历史留存更是稀缺。此处新发现的乾祐二年题记丰富了后汉历史资料，弥足珍贵。

老金岭摩崖主体是唐代中期摩崖造像，位于绝壁之上，保存较好，但也面临风雨侵蚀，岩壁上裂隙很多。造像题材丰富，有倚坐弥勒、双菩萨立像，还有地藏菩萨尊像，体现了唐代民间佛教信仰的新发展。

黎城古道上的中古石窟文化遗存，在相对集中的地理空间里，自北魏末年起，历北齐、隋、唐、五代，持续几百年，历史序列完整，是今人寻访、探究中古历史、艺术史料的重要来源。其在晋东南石窟宝库中也颇具魅力。

5. 长治盆地

自晋中出发的多条古道在长治北部汇聚于浊漳河谷，古代太原经由长治盆地、晋城盆地南下，越南太行前往古都洛阳的大道，称并洛道，今208国道大体即在古道基础上修建而成。并洛古道途径长治，这里现存一批北魏以来的中古石窟。它们如熠熠生辉的珍珠，隐藏在山林之中。

小石佛头摩崖

沿208国道襄垣夏店西南方向前行约15千米，接近屯留老爷山，山丘纵横的上莲村附近有小石佛头村，村名来历应与佛教造像有关。

小石佛头村位于山坡上，村边是一条山谷。在沟谷最窄处下到谷底，拨开茂盛树丛，来到对面山崖下，隐秘石壁上是摩崖所在。可见由南向北共3龛，内均雕一坐佛二菩萨立像组合。主尊0.5米至0.7米，造像严重被毁。中龛帷帐龛稍大，左、右两龛体量近似。南侧圆拱龛，北侧龛上雕出仿木构屋檐人字直臂叉手。中龛上部存

小石佛头摩崖造像

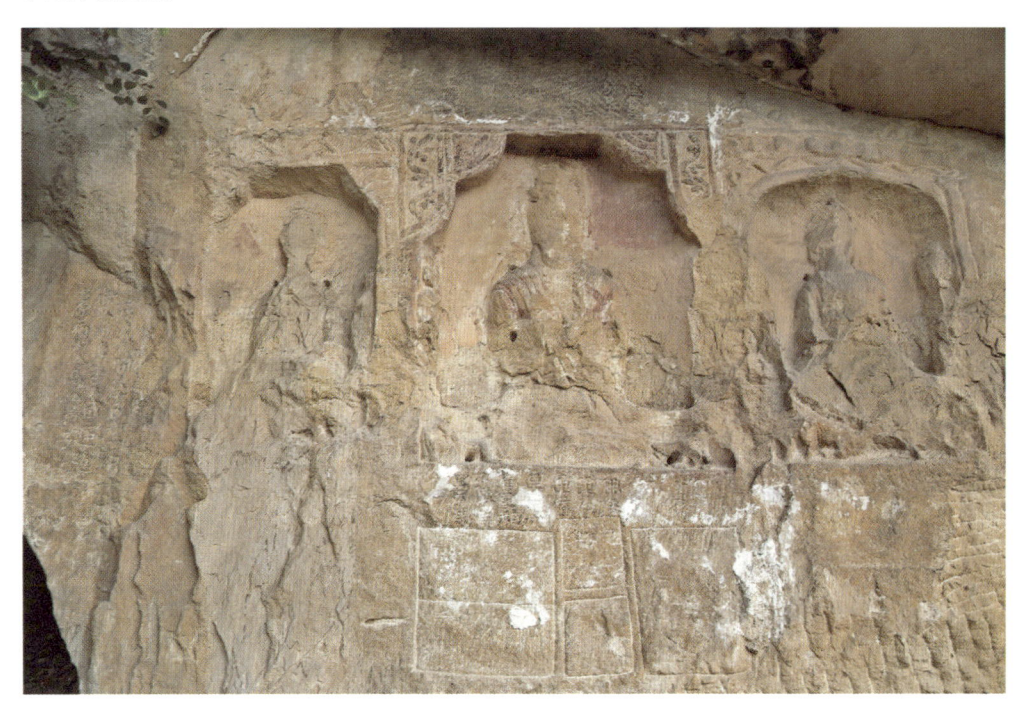

小石佛头摩崖北魏题记

题记，可见：

  大魏延昌二年（513）/ 岁次癸巳七月 / □□乙巳□ / □□□连□ / 二人上为大王太 / □七世父母□ / 生父母□□□ / □□□兴昌 / ……

中龛下有可见若干题名：

  佛主 / 连□ / 连道 / 连□ / □□姬 / 女陵妻 / □□□

此处造像被毁不易识别，但题记年代明确，为北魏延昌二年（513），开龛功德主多为连氏族人。附近有上莲村，可能在摩崖开龛时连氏已居住此地。延昌为宣武帝年号，此时是孝文帝改革后北魏政权全面汉化时期。鲜卑姓氏是兰氏、是连氏改姓为连，此处开龛连氏可能为鲜卑人。

摩崖北侧岩壁上有题记，楷书，与常规不同，是由左向右刊刻，风化严重，经反复辨识，可见：

  太原府太谷县佛弟子 / 张□□、李□□、武延□ / 一心供养。开元十五年二月十……

此题记为唐开元十五年（727）刊刻，与北魏摩崖开凿无关。盛唐时的功德主来自太原府太谷县，途经此地镌刻。

良才摩崖

长治以北沿浊漳南源北上到襄垣,是太原—长治之间的古道。良才村在浊漳河南源西侧约 5 千米处的低山丘陵中的一处高台。在这里可眺望周围情形,是长治北部有交通和军事价值的一处制高点。因多黄砂石,这一带又称黄沙岭。

据《隋书》卷 25《地理志中》记载,上党郡潞城有黄阜山;《元和郡县图志》卷 15《河东道四》记潞州潞城县有:"黄阜山,在县西北二十五里。刘聪将綦毋刿败晋将崔恕于黄阜。"[1] 村中的古寺遗

良才摩崖造像全貌

[1]〔唐〕李吉甫:《元和郡县图志》,中华书局,1983,第 419 页。

址,元时名慈云院,现尚存元代修缮碑。村内另有元构风格的大禹庙正殿。村子所在的高台一名小寒山,据说因温度低于附近而得名。村北有沟通往村外崇教寺,沟中一处崖壁深藏于荆棘草丛中,上有摩崖。

这组摩崖造像现存尖楣龛4龛。右上部是一大龛,内雕一倚坐佛二弟子二胁侍菩萨立像组合。主尊即弥勒佛,与二胁侍菩萨均有头光。二弟子体量小,位置靠后。胁侍菩萨立于莲台上,体态婀娜。

大龛左侧和左下侧共3龛,其中上、下排列的两龛内雕双菩萨立像,另一龛内雕三菩萨立像。菩萨均有头光,立于莲台之上,身姿呈现人体自然弯曲,颇具动态之美。双菩萨像、三菩萨像与大龛造像风格一致,应为盛唐、中唐时开凿。龛侧有供养人题名,风化难识。

双菩萨立像较少见,目前国内出现较早的双菩萨立像为北齐定州白石双尊像。沁水老爷沟摩崖造像亦有双菩萨立像题材,或是唐代晋东南地区造像的流行风格之一。

良才摩崖造像局部

穿越晋东南 SOUTHEAST

吃水不忘挖井人

——壶关北庄窟龛题记考略

壶关县晋庄镇北庄村地处太行山腹地，是一座山区村落。

村落东北部有一沟谷，沟谷西侧岩壁高约 2.5 米处并排雕刻有一石窟、一佛龛。

石窟居南，圆拱尖楣。窟门略呈正方形，高约 50 厘米，窟门边缘已毁。窟内进深较浅，约 20 厘米，且内壁雕为弧面，内雕一坐佛二胁侍菩萨像组合。居中坐佛头部残损，有头光，头型长圆，左手施与愿印，右手似施无畏印，结跏趺坐，着通肩袈裟。佛坛下雕对狮。左右胁侍菩萨头部残毁，上身裸露，下身着裙，双手合十。

在主尊和北侧胁侍之间壁面上有题记：

武定二年四月，/ 仲冯伯宗掘得。/ 北相大井主冯伯宗 / 愿造石

左 | 北庄石窟景观
右 | 北庄石窟主尊造像

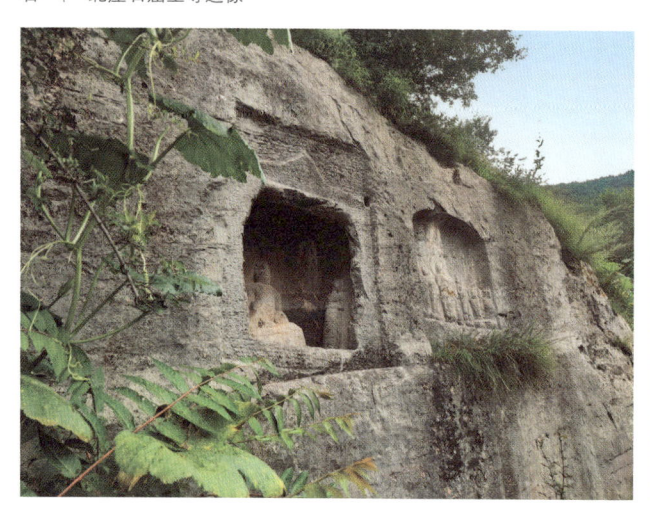

室一区一佛二/菩萨，金得成就，上为/皇帝陛下、臣寮伯官、/七世父母、所生父母、/合家大小，居时成佛。

在主尊和南侧胁侍之间的壁面上有题记：

旨授徐州刺史/冯伯宗侍佛时。/息冯洪贵/息冯永贵、/息冯仪和、/息冯继祖。

此为东魏武定二年（544）四月题记，石室即指此石窟，石窟完成之时，功德主冯伯宗作此题记。冯伯宗是在掘得大井之后，才开凿此窟，说明这是开凿出水井后的一种还愿祈福行为。此地旧时确有古井，后被埋，在沟谷东侧至今仍有另外一口古井为村民使用，其深度达10余米。石窟位置恰在村落东北部。可见东魏冯氏开凿古井时，现北庄村位置已有居住点。

此题记罕见地记述开窟缘由，是对当时民众生产生活的重要记录。中古时期生产力较低，水井是生产生活的必需品。冯氏家族可能在开掘前曾向佛祖祈祷工程顺利，于是在开掘水井成功后开凿石窟还愿。冯氏族长冯伯宗为旨授徐州刺史，是一虚授名号。

在竖列题名附近的3处壁面，有字迹潦草且显然与东魏题记题名非为同一书体的题记题名为：

永徽五年四月十七日，/息女□郡/永、息□奴/和息老生，/息拒诲、弟小诲、受诲、/祖息、晖乐，/僧奴士彦、/梁仁、小彦，/拒息文基□□/名爱、名智。

这部分唐永徽五年（654）题名为东魏开凿古井和石窟的冯伯宗的同族后辈题名。

北庄石窟武定二年题记

另，在石窟上部还有一条墨书：

至元廿十一年到此闲游记。

此墨书题记为至元二十一年（1284）所题。未具姓名。或为当时地方文人所为。

东魏石窟北侧有一圆拱龛，约为正方形，平面略小于石窟。内雕一倚坐佛二弟子二胁侍二力士组合。主尊有头光，二弟子、二菩萨、二力士均站在莲台上。外侧二力士体量较小，已风化。主尊倚坐佛为垂足坐弥勒佛像，是唐代盛行弥勒崇拜的通常造像形式。结合其他造像风格，可判断此龛为唐代作品。再结合石窟内永徽题名，此龛可能即是唐永徽时冯伯宗的后辈所开，为纪念先祖功德，他们在东魏石窟边再次开凿佛龛，题名亦刻在东魏窟内先祖题名周围，而非单独镌刻于龛侧壁面，由此形成了两代题记混在一窟之内的罕见现象。由于刊刻于窟内壁面，这些题记、题名幸运地保存下来。又有元代文人墨书凑趣，窟内壁面竟保有3个时代的题记，实属难得。

今天的北庄村村民主体为明清时期由河南搬来的杨氏族群，东魏—唐时期的冯氏已不存。但村外古井内的泉水依然清冽，至今为村民提供生产生活用水。吃水不忘挖井人，这处窟龛保存至今，让我们识读到珍贵的中古民众日常生活的题记，感佩祖先在此地筚路蓝缕的开拓精神。

村北山谷现存古井

北山千佛沟石窟

自荫城西部南宋乡北山村西北部进山,进入一片丘陵山地,植被良好,徒步40分钟转入右手边的一条支路,上到坡上可看到一块独立岩石上开凿的石窟。

窟门朝南,约有1米高。窟门左右各雕一尊护法力士。窟门上有凹槽,是木构出檐位置。窟内基本正方形,长、宽、高各有2米多,内部三壁三龛,覆斗顶。北壁为正壁,居中龛内是一坐佛二菩萨立像组合。龛楣和龛侧柱不明显。坐佛和菩萨身形瘦长、秀骨清像。除此

北山千佛沟千佛窟

左 ｜ 千佛沟山顶 1 号窟内东壁造像
右 ｜ 千佛沟山顶 2 号窟外观

龛外，其他壁面均满雕千佛龛，题记无存。此沟号为千佛沟，即得名于这座满雕千佛造像的石窟。它与丹朱岭石窟、高平满公山石窟近似，为同一时期流行风格。此千佛窟应是北魏后期作品。

千佛窟西北侧赫立一突兀岩石，10 余米高，壁面上有明显人工开凿的平整立面，高约 3 米、宽约 2 米，可能是早期预备开龛，后未实行。

我沿千佛窟北面小沟继续爬升，穿过两道防火道，这里视野辽阔，满目青翠。防火道西北方向树丛中，隐约看到小径，继续前行见到一窟，可称为千佛沟山顶 1 号窟。此窟亦为独立岩石上雕凿，南侧立面上开窟门，门左右各雕一护法力士。窟内部呈正方形，三壁三龛式，均为圆拱尖楣龛，内雕一坐佛二弟子二胁侍菩萨立像组合。

此窟内部四角位置均雕一胁侍菩萨像。窟外岩石上可见金大定二十九年（1189）题记，或金代曾有修缮。

回到防火道之前沿一狭窄小径向西，又见一窟，即千佛沟山顶 2 号窟。此窟与前两窟类似，亦为单体岩石上开凿。窟门向东，门前雕出前廊形式，门左右各雕一护法力士，高大威猛，风化严重。

2 号窟内部三壁三龛式，龛内均雕一坐佛，主尊悬裳遮蔽佛座，与山顶 1 号窟类似。龛外两侧各一胁侍菩萨立像，均有头光。

山顶两窟位置相近，都在山顶小径边，应为古人有计划开凿。

北山村千佛沟现存 3 座石窟，均在黄砂石质地岩石上开凿，自然风化严重，石窟早期题记无存。由现存风格，可基本判断为北魏迁洛后的作品。

长治周边其他小型石窟

1　广泉寺石窟

屯留渔泽镇寺底村北有古刹广泉寺旧址，石窟在寺后的空地上。此石窟南北长3米、东西宽2.6米、高约2.6米，坐东朝西。窟内以千佛造像为题材，佛龛遍布各壁。东壁（正壁）上有小龛，居中雕一坐佛二菩萨立像组合，南壁亦同。北壁居中小龛内雕二佛并坐像。3龛均为圆拱尖楣龛。造像长圆脸型，悬裳下垂覆于佛座上。窟门左右各一高1米的菩萨，力士头戴宝冠，有宝缯，双手做持长柄武器状，赤足。

由形制判断此窟为北魏后期作品。

广泉寺石窟北壁居中龛二佛并坐像

2　中村窑儿沟石窟

中村窑儿沟石窟坐东朝西，平面方形。窟门外侧还可见一力士像。窟门高不到1米，窟内东壁（正壁）下部开一圆拱尖楣龛，龛内雕一坐佛二菩萨立像组合。坐佛体态修长，僧衣覆盖佛座，南、北壁下部龛内均雕一菩萨立像。三壁主龛造像皆是秀骨清像、褒衣博带风格。三壁剩余部分皆满雕千佛造像小龛。局部可见供养人题名，北壁下部菩萨龛左侧题名"邑子李洪弘妻张口丑"。

结合造像风格判断，此窟应开凿于北魏后期。

中村窑儿沟石窟

3 沙窟石窟

壶关县东南部缓和的丘陵地带有一处砂石高地，古人在一块巨石上开窟。石窟附近的村子名沙窟，村名或因石窟而得名。

村边高地上有玉皇庙，二进院，主殿坍塌改建。绕到殿后，是石窟所在的巨石。巨石东西向，上有东、西两窟。

西窟坐西朝东，内部平面长方形，三壁造像。东壁（正壁）雕一坐佛二菩萨立像组合。北、南壁上各雕一尊坐佛。窟门内两侧各一力士像。造像均无头部，风化严重。窟内无题记。3主尊均在低坛上，身形较长，均有头光。

东壁主尊头光中的吹笛飞天，北壁主尊头光正中的二佛并坐像、着羊肠大裙胁侍菩萨，残破中依然保持着浓郁的北魏气派。

东窟平面方形，体量稍小，三壁三龛式，风化严重。3主尊身边的弟子或胁侍像已无法分辨。3壁主尊均在低坛上。正壁主尊身形更为瘦长，为秀骨清像、褒衣博带风格，着袒右袈裟，内着僧衣，胸前衣带作结下垂，双手合拢。

从现存形制看，沙窟石窟两窟均为北魏后期开凿。

沙窟东窟北壁造像

4 王庆石窟

上党区王庆村东南方向约2千米低平丘陵中有一处砂石质地的岩壁，上存3窟，即王庆石窟。前些年村民对造像重妆，颜色艳丽。

王庆石窟东窟风化严重，平面方形，窟内无存造像。

中窟窟门外两侧各雕一力士像，头部较大，其他部位风化严重。内部三壁造像，北壁（正壁）是一坐佛二弟子像组合，东壁主尊为倚坐弥勒像，西壁主尊为坐佛像。

东、西壁主尊外侧各存一胁侍。此窟现被改为三教堂,东壁坐像现在是道士装扮,西壁坐像是一副儒生相。早期很多历史信息丢失。

西窟和中窟类似,窟门外两侧各一力士像,从残存衣饰看似乎为一文一武。窟门柱头上有凤鸟,窟门门楣上部壁面平整,上面镌刻着多名供养人题名,多人有维那、大斋主等名号,是开窟活动和法事活动的召集者。题名中姓氏有靳、郝、郭、李、孙、韩、苗、高、和等,较为分散。有一人为屯留县人贾伯生。

题名上方一小龛内雕坐佛,龛东侧雕一供养人像。

西窟内造像三壁三龛式。北壁(正壁)居中龛内雕一坐佛二菩萨像组合。两侧又各有两小龛,其中3龛内为单佛坐像,左上部1龛内为二佛并坐像。剩余壁面雕千佛造像。

东壁龛内为一佛二菩萨像组合。龛外侧左右各一龛,内均为一菩萨立像。龛上部和下部立面上均雕千佛造像。

西壁与东壁格局完全相同。

西窟窟顶为莲花藻井,周围是四飞天环绕。

窟门内侧上部雕涅槃图。涅槃像首西足东。佛首下有枕,僧衣左衽,面容安详。佛首、足处各一人,戴高冠、风帽,托佛首、抚佛足。另一侧5人,似乎均为女性,其中年长者双手置佛身上,其他4人表情哀伤。此涅槃图细微处刻画很是生动。

窟门内侧左右各有一龛,西侧龛内为菩萨立像,东侧龛内为立佛像。

西窟近年被粗劣重妆,但从三壁三龛式形制,以及藻井飞天、二佛并坐、涅槃像等造像风格,并结合供养人题名等综合考虑,可确定为北魏后期石窟。

王庆石窟西窟窟门
内侧上部涅槃图

5　佛耳山石窟

荫城镇东北方向为大峪村,村东、南部是山林茂盛的佛耳山。在山顶有一处石窟。

我们攀上山巅,首先看到的是单体岩石上开凿的1号窟,下部被土掩埋,窟门左右残存威猛的力士像。窟内壁面似乎被后期砍凿过,仅可见一模糊不清的小佛像,时代不易判断。

窟外立一砂石质造像石,高约1.7米,有收分,上部有仿木构庑殿顶,一侧开龛,雕一佛二菩萨像组合,其他侧面未见题记。碑身嵌入长方形碑座中。此造像石形式与羊头山顶的羊头造像石近似。

继续前行,看到同在巨石上开凿的2号窟,风化严重,石料多处开裂,下部被土掩没。外部壁面上可见一力士像。内部存相对的两壁两龛,主尊是身形颀长、褒衣博带的坐佛,旁有胁侍菩萨立像。周围壁上是千佛龛,应是北魏后期石窟风格。

2号窟外侧有石墙。附近地面可见各类石构件,建筑底部有覆莲须弥座。从二龙戏珠、花卉、动物等雕刻形制判断,大体为宋金风格。

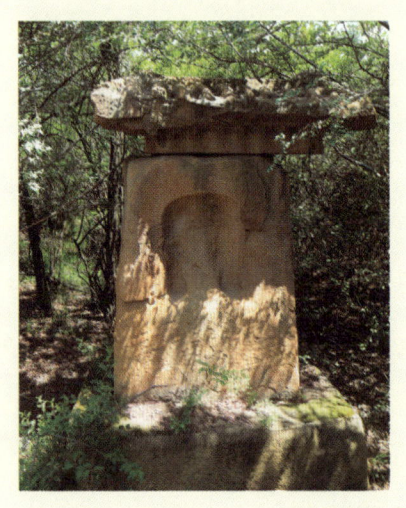

佛耳山造像石

6　交顶山石窟

交顶山石窟窟外有一立石,明显经人为开凿,风化严重,只在最下部隐约可见一龛内是秀骨清像坐佛。此石应是一通造像碑,与石窟紧邻,石质为黄砂石。这一造像碑与石窟应在同一岩层上,或者说是连为一体。这种在岩体上直接雕凿造像和碑刻的形式,在山西还有榆社果老峰连山石塔、羊头山巅造像石、泽州小白水观音菩萨造像等。

此窟造像三壁三龛式。东壁(正壁)龛内雕一坐佛二胁侍菩萨立像组合。造像完整,高肉髻,长圆脸型,脖颈较长。主尊两层袈裟贴身,里层袈裟袒右肩,胸部有束带;外层为双领下垂式,右领襟在胸腹部左转,搭在左肘部下垂。左手施与愿印,右手施无畏印。这一造型在云冈二期至三期、晋东南地区造像中多见，时代为北魏后期。

北壁与东壁造像一致。南壁风化严重，主尊亦为坐佛，与东壁、北壁坐佛造像形式类似。

佛坛下部立面上还幸存供养人题名。东壁立面上可见：

花（即化）主王伏度、斋主□□□、都佛主李和平。

北壁佛坛下立面题名：

为父母开明主□买□、王方达、和伏仁。

开窟功德主分工明确，有募集资金的化主、支持祈福斋戒活动的斋主、为父母祈福的开明主等。

鲜卑素和氏在北魏孝文帝改革时改姓为和。功德主名有和氏，可能为鲜卑素和氏后裔。

交顶山石窟东壁主尊造像

6. 晋城盆地

晋东南石窟艺术标杆

——羊头山石窟

山不在高，有神则灵。这句话用来说羊头山十分合适。在晋东南，羊头山算不得高山，也没有险峻雄伟之姿。北魏后期北方佛教大兴，这里地处并洛大道附近，有地利方便，古人在山间散落的巨石上开凿石窟摩崖。历经千年，留存至今者，统称羊头山石窟，开凿时代自北魏后期至隋唐。

神农氏炎帝传说很早就出现在这里。至迟到唐代，羊头山一带有关祭祀炎帝的建筑和祭祀活动已十分普遍。羊头山脚下的神农庙应为清化寺中寺。该寺相传创建于唐贞观年间，有上、下两院，20世纪时，中殿、后殿只存墙基和殿内神台，2001年复建大殿。人们近年发现的唐天授二年（691）《泽州高平县羊头山清化寺碑》原应在上寺。残存碑文中称"此山炎帝之所居也"，炎帝"遍陟群山，备尝庶草，届斯一所，获五谷焉"，可见当时认为此处是炎帝故里，清化寺是祭祀炎帝的场所。碑文记述北魏孝文帝时，"营寺宇，额题宅园，义取宁邦"，之后的内容难以识别。

山中植被茂密，自神农庙侧拾级而上，爬升约20分钟后，地面趋于平缓，路边的灌木丛里有一黄砂岩质地的巨石，这是羊头山石窟1号窟。羊头山石窟现在编号是从山下到山上按从低到高的次序逐个标序。

1号窟，尖楣，开凿较浅，内雕一坐佛二弟子二菩萨像组合，左右力士像。胁侍菩萨身体呈S形，各有一手执帛带，颇具动感。力士像披铠甲，手持兵器，脚踏鬼魅。佛座下莲台构造繁复。此窟应为盛唐时期开凿。

继续向上，不久遇到在更大的一块独立岩石上开凿的2号窟。2号

左 ｜ 羊头山 2 号窟南壁造像
右 ｜ 羊头山 3 号窟造像

窟无主龛，在三个侧面上开凿大小佛龛 22 个：南壁有 17 个佛龛、西北壁 3 龛、西侧壁上 2 龛。三壁佛龛上均有凹槽，为安置屋檐的位置。造像大多是标准的一佛二弟子、一佛二菩萨或一佛二弟子二菩萨像组合。佛和菩萨体态丰腴，若干菩萨像身体明显呈 S 形。莲座下卷草纹丰富，有承重力士托举。此窟和 1 号窟类似，唐风显著。早年曾有题记可见"唐乾封元年（666）年八月廿日"[1]，今已风化难识。

3 号窟所在岩石体量稍大，在南、东立面上各开一窟。立面上还有小龛若干。窟门外两侧的高大立佛像高于窟门，高髻，面部风化，脸型长圆，左手执袈裟角，全身在舟形大背光之中。窟门柱头上是展翅凤鸟。窟内三壁三龛式，佛座较高，北壁（正壁）中间是一佛二弟子像组合，两侧是千佛造像；正壁下方个别小龛为唐代风格；东、西壁也是一佛二弟子像组合，东壁主尊被整体盗割，只存身形。

东立面一窟窟门圆拱尖楣，三壁均雕一坐佛二弟子像组合。其他壁面雕千佛和小龛。3 号窟两大窟为北魏后期风格，壁面上小龛时代自北魏至隋唐。

4 号窟在岩石南壁上开窟，门外两侧各雕一力士，高大威武，脚踏瑞兽。窟内也是三壁三龛式，三壁均雕一坐佛二菩萨像组合。正壁主尊面部长圆，颈长，溜肩，着双领下垂式袈

---

[1] 张庆捷、李裕群、郭一峰：《山西高平羊头山石窟调查报告》，《考古学报》2000 年第一期，第 63—88、147—158 页。

左 | 羊头山 4 号窟窟门左侧力士像
右 | 羊头山 4 号窟北立面大龛及千佛造像

裟，右侧领襟搭在左肘部，胸部有束带，悬裳垂于佛座前，是北魏后期造像风格。

岩石北壁满雕千佛，十分壮观。中有 3 小龛，与 4 号窟内风格近似。西侧一大龛内雕一佛二菩萨并坐莲台造型。造像时代应较晚，大致为唐中期。

山间小平地上矗立一座千佛造像碑，高 4 米、宽 1 米、厚 40 厘米。碑体四面满雕小佛；底部开小龛；南面碑身下部龛内坐佛头部不存，着袒右肩袈裟，似云冈 20 窟大佛风格，左右菩萨立于小莲座上；左侧面底部龛内雕一佛二菩萨像组合，佛像发髻光滑、面相方圆、肩膀较平。

千佛碑旁就是羊头山石窟中最大的 5 号窟。

巨石正南面上西侧开一窟，窟门外两侧是威猛的力士像，仰首相向，脚踏瑞兽，身形矫健有力，气势逼人。窟门长方形，门柱柱头上

羊头山千佛碑

左 | 羊头山 5 号窟南面西侧门外力士像
右 | 羊头山 5 号窟南面东侧的二佛并坐像

下 | 5 号窟景观

是回首凤鸟。窟型圆拱尖楣，窟内三壁三龛式。三壁造像均为一坐佛二菩萨像组合。主尊造像与第4窟主尊类似，也为北魏晚期风格。

南立面东侧窟进深较浅，雕体量较大的释伽、多宝二佛并坐，秀骨清像、四肢修长。主像头部被毁，身形尚好，着袒右肩袈裟。佛背光中均雕小佛。左右壁各一菩萨立像，高冠宝缯下垂。岩石立面上若干佛龛，有北魏风格的二佛并坐龛，也有部分小龛为唐风。

5号窟所在岩石上方存一石佛、二石塔。无头石佛朝南而坐，造型圆润，现存左手雕刻精细，手指较长，僧衣轻薄贴身。石佛左右各一座五层圆形中空、南侧辟门的小石塔，塔刹不存。唐代圆塔著名样本中，唐中期的泛舟禅师塔为砖塔，羊头山此塔则是罕见的圆形石塔。

6号窟所在岩石较小，下部被土掩没，无主窟，南侧壁上正中雕一坐佛，两侧半跪供养菩萨5身。东侧壁上龛较大，内雕一佛二菩萨像组合。其他壁面上小龛若干。

6号窟周围还有两座三层正方形小石塔、一座四面小龛及若干石构件。

6号窟东侧是古清化寺遗址，现大殿为复建。殿内安置三尊高大石像为寺里原物，是释迦牟尼佛和两尊倚坐像。

乾隆《高平县志》卷19引《羊头山新记》："山之正东稍南一里余有泉，甚清。泉西半里许，有梵刹曰清化寺，建自后魏孝文帝太和之岁，初名定国寺，北齐改名弘福。隋末寺废，唐武则天天授二年重建，改今额。有碑乃唐乡贡明经牛元敬撰并书。其略曰此山炎帝之所居也。"[2]

上 ｜ 羊头山5号窟岩石上的圆形石塔
下 ｜ 羊头山被埋在泥土中的6号窟

[2]〔清〕傅德宜修、戴纯纂：《高平县志》，清乾隆三十九年（1774）刻本。

晋东南石窟艺术标杆

上 | 羊头山 7 号窟窟门
下 | 羊头山倾斜的 9 号窟

此条记载中的天授二年（691）碑，即前文记述今神农庙内之唐碑。《羊头山新记》中关于羊头山和清化寺的早期历史，大多来自此通唐碑。

羊头山石窟开凿初期，正值孝文帝迁都，从平城、并州，途径晋东南前往洛阳。此后一段时间，北魏权贵经常往返于平城旧都和洛阳新都之间。羊头山在并洛大道附近，如初名为定国寺，可能与迁都前后的一些事件有关。

7 号窟称千佛洞。正壁上有一佛二弟子像组合。洞窟壁上满雕小佛达 1680 尊，因而得名。窟门外两侧是高浮雕力士像，身形雄健，腿部有力，脚踏卧狮，虽风化仍栩栩如生。此窟模式和前面看到的千佛碑类似。底层有部分较大佛龛。门外地上素面柱础尚存，石壁上有凹槽，旧时应有木构屋檐和门柱。

8号窟在羊头山山鞍部。窟门方形，无装饰。窟内造像一佛二菩萨组合，风化严重，具有唐代风格。

旁边的9号窟，当地百姓叫"油篓洞"。这块独立岩石现在是倾而未倒的"危险"状态，被地面石块卡住而"悬空"。从外部看一面开窟，门外力士和4、5、6号窟窟门外的力士类似，窟门形制也近似。正壁雕一佛二弟子像组合，其他壁面也是满雕千佛龛，与7号窟类似。有供养人题名，多风化难辨。窟顶中部雕莲花。此窟也是北朝后期风格。

由9号窟向上即到山巅。灌木丛间的一片乱石中有古塔两座、造像石一座。山巅的两座古塔均为圆形中空，与5号窟上的石塔类似，一座五层、一座七层，塔刹均不存，应是唐代古塔。

羊头山石窟是晋东南民间石窟艺术的宝库。在羊头山南坡和山巅保存多座北魏至唐代风格的石窟、摩崖造像、造像碑、造像石、圆形石塔，单体佛像等珍贵石刻文物。由于年代久远，开凿在砂石质地上的石刻题记大部分风化无法识别，只能依据造像风格研判其大体时代。

羊头山山巅多有乱石，其中有一岩石被古人就地取材，雕凿为造像石一座。此造像石约2.5米高，下部为底座，雕出卧羊头部和尾部形象，多有风化，局部残损，轮廓尚全，羊头朝向东南方向。有观点以为羊头山之名即来自此造像石。

卧羊底座上的造像石平面呈方形，四壁均雕一圆拱龛，内雕一坐佛二胁侍菩萨立像组合。南北两侧佛龛较大，东西两侧的稍小。造像石上有篆顶式的方形仿木构石屋顶，上雕出瓦垄状。顶部当中为一浅凹形，可能上部最初原有塔刹，已失。佛龛造像风格与羊头山5号窟附近千佛造像碑底部造像接近。坐佛结跏趺坐，施禅定印，高肉髻，长圆脸型，着袒右肩袈裟，身材健硕。莲台上的胁侍菩萨立像戴高冠，宝缯下垂，长圆脸型。从风格看，此造像石造像与云冈二期造像风格颇为类似。卧羊底座、四面造像石及篆顶屋顶的组合在现存造像石形制中罕见。

造像石北侧壁面的西侧边沿处，隐约可见一竖行题记："大代□□□三年岁次己巳"，字形较为拙朴，魏碑体，部分刻字已风化。

大代即北魏，北朝时期的石刻题记中，大代和大魏这两个国号长期并行。再检干支，北魏太和十三年（489）为己巳年。则此题记年款即应为"大代太和十三年岁次己巳"。

羊头山岩石为砂石，造像、摩崖就分布其上，在四面开佛龛之外，按当时常例，年款后原应镌刻造像发愿文和功德主题名。由于砂石易风化，现只在东侧壁石上可见数位供养人题名。幸运的是，此年款刻在造像石北侧，相对较少日光照射，残存文字尚可识读，进而可考证出具体年代。

题记年款在孝文帝迁都之前,十分珍贵。

此前,学界一般认为晋东南佛教石窟的开凿,应是在孝文帝迁都途径晋东南的影响之下,逐渐成为社会风气,其快速发展在迁都之后。此题记年款为太和十三年,早于孝文帝迁都的太和十七年(493)数年。这说明,中古佛教信徒开凿石窟等活动,在晋东南早有开展,并非仅因迁都影响而突然出现。

当然,孝文帝迁都之后汉化政策加速,南、北方佛教文化快速交融,在政府倡导下,社会上形成了建立佛寺、开凿石窟、摩崖造像、雕凿造像碑等崇佛祈福活动风潮。加之孝文帝迁都途径晋东南,也促成了羊头山地区佛寺兴建和开窟活动突飞猛进的加速发展。

卧羊造像石北魏题记是现存羊头山石窟最早的题记,也是晋东南地区已知最早佛教石刻题记。

2022年盛夏,我和友人从上党区穿越密林,不经意间从北坡登上羊头山,再次考察造像石时,在卧羊造像石北侧发现题记。一切都是最好的安排。

羊头山石窟开凿活动自北魏后期延续到唐中期,现存石窟中3、4、5、7、9号窟以北魏后期风格为主,个别岩壁上有唐代后续开的佛龛,1、2、6、8等窟为唐代风格。羊头山石窟造像形式多样,时代特征明显,石窟、摩崖造像、千佛造像碑、卧羊造像石、圆形石塔等是珍贵的中古佛教石刻文物,同时具有很高的艺术审美价值。卧羊造像石上的太和十三年题记为研究本地区石窟艺术提供了重要的时代坐标。羊头山石窟是名副其实的晋东南石窟代表。

上 | 羊头山山巅圆塔
中 | 羊头山山巅卧羊造像石
下 | 羊头山造像石北侧面西侧边沿处题记

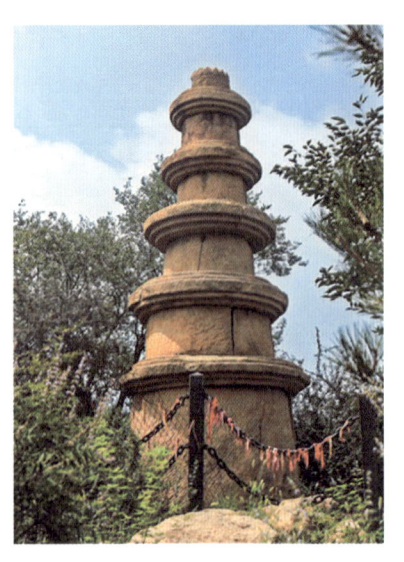

邂逅北魏石堂会

高平市区以东通往建宁的路上途经山村石堂会。在村南公路上远眺，即可看到山腰处的石窟。石堂会地名应即由石窟而来。步行到村北，来到黄砂石质的山腰上，就到了石窟近前。

目前山腰上有 6 窟，东部为明代窟，内无造像，最有价值的是西部 3 窟，时代在北魏晚期。由西向东标号为 1—3 窟，其中 1 号窟和 2 号窟相近。

石堂会石窟 1 号、2 号窟外观

左 ｜ 石堂会石窟1号窟北壁造像
右 ｜ 石堂会3号窟西壁造像

[1] 李裕群，衣利都：《山西高平石堂会石窟》，《文物》2009年第5期，第67—85页。

1号窟最大，窟前雕出仿木构前廊。窟门两侧各雕一力士，虽然风化，但样貌依然孔武有力。窟门圆拱尖楣，门柱莲台上各有一凤鸟。

窟内三壁三龛，低坛。三壁龛内均为一坐佛二菩萨造像组合。佛像服饰褒衣博带，悬裳遮蔽佛座。三壁的上半部壁面为千佛造像。东、西壁龛的左右各雕一线刻弟子像：东壁靠北侧为青年弟子阿难线刻像，西壁靠北侧应为老年弟子迦叶像。壁面存有供养人题名：其中北壁西侧为"大八关斋主魏始口妻张阿口因缘眷属"80人题名，窟门上方有"定州常山郡人王市"，南壁窟门内东侧有"东堪主""北堪菩萨"等，西边有"西堪菩萨主王春""功曹魏遥罗"等题名。八关斋是佛祖对在家信徒提出的八条戒律与斋法，南朝记载较多，北朝出现较少。[1]

供养人姓氏有阎、郭、杨、王、冯、张、赵、魏等。

2号窟和1号窟类似，只是体量小些。门口左右力士像风化严重。窟为覆斗顶，内部三壁三龛式，龛内均为一坐佛二菩萨造像组合。佛像脸型瘦长，秀骨清像，褒衣博带。壁面其他部分无雕刻痕迹。

3号窟在稍东的石壁上开凿。窟门外力士风化严重。内部三壁三龛式，北壁和东壁龛内为一坐佛二菩萨立像组合；西壁是一立佛二菩萨立像组合；南侧菩萨足下雕大象。

3号窟遭风化和人为破坏严重，年款无存，只留题名。石窟形制和造像风格为北魏晚期，个别局部或可延伸到东魏时期。供养人题名中有考证价值的地名、职官信息不多，书体随意拙朴。

高庙山石窟

208 国道经高平市区一路向南，西南方向有一山岭名高庙山。山顶上有悬壶庙，现供奉炎帝，山东侧有一隐秘山洼。

石窟开凿在山腰处的石灰岩崖壁上，保存情况较好。壁面上开一窟，另多个摩崖造像龛，龛形和造像为唐代形制。[1]

窟门东向，圆拱尖楣，楣上饰忍冬纹，门高 1.4 米，人可进入礼佛。门两侧各雕一柱，上有相向的龙头对视。柱外侧各雕一威武的力士像，戴有翘角的宝缯，做手持法器状。

窟顶雕盛开莲花；四角为 4 位化生童子；四周有 8 位飞天伎乐翩翩起舞，各持乐器，有箜篌、腰鼓、圆鼓、排箫、琵琶、笙笛、海螺等。

[1] 李裕群、张庆捷：《山西高平高庙山石窟的调查与研究》，《考古》1999 年第 1 期，第 60—73、103—104 页。

高庙山石窟景观

左 | 高庙山石窟内造像
右 | 高庙山石窟窟顶莲花

  窟内三壁三龛式，低坛。西壁（正壁）是双狮子座上的坐佛和二弟子立像组合，佛头为后代重做。壁面上有供养人线刻和题名。在主尊和左侧弟子像之间有题名："当阳大像主前郡中正广宗太守陈思御妻程曲姜。"后为夫妻二人和举伞盖侍从线刻图，下有牵马人和载物马匹图，其中有一人应为胡人。[2]

  北壁和南壁靠近西壁处各雕一尊带背光的菩萨立像。

  北壁（左壁）雕一庑殿顶建筑线刻图。建筑的榻上坐一持拂尘者，为维摩诘。周围是众人听法。图左右侧为两层比丘线刻像和题名，可见有建州沙门统昙寿、沙门都、玄氏沙门都等僧人名。

  南壁（右壁）与左壁形式基本一致，菩萨立像旁边与北壁维摩诘图对应的是文殊菩萨图。右侧有两排比丘线刻和题名。其中上排为首比丘，身后有随从举伞盖。其后5比丘均手持莲花。

[2] 刘文涛：《试论高庙山石窟胡商礼佛图及相关问题》，《文物世界》2019年第3期，第18—21页。

然该文称此牵马人与载货马队图为胡商礼佛图。其实只一人为胡人形象，该人面向马匹，背对主尊，此线刻图是为展现大像主开窟所做功德和捐献，载货驼队出现是要说明数量众多。称胡商礼佛图，似欠妥。

另，北朝后期石窟、摩崖造像、造像碑中大量出现的供养人像，大多为固定模式，一般并非是具体供养人写实。

高庙山石窟供养人像和题名

　　文殊图下是两排供养人像和题记，形式与左壁类似。窟门左右均为供养人像和题名，左侧8排，每排8位；右侧9排，每排10位。

　　两壁对称的维摩诘和文殊形象是"文殊问疾"图景两分，是北魏后期石窟中较多见题材。

　　僧人题名较多，其中出现建州、玄氏、阳阿等东魏时期晋东南行政区名，建州治所在今泽州高都，玄氏即今高平，阳阿县治今泽州大阳镇。可见此窟开凿得到多个地方僧团支持。比丘名前多有法师、律师、禅师名号。

　　供养人题名中以陈姓为多，其中不乏世代佛徒情况。高庙山开窟活动在社邑组织下完成，供养人名前有在社邑组织名号，如当阳大像主、维摩大士主、石室大维那、劝化主、居士、阿难主等，更多为邑子。

　　供养人中，多人曾任郡中正、功曹、主簿等地方官职，同时列假授或板授职官，多达百人以上。职官名加"前"，应为已退职者。官职涉及范围有晋东南和司州、河南等地。

　　题名中出现的颍州、许昌郡、临漳县，均为东魏天平元年设立，而玄氏、长子、屯留县均在北齐初废，可推断此窟开凿时间在东魏时期（534—550）。[3]

　　有趣的是，供养人中还有儒家人士。如正壁左上方题记有中书"博士假何（河）南太守

[3] 李裕群、张庆捷：《山西高平高庙山石窟的调查与研究》，《考古》1999年第1期，第60—73、103—104页。

陈兴都"、左壁维摩诘说法图下部上排题记有"前仪阳县令举秀才太学博士陈进"。儒学人士参与开窟事务，可见北朝后期地方上已出现外来佛教与本土儒家文化交融的现象，为隋初文化整合提供了基础。

题名中的东魏假授、板授的官职，是给予民间德高望重者的荣誉称号，这些人是政府的地方支持者。

高庙山石窟是东魏时地方僧俗信众合力开凿用于祈福，得到当地僧团大力支持，地方大族陈家为主的社邑组织是开凿主体。参与者多为陈氏家族中的德高望重者、退职在乡的中下层行政官员，包括家属，也有儒学人士。

窟外山崖东北方向可遥望高平市区，近前左右山体环绕，水流中怀抱一小土丘，恰将进山入口遮蔽，古人在此开窟显然是经堪舆选择的。

高庙山石窟北壁造像

文明的合体　满公山石窟

　　东西走向的丹朱岭是高平和长子之间的界山。经多年封山育林，丹朱岭上已为森林植被覆盖。山脉中部被当地人称为郎公山，又称满公山，山巅有仓颉庙遗址。此庙东部山巅有一座在岩石上建起的砖石高楼，当地人称"望海楼"，在茫茫林海中孑然独立、蔚为壮观。

　　穿越森林到达山脊，沿防火道向西，在一条上山岔路上转入坡度较大的砂石路面，约行 500 米，远远看到"望海楼"坍塌后的遗世独立之貌。

残破的望海楼

来到近前，更为惊叹：山顶一小块平地上，曾经的建筑今已不存。据现有建筑基址，可分辨出大体格局，前有山门和左、右钟、鼓楼，进门后有两进院，中有二道门。后院左右有厢房。这些房屋多为砖石结构，就地取材为主。大量砖石倒塌后，形成了一道沧桑风景，颇为震撼。巨大岩石中部是一座石窟，自岩石顶部建起一层无窗、上三层有望孔的高大石砌望楼，内部坍塌难以进入，四面墙体矗立，这就是"望海楼"。这类高大望楼，我们在晋东南地区明清古村中多见，最著名的是沁河流域那几座，如皇城村河山楼、郭峪村豫楼等。这座望楼建在高山之巅、巨石之上，距山下村落张家山也有段距离，或许是明清之际为控制山区制高点而建。楼毁坏后未再修复，残破的危楼有些诡异神秘之感。

这里最初的建筑还是石窟。巨岩上开凿的石窟后为道教人士利用，称混元洞。岩石外立面有砖石搭建台基和护墙，原窟门被改变遮蔽。岩壁上有明显凹槽，为早前木构屋檐位置。窟门外侧上方岩壁两侧各有一龛，内雕一坐佛二弟子立像组合。东侧龛内佛和菩萨造像较圆润，推断可能属北齐时期。西侧龛内，佛和菩萨身形较长，佛高肉髻，悬裳遮蔽佛座，时代应为北魏晚期。壁上曾有供养人发愿文和题名，现只有窟门西侧壁上依稀存有部分题名。

窟门高 2.5 米，宽不足 2 米，进入后看到一个正方形窟室，四壁上半部分均满雕佛龛，佛像均结禅定印，有头光。每壁雕千佛造像 10 横排，是名副其实的"千佛洞"。目前窟内看不到题记和题名。

千佛信仰在北魏中后期流行，北朝石窟中多见千佛造像形式，此窟是又一典型例证。千佛洞内纯雕千佛，此外无其他佛像。满满一堂千佛造像，足以慰藉前来山巅祈福的人。

石窟、望楼、二进院建筑的建筑时间和修建者难以确定，这三部分建筑的组合形式，对访问者产生巨大的视觉冲击。不同时代建筑在此合体，是文明延续的见证。

右 ｜ 满公山石窟千佛洞内千佛造像局部

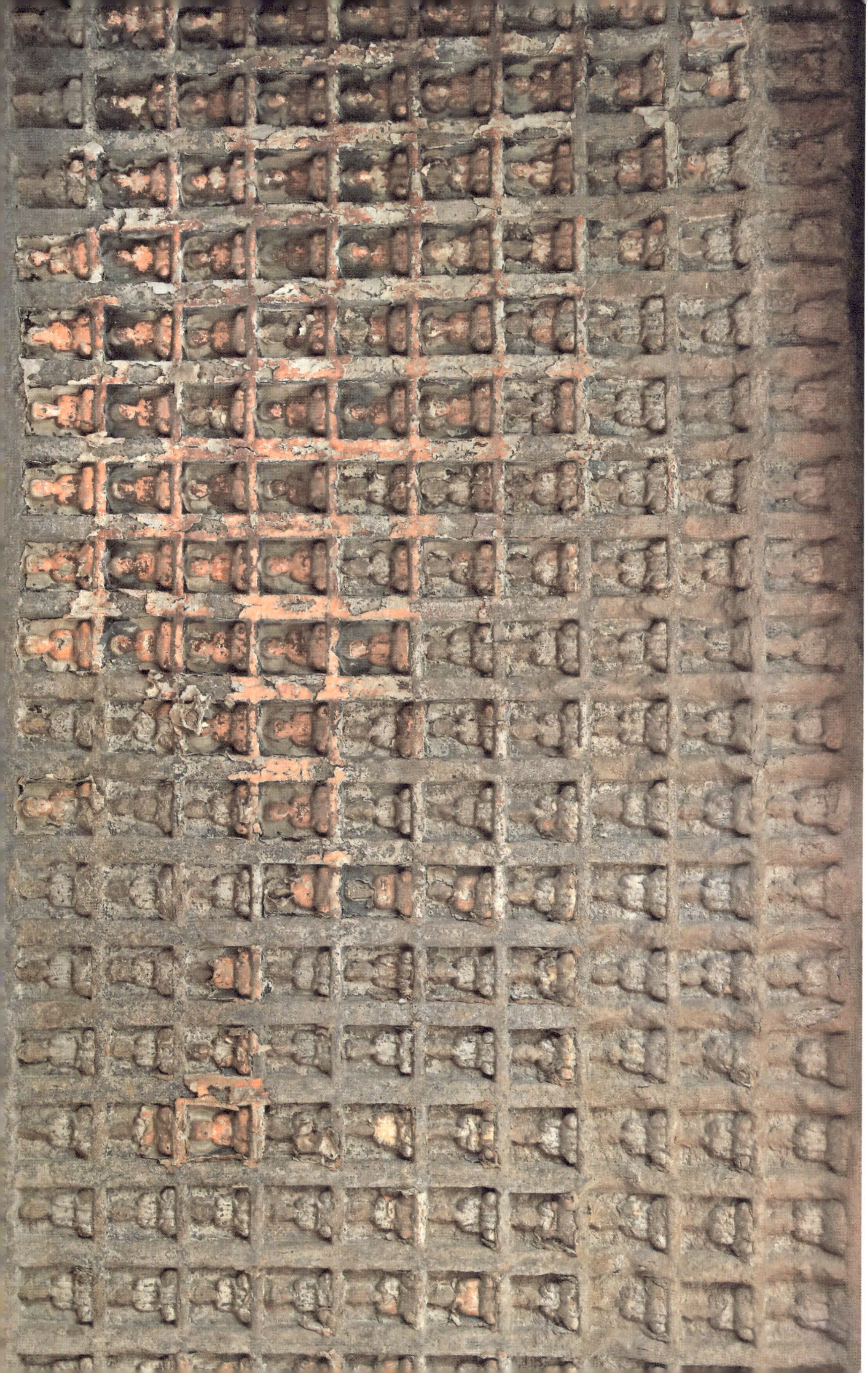

穿越晋东南 SOUTHEAST

鹿宿石堂沟石窟发现记

东西走向的丹朱岭是长治盆地和晋城盆地之间的天然分界，自然环境优越。丹朱岭南麓是沁河最大支流丹河发源地。高平西北部的鹿宿村边曾有小河，也是丹河源头的流域范围。鹿宿村北的自然村上、下石堂沟村被森林环绕，乡村公路尽头的山谷如世外桃源，这里隐藏着一处颇具历史和艺术价值的中古石窟群。

鹿宿石堂沟石窟1号窟外观

左　|　鹿宿石堂沟石窟 1 号窟窟门尖楣和仿木铺作层
右　|　鹿宿石堂沟石窟 1 号窟内三佛造像

一、考察 1—2 号窟

我在下石堂沟村北茂盛的山林中约步行 20 分钟，首先看到林地中一座开凿在巨石上的石窟，即 1 号窟。此窟在岩石的西侧面上开凿，上部雕出瓦垄和椽，下边是仿木构的铺作层，斗拱形制是一斗三升，斗拱之间雕出直臂叉手。

铺作层下居中是窟门，高约 95 厘米、宽约 60 厘米。门两侧的石柱柱头上雕凤鸟，门楣雕火焰纹，内雕莲花、缠枝纹。窟门两侧各雕一威猛的护法力士。力士有头光，高肉髻，双目突出，披帛在胸前打结自然下垂，一手执金刚杵一类神器，一手握拳。窟门左侧力士下部残损，右侧力士下踏一神狮。

窟内略呈方形，长 1.9 米、宽 2.2 米。正壁雕三佛，头型长圆，衣饰简洁。其中左侧两尊坐佛像高度近似，有头光，手印亦同，左手施与愿印，右手施无畏印。右侧的坐佛无头光，双手交于腿上。右侧佛坛较左侧二像的佛坛低约 20 厘米。正壁三佛造像较晚，可能是中唐以后补雕，其寓意待考。窟内其他壁面有明显凿痕，未见造像痕迹。此窟窟门形制和窟内造像并非同一时期。

自 1 号窟前行约 50 米，来到一处山间平地，正中一独立岩石，南侧壁面平整后开窟，即 2 号窟。窟门高约 1 米、宽 0.7 米，内部长 1.8 米、宽 2.1 米。窟门柱和火焰纹门楣与 1 号窟类似。门左右两侧各一护法力士，风化严重。窟门附近壁面上还有佛龛。

窟内北壁（正壁）居中雕上、中、下 3 龛，上龛内为一佛二菩萨像组合，中龛内为二佛并坐像组合，下龛内为一坐佛二菩萨像组合。东、西壁居中位置也是雕上、中、下三龛，上

左 ｜ 鹿宿石堂沟石窟 2 号窟外观
右 ｜ 鹿宿石堂沟石窟 2 号窟正壁居中三龛

为一佛二菩萨像组合，中为菩萨立像，下为一佛二菩萨像组合。上龛体量大，下两龛较小。三壁龛内坐佛均有明显秀骨清像、褒衣博带风格。其余壁面满雕排列整齐的佛像，即千佛模式。千佛龛排列直到顶部，窟顶居中雕出莲花藻井。此窟是座名副其实的千佛窟。佛龛间的功德主题名大多风化，局部可见程、侯、司徒等姓氏。

岩石西侧面平整后也开凿出一龛，内雕一坐佛二菩萨像，风格同南壁组合。壁面残存部分题记和供养人题名。隐约可见"正光口年"铭文。结合窟内造像风格，这一侧壁面的主体开凿时代应在北魏末年正光年间（520—525）。

比较之下，1 号窟最初开凿时代相当于云冈石窟二期，大体在冯太后和孝文帝时期。2 号窟开凿时间稍晚，结合窟外壁面残存正光年间铭文，其开凿时间相当于云冈三期，即北魏迁都洛阳以后。

这两处石窟体量较大，风化严重，但形制完整，学术研究价值很高。村民说沟谷中还有一些石窟摩崖，但多年来因林木茂盛已难以进入。于是我们约定过些时候再去考访。

上——鹿宿石堂沟石窟 3 号窟景观
下——鹿宿石堂沟石窟 3 号窟双树讲法石雕

二、发现 3—6 号窟

2022 年 8 月 16 日上午，丹朱岭地区阴雨。我和村民终于在约定的时间一起深入石堂沟谷底。我们在雨中前行，经过一片松林后，逐渐贴着崖壁下切到沟底。这是多年来第一次外界学者进入这一沟底秘境。

经逐个考察，沟底崖壁上现存 4 座较大石窟，崖壁上还残存若干风化严重难以识别的佛龛。接续沟谷上方的两座石窟，依次自外而内，我将谷底的 4 座石窟标号为 3—6 号窟。这次发现远远超过了预期。

鹿宿石堂沟石窟发现记　　225

左 | 爬梯进入绝壁上的 4 号窟
右上 | 鹿宿石堂沟石窟 4 号窟后室正壁造像
右下 | 鹿宿石堂沟石窟 4 号窟北壁残存造像

    首先发现的是在一处沟边断崖上开凿的 3 号窟。此窟坐东朝西，窟门正方形，高约 1 米、宽 70 厘米，雕出仿木门框，无火焰纹门楣和圆拱尖楣，门左右两侧各一孔武有力的力士，脚踩怪兽，已风化。窟内进深狭窄，长约 1.8 米、宽约 2.1 米，未见造像痕迹。3 号窟的最大特点是窟门上的一组主题石雕。居中是高大娑罗双树之下须弥座上的坐佛，左、右各一胁侍菩萨立像，菩萨外侧上、下各雕出一组听法者，雕数人牵马而来的情形。整体内容应是展示佛教教义中描述佛祖在娑罗双树下禅定，为各方弟子、天龙八部最后讲法，随后佛祖即涅槃的场景。这是佛本行故事的重要内容，佛寺壁画中多有体现，在石窟雕刻中少见，特别是将其雕于窟门上方立面上，显然有重要寓意，是开凿者特意为之。3 号窟内未见造像，或已风化无存，也可能曾是禅窟。从形制、风格上看，此窟应为唐代开凿。根据最显著的双树主题特征，此窟可称为双树窟。

    下到沟谷底部，看到绝壁之上有一窟，即 4 号窟。进入石窟需爬上 8 米高的长梯，方可得入。原窟门已毁，后代信众用其他地方的条石充当门板。因此在沟底仰望窟门和附近壁面，很容易将此窟误认为后期石窟。现存窟门高约 1 米、宽约 0.8 米。内部总长 3.3 米、宽

上　｜　鹿宿石堂沟石窟 5 号窟外观

下左　｜　鹿宿石堂沟石窟 5 号窟门外侧力士像
下右　｜　鹿宿石堂沟石窟 5 号窟西壁

鹿宿石堂沟石窟发现记

2.2 米。其中后室长 88 厘米。

4 号窟坐西朝东，内部风化严重，但可分辨出本为前、后室格局，前室的南壁风化严重，北壁居中可见一佛龛，内雕一佛二弟子二菩萨组合，四周又有若干小佛龛，靠近窟门一侧的龛内雕一坐佛二胁侍菩萨组合，菩萨身形婀娜。窟顶居中藻井内雕一大莲花，周围满雕佛龛，部分龛内亦是一坐佛二胁侍造像组合。

前、后室之间的隔断位置风化，有痕迹可见。隔断内侧的两壁上雕造像，风化严重，似为力士。后室西壁（正壁）居中为高大的倚坐佛二弟子二胁侍菩萨像组合。左右壁上对称造像，应为立佛，有头光。

后室正壁的五尊造像体量较大，高 1.5 米左右，由于岩体雨水侵蚀，造像表面泛青绿色，更增添了一分神秘色彩。根据倚坐佛像形制，可判断为唐代弥勒佛像。由此，此窟可称为弥勒窟。

沟底林木茂密，转过一个小弯，在北侧崖壁上又看到一窟，即 5 号窟。此窟坐北朝南，古人先向崖壁内侧开凿约 0.8 米后，平整壁面，在当中雕出窟门，高约 1.4 米、宽 1.3 米，近正方形，门外左右两侧各雕一高大护法力士。东侧力士被盗毁。力士外侧岩壁上又各雕一菩萨立像。窟门上方的壁面上雕刻有众僧人、功德主礼佛场景，部分题名尚存，因雕刻较浅，风化严重，大多难以识别。

5 号窟内造像三壁三龛式，风化严重，应均为一坐佛二胁侍组合。南壁胁侍残存头部，可见宝缯为折角下垂式。龛柱头上雕回首凤

上　｜　鹿宿石堂沟石窟 6 号窟窟门
中　｜　鹿宿石堂沟石窟 6 号窟北壁主尊三坐佛像
下　｜　鹿宿石堂沟石窟 6 号窟西壁造像组合

鸟，圆拱火焰纹门楣。窟顶雕莲花，众多佛龛环绕周围。窟内三壁其余壁面满雕排列整齐的小佛龛。结合造像风格，此窟应为北魏后期开凿。千佛主题鲜明，又是一座千佛窟。

再前行，即在岩壁上看到 6 号窟。此窟坐北朝南，窟门长方形，高约 1.4 米、宽约 0.9 米，圆拱尖楣，柱头上雕回首凤鸟。窟门外左右两侧各雕一尊护法力士像，有头光。

窟内平面呈方形，长、宽均为 2.3 米。内部三壁造像，北壁（正壁）雕三尊须弥座上的坐佛，左右两侧坐佛似稍倾向正中坐佛。东、西两壁靠近正壁位置各雕一弟子一胁侍组合，与三尊坐佛像合起来，成为七尊像组合。

东、西两壁居中龛内均雕一坐佛二胁侍组合。造像身形瘦长，褒衣博带服饰。龛外靠近南壁一侧又各雕一立佛像。南壁西侧壁面上似残存彩绘神像，风化严重，尚待识别。

窟顶雕出逐层收窄的方形藻井，居中似曾有镶嵌物宝珠。

壁上小佛龛亦为圆拱尖楣龛。壁面幸存部分功德主题名，风化严重，可识别有赵、贾等姓氏。

结合形制判断，该窟主体最初应开凿于北魏后期，为云冈三期造像风格。进入此窟内部回声明显，可称之为回声窟。

至此，鹿宿石堂沟石窟目前已知现存有 6 座石窟。沟上两座，主体为北魏后期开凿。沟里 4 座，分别具有北魏后期、盛唐时代特征，且各有鲜明的艺术特点。

在沟底 5 号窟左侧、6 号窟右侧崖壁上可见若干风化严重的佛龛。2 号、5 号、6 号窟内、外均有部分功德主题名保存。石窟群主体开凿时代自北魏后期延续到唐中期，跨越 3 个世纪。

21 世纪，我们还能在山西发现具有如此规模和品质、时代特征明确的中古石窟群，是近年来我在山西考察野外石刻文物最重要的一次发现，人生荣幸。这再次印证我的论断：山西秘境是文化遗产的海洋。

幽幽碧落窟

晋城是并洛古道沿途的重要城市，北魏以来的佛教文化遗迹密集，今晋城市区西郊碧落寺石窟就是著名的一处。

历史上的碧落寺初建于北魏孝文帝时期，几经沉浮，经隋、唐、宋、元、明、清历代多次重建、修缮。盛时有多座建筑依山东西排列。目前的3个院落里，西院主体建筑西阁高数丈，旧为十王殿，明时重建为阁。阁内上塑毗卢佛，下供地藏王。中院依地势自北向南，由高而低建五佛殿、七星洞、护法楼。东院，南为禅房，北面是石窟。沟谷对面南山坡上的观音阁也曾香火旺盛。历经百年沧桑，碧落寺历代

碧落石窟外观

碧落石窟西窟内正壁造像和两侧壁局部

古建已无存，现在看到的建筑均为20年来重建。故物只存石窟。

历史上碧落寺最出名的是在书法史上流芳百世的名碑《碧落碑》。据说是唐高宗时期，唐高祖李渊第十一子韩王李元嘉诸子为去世的母亲房氏祈福而作，使用骈文体，碑文用钟鼎、颉、籀（大篆）等上古字体写成，艰涩难识，但书法水平极高，受到历代文人推崇和青睐，多有临摹、拓片。原碑早已不存，现新绛龙兴寺内的碧落碑是李元嘉到绛州为官后复刻的一通，是名副其实的国宝级文物。1999年，由晋城文化学者裴池善先生推动，碧落寺内据绛州碑拓片重立新碑并建碑亭，成一时佳话。张汀、罗哲文先生为碑亭题写匾额。

碧落寺东侧岩壁上现存3座石窟。西窟北朝开凿，中、东二窟为唐窟。

西窟保存最为完好，高约2米、宽1.5米、进深1.8米，平面呈长方形。窟门两侧各雕力士像，已残损。门下蹲狮仅存一只，已面目不清。

西窟门槛下方石壁上可见题记：

寺本是/□太和六年造，至/唐大和六年三百/五十年。僧道弘再/修此寺。故刊记/□□正白君亮。

此题记字迹基本清晰，边角稍有缺失。自北魏孝文帝太和六年（482）至唐大和六年（832），相距正是350年。窟外壁上，依稀可见"大齐武平七年（576）"题记。

窟内造像三壁三龛式。北壁（正壁）为一坐佛二弟子二菩萨立像组合。佛结跏趺坐，着僧祇支，外披袈裟。东、西壁是一坐佛二菩萨立像组合。三壁造像均有头光，主尊头光高大。

三壁上部雕有排列整齐的小龛，内雕坐佛。[1]

西壁上有一唐龛，为一佛二弟子二菩萨组合。

此窟造像保存基本完好。整体造像面貌偏丰满、发髻低平，身型粗壮，僧衣紧贴身体。

三壁面上幸存多条供养人线刻像和题名。部分线刻图为一供养人和一侍者组合，无题名，应是按照通用模板刻画，确定后再刻人名，后因故并未题写。

每幅线刻图中的人物形象基本雷同，为首的是功德主，后面紧随数名持伞盖侍从。

西窟保存的供养人题名对地方史研究也颇有价值。

西壁题名有"像主郡中正司徒郭买妻苏""都维那中正司徒定和妻韩"。

魏晋南北朝时期，选官实行九品中正制，郡中正的职责是向地方政府推荐候选官员。

西壁题名还可见"比丘僧木、比丘僧明静""大都教化主历城县令"等。

其他题名有大都邑主、邑主、邑子、教化主、菩萨主、都维那、维那等称谓。可见此窟开凿也是由社邑组织进行，分工明确，有开窟组织者都邑主、邑主、都维那、维那等；有参与者邑子；有承担具体事务和造像成本的功德主，如教化主、像主、菩萨主等。

功德主中有"像主建州府长史韩道陈妻司徒"。

建州府长史是此功德主题名中所见职位最高者。建州是东魏、北齐时期重要战略区。东魏、北齐政权的主要依靠力量是六州鲜卑军人。他们一部分守卫邺城和晋阳二都，即中央禁军，一部分驻扎在境内各重要军事战略区，便于震慑控制地方，也可以随时集结参与战事。中央禁军和地方驻军之间常有调换。各地鲜卑驻军单位是府。这类军府在北魏进入关东地区时即已出现。此题名中的建州府即是驻在建州的六州鲜卑军府。军府内的职官分为文武官职，文官中的首官即长史。

功德主题名中出现司徒、韩、贺、王等多个姓氏，其中司徒氏最多，可能是当时这一带的地方大族。

结合造像风格、现存题记，可判断碧落西窟是北朝晚期开凿，完成时间应在窟门外侧题记所写的北齐武平七年（576）之前。

---

[1] 裴池善：《碧落寺》，世界华人艺术出版社，2007；王中旭、邵菁菁、罗亚琳：《山西晋城碧落寺石窟调查记》，《文物》2005年第7期，第82—90页。

左 ｜ 碧落石窟中窟东壁造像
右 ｜ 碧落石窟东窟东壁造像

中窟平面呈长方形，进深1.8米、宽2.3米。窟门外两侧壁上有唐高宗和武则天时期开凿的佛龛，可识别东侧题记年号为万岁通天二年（697）字样，西侧题记有大周万岁登丰元年（696）文字。壁上有泽州刺史皇甫曙诗，开成元年（836）李道夷书，一为五言，一为七言《秋游石佛谷》。另窟门上部崖壁上有镌刻篆书，残存若干字。

窟内造像为一佛二弟子二菩萨二力士立像组合，北壁（正壁）莲台上的主佛头部残缺，结跏趺坐，衣饰华美、线条流畅，衣裙由座上下垂，动感十足。弟子、菩萨、力士均被砸毁。力士脚踏的猛兽残存部分，十分生动。东、西壁上为一菩萨立像和一力士像。东、西壁上的4尊造像，力士孔武有力，菩萨优雅丰腴、身姿富于动感，饰物和衣服线条流畅。雕刻者从容勾勒出人体之美，是唐代雕塑艺术精品。结合窟外岩壁题记和窟内造像风格，此窟应不晚于武则天时期开凿。有研究者认为此窟即是韩王诸子为母房氏所凿石窟。

中窟斜上方是东窟，平面呈长方形。窟内北壁（正壁）为一须弥座上的坐佛，身披袈裟，左手放在膝上，右手似结说法印。两侧各一弟子、菩萨、力士等像，合七尊，与中窟同。造像头部均被毁，力士像被整体切割，石壁上留下明显痕迹。东壁菩萨手持飘逸的帛带，略显S形的身姿在唐代中后期造像中也是标准式。西壁菩萨和力士之间壁面是题记："常山李弘大和七年（833）记。"此题记或为后代补刻。东窟开窟时间应晚于中窟。

寺外道边石壁上可见题记，自左向右镌刻："遇者请念／阿弥陀佛／天下太平／国王万岁／大和元年刊"，字体为不规整楷书。

前往碧落寺参观是古人一大乐事。

现存文献中存有很多当地文人的碧落寺游记诗作。其中题诗最多的是金末元初泽州李俊民。如《过碧落寺》："流水溪边一径通，参差殿阁倚晴空。东林少个开山祖，何处人间有远公。古寺荒凉不记年，庭松相对欲参天。入门不见溪堂主，只恐苍髯是老禅。"

清代陈廷敬也来过多次，有《重游碧落寺二首》：

十里荒寒路，栖栖续旧游。泉鸣松涧冷，云卧石堂秋。
粉蝶山城古，香灯佛火幽。画龙犹掉尾，飞去殿西头。

碧落天边寺，青山有梦寻。径迷初地远，人觉化城深。
猿鹤三秋意，钟鱼一昔心。到来想陈迹，黄叶满前林。

"碧落天边寺，青山有梦寻"两句十分上口，在后世介绍碧落寺的文字中经常提及。

碧落寺石窟仅存3窟，但跨越了北朝、盛唐两个石窟艺术的重要时代，特征较明显。碧落寺石窟也是晋城城区附近现存最重要的中古石窟，历史文化价值有待进一步深入发掘和探讨。

石佛沟幽谷访摩崖

晋城市城区西部山前的辘轳井村附近是晋城绕城高速西段,穿村向西即到石佛沟口。沟里曾是村民前往西部山区川底村的捷径。辘轳井村前往川底村直线距离约 15 千米。早年村民前往川底赶会,可当天往返。

沟中林木葱茏,如入画境。徒步约 1 千米看到砖石。这是摩崖所在,壁前石窟为清代所建的防护设施。

石佛沟现存拱券窑 4 座,将摩崖分成 4 组。左起为 1 号窑,壁面

石佛沟 3 号窑内摩崖造像局部

上存一尖拱龛,内雕一坐佛二菩萨像组合,多有风化,题记无存。造像面容饱满,体态丰腴,应为盛唐风格。

2号窟内壁上有线刻佛像,风化比较严重,应为宋元风格。

3号窟内壁上保存摩崖造像和题记多处。现存摩崖造像雕凿于断续的4个壁面上。自西侧起,第一壁面上一龛,内雕一尊结跏趺坐佛像。佛像高肉髻,面部被毁,身形较长,褒衣博带,双手交叉施禅定印。此窟内其他佛龛造像形式均同。

第一壁面龛西侧题记:

像主李都神龟三年三月三日,/佛弟子李都妻司徒、/长命大□李道法、弟/□扶弟百丑、弟欢洛,/尊子远昌弟敬远、/弟贵兴。

第二壁面分上下两部分,上部两龛并排,两龛之间题记风化待考。

龛东侧题记为从左向右镌刻:

神龟三年岁次壬子,三/比丘郑道僧月十五日造□/像主李□妻史阿妃、/□师杨□息□文达、/邑子张普□息李僧□。

题记文字镌刻顺序错乱,应是刻工失误造成。但时间明确,为神龟三年(520)三月十五日,有僧人和佛教信徒等参与。

下部一龛,龛西侧题记:

正光五年十二月廿六/日,佛弟子李都造/像一区,上天治御诸佛,/下生人仲安洛之。

第三壁面上有三龛,分为左上、左下和右龛左上龛西侧有题记:

清信士佛弟子贾洛。

石佛沟3号窟第二壁面下龛造像和题记

左上龛东侧题记为自左向右镌刻：

佛弟子李天扶／妻司徒真诸妙女／……／像主李天□。

此段题记上岩壁有左起题名：

父李都、母司徒。

左下龛西侧题记：

李都息道法妻马／为亡女造／像一区。

下又有题记：

舍洛／李今照。

右龛东侧有题记，按自左向右侧镌刻：

像主李道生、／清信佛弟子韩能传，／神龟三年／三月五日，佛弟／子李道生、／妻史文姬、／息李礼兴、／息李赵女。

由题记可见，崖壁上的摩崖造像应为李都家族在北魏后期神龟三年至正光五年（524）之间开凿。李都有子道法、□扶等。

第四窟内壁上保存两龛，均雕一尊结跏趺坐佛像。佛像高肉髻，面部被毁，身形较长，僧衣贴身，双手交叉置在腿上。上龛较小，下龛较大。上龛西侧壁面题记：

神龟三年三月／朔六日庚辰，／佛弟子康仲明、／佛弟子李法胜／造像一区。

下龛西侧壁面题记：

正光二年，李访位／亡息李天腊造／像一区。息延买、／小息贵达、／清信佛弟子韩买。

题记中的"位"应为"为"字。

窟壁嵌乾隆三十八年（1773）《石佛沟创建佛殿碑记》。

石佛沟摩崖造像，均为北魏后期开凿，造像身型皆长，题记字体不拘一格，随性镌刻，为普通乡村石匠所为。开龛功德主大姓为李氏。李氏与司徒氏多有婚姻关系。题名中的其他功德主姓氏还有康、史、韩、张等。有趣的是，至今辘轳井村大姓仍为李氏。

形制罕见的宝应寺石窟

陵川县礼义镇北与高平市、长治市上党区交界，在沙河村北有一座高大山体，半山腰上有古刹宝应寺。据说该寺始建于元代，近年来寺院翻建如新，格局改动，毫无古建沧桑之感。绕到崭新的寺后，才是应该切实保护的真迹，岩壁上开凿的石窟。

砂岩便于开凿，也容易风化。这处石窟现存5窟，其中3座相对集中在东部，形制与羊头山石窟类似。

东起为1号窟，窟门圆拱尖楣，门外两侧各雕一力士，窟门上部壁面有凹槽，应是旧时有木构屋檐。内部平面正方形，东壁（正壁）正中龛内为一坐佛二弟子立像组合，左右两壁各雕一带头光菩萨立像，这样组成一佛二弟子二菩萨五尊像组合。宝应寺石窟的主尊头部均不存，后来新补，有些比例失调。主尊身形细长，着双领下垂袈

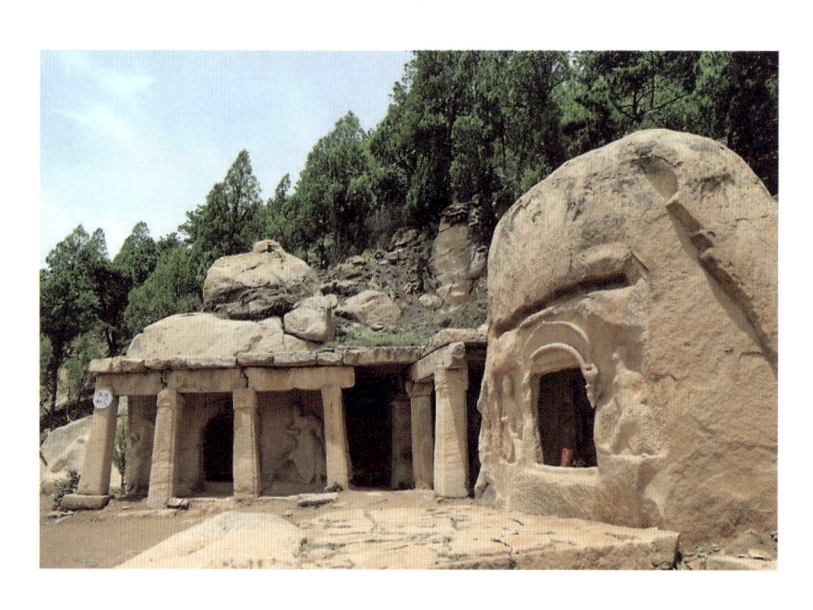

宝应寺石窟外观（局部）

裟，手结禅定印，悬裳遮蔽佛座。左右壁菩萨着大裙，赤足。从造像风格看，应是北魏后期作品。

2、3号窟前有元人搭建的石板廊遮蔽，石板下有方形石柱支撑，壁上有《灵泉山宝应禅院重修石洞之铭》记录此事："古之圣迹，凡圣同居，自唐汉已来……乃于今朝不可胜纪。每年每岁风吹雨漏……比丘本院主持聪惠……发处心愿舍清净……重修石室复建山……卧云之雄势陵……然道人之话计磊磊悬石□□□虎立于两边，沥沥清泉如乘龙喷于五派山门，临济宗祖安闲然乃三玄三要，明如掣电之机，四喝七事可似石光之火，又曰癸巳重修石佛之堂，舍财功德福不可量。层层垒垒，浩浩洋洋，祖称西来，五分沉香者矣。本院东西大小知事僧名于后……大元国癸巳□五月日谨志。聪惠空庵清公立石下村石匠和智和信闫亮郭王，远禅撰，德瑞书丹。"

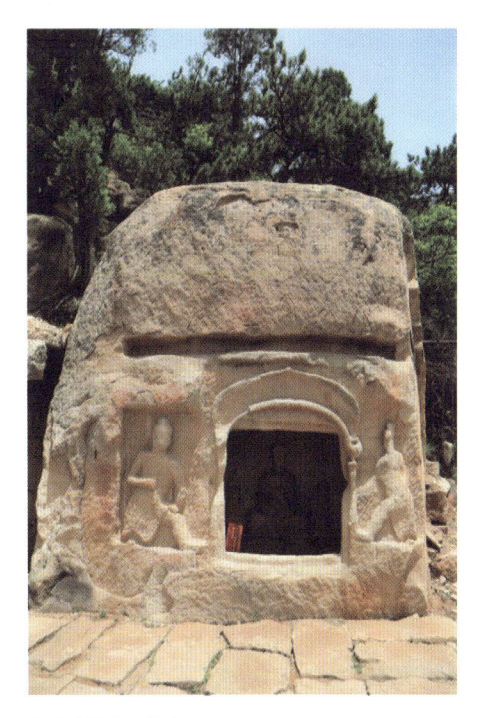

宝应寺石窟1号窟

可知在元世祖至元三十年（1293，癸巳年）或元顺帝至正十三年（1353，癸巳年）主持宝应寺僧聪惠集资修缮后山石窟，建起防护设施。

2、3号窟的窟门形制与第1窟类似，门外两侧均雕出高大威猛的力士，2号窟的力士像身体张开幅度极大到夸张的地步，以显示护法的决心和信心。遗憾的是，2号窟内造像已风化殆尽。2、3号窟之间石壁上有一立佛二菩萨像组合、立佛像、单体菩萨像等摩崖造像，风化严重。

3号窟三壁三龛式，北壁一坐佛二弟子像组合，东、西壁是一坐佛二菩萨立像组合。主尊悬裳遮蔽佛座，造像身形偏瘦长，大体可判断为北魏晚期作品。

西侧的4号窟造像已全部风化。

5号窟窟门和门侧力士形制与前几窟相同。窟内造像三壁三龛，形制较特殊。北壁雕出两龛，内各雕一坐佛，身形瘦长、结禅定印，悬裳遮蔽佛座，如此布局可能是二佛并坐模式的变种。东壁居中龛内为倚坐佛像，双手均放在膝盖上，左右是胁侍菩萨像。西壁帷帐龛

左　｜　宝应寺石窟第 5 号窟北壁造像
右　｜　宝应寺石窟第 5 号窟西壁造像

内，居中是交脚菩萨坐像，身披璎珞，与左右胁侍菩萨立像均有宝缯。此窟三壁造像格局罕见，正壁可能是二佛并坐的地方模式，东壁（左壁）倚坐像为弥勒像，西壁（右壁）主尊交脚菩萨坐像。第 5 窟造像布局东、西壁主尊为弥勒下生前后形象。祁县子洪石窟 1 号窟交脚像在左壁，倚坐像在右壁，此窟正相反。从形制看也是北魏末年开凿。

此地北面与长治市交顶山石窟直线距离 10 千米，与高平建宁造像碑、石堂会石窟直线距离也不远，亦在并洛道系统支线上。此窟受到羊头山石窟影响，同时也有独特之处，尤以 5 号窟最具特色。

晋城其他石刻遗存

1　北尹寨摩崖

北尹寨村北河边崖壁上有数个小佛龛，内雕一坐佛二菩萨立像组合。看造像风格应为唐代造像。旁有发愿题记，漫漶难辨。

山巅树丛岩石上也有一处摩崖造像。岩壁青石质，居中雕出龛形，尖拱门楣，但未开凿。左侧一小龛，内雕一坐佛二菩萨立像组合。右侧一龛稍大些，内雕一莲花座上的一坐佛二弟子二菩萨立像组合，均有头光。龛下雕对视蹲狮，中间有宝珠。两龛坐佛低平肉髻，造像较圆润。

右龛侧有题记，可见：

开皇十一年岁在辛亥，五月壬 / 午日，佛弟子张远和造像一所，上 / 为皇帝永隆，七世父母、因缘 / 眷属、法界有形，一时成佛。/ 张永和一心侍佛。

题记中的张远和、张永和应为兄弟关系。此龛年款为开皇十一年（591，辛亥）五月初一（壬午）日。

摩崖居中龛或因无合适功德主出资终未镌刻。这类情况在其他地方摩崖中也有出现。

北尹寨摩崖造像

2　小南村摩崖

小南村村东北方向一崖壁，垂直高于水面约15米，隐约可分辨残存的摩崖造像和题记。

题记可识读：

父佛弟子孙零幼长子……/ 永安三年岁在庚戌□□丁未朔四日 / □戌，孙广德兄弟五人□□菩提心雨 / □□□造石像一区。上愿天下太平，下为父母……

可见此是北魏永安三年（530）摩崖造像，由孙氏家族出资开凿。

3　小白水造像

　　晋城城郊白水河边有小白水村。村口古道边农田中矗立一高大白石造像碑。造像碑上有多处裂隙,损坏严重。

　　造像高约3.5米、厚有50厘米、宽约2米。碑首部分无存,只残存部分螭首造型。碑阳朝南,碑面上雕凿出一巨大的尖楣龛,龛内雕一立佛二胁侍菩萨像组合。主尊有圆形头光,菩萨有尖楣头光。三像头部均被毁,僧衣袈裟贴身。立佛左手施与愿印,右手施无畏印。立佛座下有覆莲台。菩萨戴花冠,宝缯下垂。菩萨座下有力士。龛下部雕对狮。狮子之间和主尊莲台立面上有供养人线刻图。

　　菩萨像侧有题名可见:"像主赵□达、像主张宝奴。"

　　供养人像分两层。下层在对狮之间。一供养人面朝西,戴高冠,褒衣博带,身后一侍从举伞盖,一侍从举团扇。供养人像前题名:"像主郭星。"

　　上层的供养人像分为相对的两组,与下层供养人相仿。

　　像旁有题名可见:"邑子张文吴侍佛时、邑子张阿陵侍佛时、邑子张金□侍佛、邑子郭□侍佛时、邑子张郭奴侍佛"等。

　　碑侧和碑阴有小佛龛,但毁坏严重,难以辨识。

　　由造像风格看,此造像碑应为东魏、北齐时的作品。

　　造像材质与地面露出的一些石块质地类似,均为青白色石料。这通造像碑应是古人原地取石料,按照设计在原石上雕凿出造像碑形,然后再进行雕刻最终完成的。

小白水造像

4　清风壁摩崖

白水河出晋城市区向东南方向流去，在洞头村处水面被山体挟持收窄，出现一处自然瀑布，水流下注入深潭。此处景致自古有之，因附近有琵琶寺，故此深潭被称为琵琶泓。《凤台县志》卷2《山川》"白水条"载："（白水经琵琶寺）又南经清风壁，水入石罅，下注一泓，为琵琶泓。"

古代泽州文人出城郊游，多以此地为目的地。文人出行，少不了诗兴大发之时，他们的杰作被镌刻在瀑布边的石壁上，此壁即清风壁。

壁上现存时间最早的是唐天宝五载（746）权澈作品《琵琶泓作并序》。作者是当时的高平郡别驾。序文写道：

迨今一游，果睹殊绝，澄湾纳溜，激射成雷，峭壁回景，周流如画。嘉木潜麟，又不可名也。北去七里，复有石潭焉。

文中又言：

琵琶翠泓湛且清，屏风画壁势相迎。……由来此泓□□传，今夕睹之徒可怜。夷犹顿使宦情薄，日暮濯缨心浩然。[1]

北宋时，地方官员将来此游赏题刻视为常事。现存3条北宋石刻，分别为嘉祐七年（1062）、治平二年（1065）、政和元年（1111）题记。其中前2条为游览留题，后一条为配合政府祈雨活动，泽州地方官在琵琶泓投简，然后同游，"观唐人留题，徘徊久之"。

"清风壁"三字据传为北宋绍圣三年（1096）泽州地方官王元所题。

文献中记载金代地方官和文人题字的琵琶泓诗作多首。如泰和五年（1205）杨庭秀有《崆峒岩题壁诗》3首，其中有"屏风山下雪云横，雪覆琵琶水一泓"的诗句。

古人游兴之极，雅集赋诗是常见之事。保存至今的清风壁摩崖是较罕见的游记诗主题的山西野外石刻文物。

---

[1] 杨晓波、李永红主编：《三晋石刻大全·晋城城区卷》，三晋出版社，2012，第12页。

清风壁摩崖唐天宝五载权澈《琵琶泓作并序》题刻

7. 沁河谷地

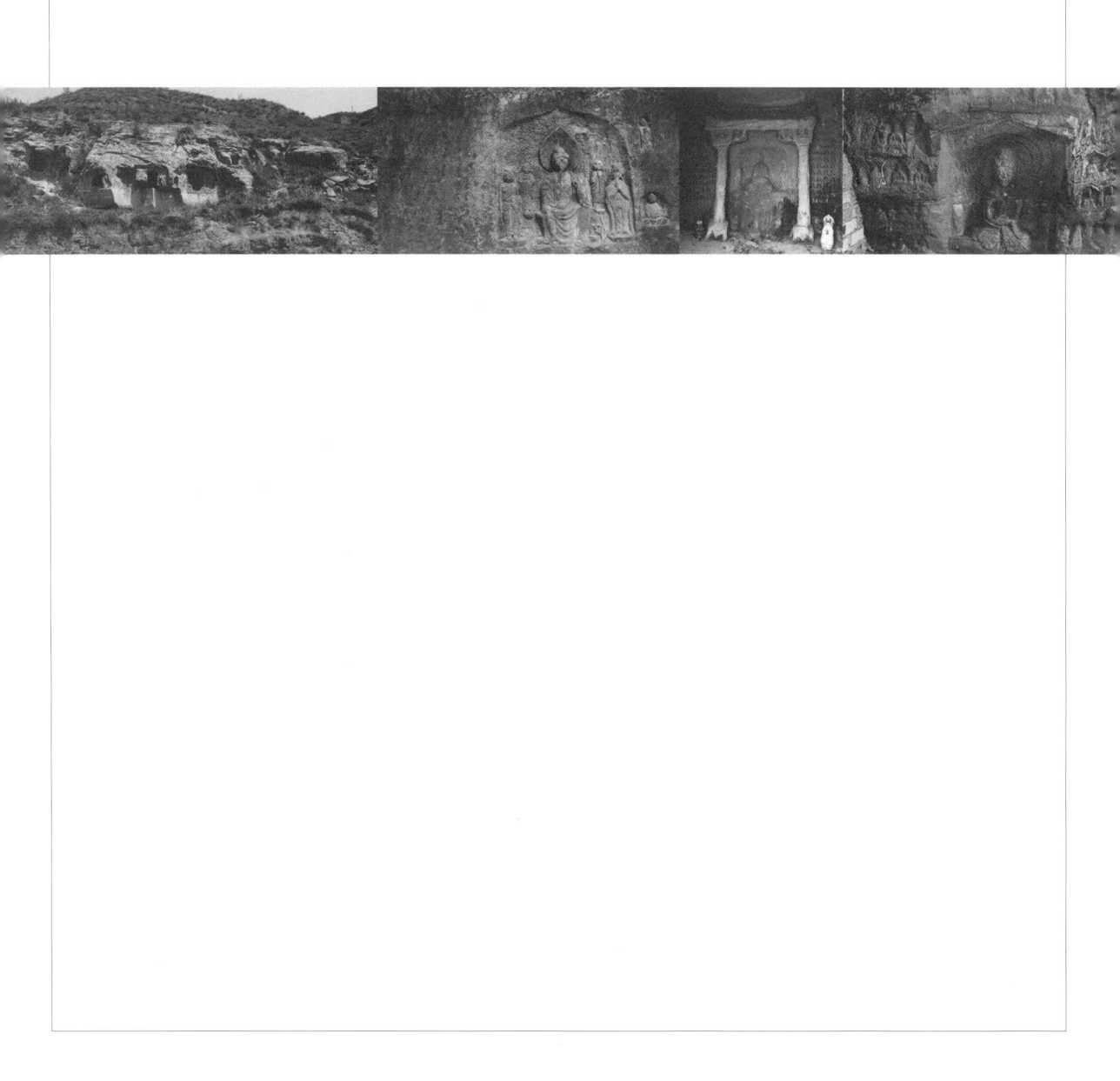

沁源访窟记

程壁石窟

沁河干流流经韩洪乡程壁村。从公路边攀上村西高崖，沿河崖壁上可见6窟。依次看到的石窟顺序自南向北为6—1号窟。

6号窟三壁三龛式，高约1.2米、宽1米、进深1.5米，窟门形式不清，三壁上均为一坐佛二弟子二菩萨立像的五尊像组合。佛坛较低，弟子、菩萨均赤足立于低莲台之上。造像面部较为圆润，坐佛肉

程壁石窟外观

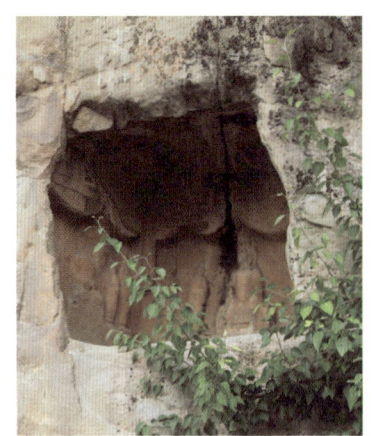

左 | 程壁石窟 6 号窟东壁造像
右 | 程壁石窟 4 号窟外景

髻低平，着贴身右袒僧衣。胁侍菩萨均戴冠，宝缯垂肩，佩戴璎珞。窟外壁上残存局部题记，字体古拙粗犷。

壁面上有若干小龛，均风化，难以分辨形制。

5 号窟内风化严重，造像已无存，窟外壁面有尖拱龛。有残存题记，风化难以识读，风格类似 6 窟外壁题记字体。

4 号窟门前坍塌，门外侧岩壁上有力士像痕迹。窟内三壁造像，三壁均为帐幔龛，东壁（正壁）主尊是弥勒倚坐像，着菩萨装，戴冠，为弥勒自菩萨向佛转化过程中的形象。北朝窟龛中弥勒一般在侧壁，此处安置在正壁。北壁、南壁均为一坐佛二弟子二菩萨立像组合，风化严重。窟外北侧上方残存题记，风化漫漶。

3 号窟为三壁造像，亦雕帷帐，东壁（正壁）主尊坐佛在覆莲、仰莲组合佛座上，左右二弟子、二胁侍菩萨。北壁、南壁亦为一坐佛二弟子二菩萨像组合。

2 号窟内三壁造像略同于 4 号窟，东壁（正壁）主尊亦为菩萨装弥勒倚坐像。窟外壁上有一龟趺圆首摩崖碑，风化严重，待识别。

1 号窟略同于 3 号窟，三壁均为一坐佛二弟子二菩萨像组合。

程壁 6 窟内部龛形类似，窟与窟之间的距离基本相同，应为有计划开凿。程壁石窟 6 窟造像均为三壁三龛式，其中 2 号和 4 号窟东壁（正壁）主尊为倚坐弥勒像，是从交脚菩萨向倚坐佛过渡形象，着菩萨装，佛相。由弥勒像等造像风格判断，大体应为北齐至隋代作品。程壁石窟风化严重，亟待进行整体崖壁保护。

上 | 程壁石窟 2 号窟东壁造像
下 | 程壁石窟 2 号窟外壁摩崖碑

沁源访窟记

贾郭石窟

贾郭村外河谷北侧山体上有连绵百米的石窟群。岩石为砂石质地，风化严重，现大多只存龛形，造像难以分辨。

关于此地石窟和佛寺，《沁源县志》卷6《营建考》载："石佛寺在县北百三十里贾郭村。齐武平七年创建。明洪武间补修。万历十年阖社增修。康熙五十年、雍正十三年庠生武国英经理继续重修。"

卷7《碑碣考》载："贾郭石佛寺碑三。一为石佛碑。北齐武平七年建。（碑额镌佛像多尊。下刻撰文记施捐姓名）。旧在殿前（民国八年已出售大洋十元。现闻本省某馆保存）。一为六棱碑。相传与石佛碑同年建。六面均刻楷文。字迹模糊不能辨识。一为重修寺碑。清雍正十三年建。"[1]

此重修寺碑文即《贾郭村重修石佛寺碑记》，沁州廪生李儒玉撰，载："贾郭村有石佛寺一座。溯其由来，创始于齐之武平七年。有石佛数十尊，故名石佛寺。厥后因旧更新，不知凡几。"

可见，古石佛寺至少在北齐武平七年（576）时已有。现存石窟应在寺址北侧。所谓石佛数十尊或即指石窟造像。

目前贾郭石窟可分辨出11座，多是小型窟，个别进深1米左右，多三壁三龛式，每壁造像为一佛二弟子或二菩萨组合，窟门外雕力士。

西部一窟的北壁上可见仿木构屋门龛迹，屋顶部分已毁，下有双柱，收分明显，柱头铺作一斗三升，柱头铺作之间有曲臂人字叉手。双柱内一圆拱龛，内雕二佛并坐像，龛两侧各一胁侍菩萨像。此窟应为北朝后期作品。

东部的一窟在现存石窟中最大，窟门残破，左右各一威猛力士像，尤以东侧像保存较好。门楣上的题记风化。北壁（正壁）居中雕仿木构一开间悬山门楼一座，屋顶上有鸱吻、正脊，瓦面出檐；檐下斗拱一斗三升，柱头铺作之间有散斗；抹角石柱下有覆莲柱础。门楼

---

[1] 孔兆熊，郭蓝田：《沁源县志》，民国二十二年（1933）年版。

贾郭石窟外观

内雕一坐佛二弟子立像组合，佛像体态圆润丰满，有背光，弟子像在莲台上。北壁剩余壁面满雕千佛造像。东、西壁中部各一圆拱龛，东壁龛内雕一倚坐佛二菩萨立像组合，主尊为弥勒；西壁龛内一佛二菩萨像组合。东、西壁菩萨像体态丰腴。其余壁面雕千佛。

贾郭石窟东部第一窟北壁仿木构门楼和造像

沁源访窟记

沁源其他窟龛

1 枣林庄摩崖

枣林庄村北有一东西走向的沙石山崖。崖壁上坐北向南、自东向西排列着3座佛龛，崖壁开龛部分高约1米、宽5米。3龛均为尖拱龛楣，西龛龛楣内雕小佛，中、东龛龛楣内为火焰纹。龛内坐佛高肉髻，着双领下垂僧衣，结禅定印，悬裳遮蔽佛座。佛、菩萨均有头光。3大龛之间壁面上雕小佛龛。

壁面下部残存供养人像和题名。中、东龛下方有供养人像，戴高冠、褒衣博带，后有侍从举伞盖。

可见部分题名：

忠（中）堪像主陈法周、卢新周侍佛时、□明知侍佛时、邑子贾僧覆、邑子卢丑奴、邑子卢僧明、邑子□文、邑子郑僧□、邑子□山居、维那□□□、东堪像主……

3龛形制相似、体量一致，应为规划后同时开凿。

《中国文物地图集·山西分册》提及该石壁上有"唐开元廿年（732）"题记[1]，现难已辨认。据造像形制和供养人题名书体判断，3龛应为北魏后期造像，如曾有唐人题记，应是后人补刻。

[1] 国家文物局：《中国文物地图集·山西分册》，中国地图出版社，2006，第410页。

枣林庄摩崖全貌

2　红莲山窟龛

沁源北部王和镇坡底村东南 2 千米红莲山北侧一处岩壁上,可见小型石窟和摩崖造像,现存 4 处,包括 1 窟、3 龛。1 号窟高约 1 米、宽 0.75 米、进深 0.8 米,内雕一坐佛二菩萨立像组合,风化严重。主尊造像高肉髻。两侧壁面上已无存造像痕迹。在其窟门上部和左侧壁面上可见一残存小龛,为 1、2 号龛,均内雕一坐佛像,风化严重。

3 号龛在稍南侧的壁面上,高 0.5 米,圆拱形龛,龛楣双龙缠绕,中间有一宝珠。龛内雕一坐佛二菩萨像组合,坐佛有头光。佛像两侧可见荷叶纹。佛座下有二卧狮护法。龛外左右两侧各雕一菩萨装的力士像。左侧力士足下雕一象,右侧像已风化。骑象或是受云冈石窟中象托塔题材影响。此龛造像偏瘦削,服饰造型更多接近北魏后期,尚未出现东魏时期造像贴身僧衣、形态健壮的风格。[1]

龛左壁面上幸存题记,可识别出:

维大魏武定四年岁次丙寅,四月癸酉朔廿九日,□□弟子连国隆,敬造/石像一区,上为七世父母、所生父母,前□像□/因缘眷属□□□□□受福。愿国祚□□□□□边地众生,/离苦得乐。

由"岁次丙寅""四月癸酉",检索历史年表可验证为武定四年(546)。北魏时有鲜卑是兰(是连)氏改姓连氏。此龛功德主连国隆可能为是兰氏族人。此山名红莲或与东魏时在此活动的连氏有关。

---

[1] 武夏、马楠等:《山西沁源红莲山摩崖造像调查简报》,《敦煌研究》,2022 年第 3 期,第 51—55 页。

红莲山 3 号龛造像

3　王凤石窟

贾郭东部王凤村南河谷南坡山腰处有一隐蔽的石窟。窟门为方形，坐南朝北，内部空间较大，进深约2米。南壁（正壁）居中雕一座仿木构门楼，一开间歇山顶。抹角石柱，柱础风化。柱头铺作一斗三升，阑额或已被毁。门楼内圆拱龛中雕一坐佛二菩萨像组合。造像面部瘦长，褒衣博带，悬裳遮蔽佛座。龛下有供养人像。

东、西壁居中各开一龛，内雕一坐佛二菩萨像组合，与南壁龛内造像略同。其他壁面均满雕千佛造像。窟顶风化。此窟应为北魏后期作品。

王凤石窟南壁仿木构门楼和造像

4　社科摩崖造像

社科村西紫红河支流河谷公路边的北侧石壁上有一组摩崖造像。

此处摩崖造像现存9龛，分两排，均为圆拱尖楣龛，内长、宽约20厘米，龛内雕一坐佛二菩萨立像组合。造像面容较为丰满。龛侧有多条题记，风化严重。

可见题记：

武平五年，岁／次甲午，十月戊子朔廿三日，／佛弟子景买德／造石像并有二／菩萨。上为皇帝／陛下，七世父母，先上……

岁次甲午，／□子朔廿五日，佛弟子景清丑敬造石／像一区。上为国主延祚，／七世□□，现存养……愿法／界众生、有形之类，咸□／此道。

社科摩崖风貌

从现存题记看，为北齐武平五年（574）十月所作，前后只距 2 日。功德主为景氏。此地现地名景凤，或与中古时定居此地的景氏有关。

在岩壁上还有唐代题记：

维大唐中和三年二月□日，/□□县……/弟子贾……合家一心永为供养……

题记中部铭文风化漫漶，为中和三年（883）所镌，时在唐末。

5 汝家庄摩崖造像

沁河支流紫红河边有汝家庄村，村东石壁上存有摩崖造像。

此处摩崖为 2 龛，雕凿在紧邻的石壁上，均为圆拱尖楣龛。龛内主尊均有头光。东南龛内雕一坐佛二弟子二菩萨像组合。一侧有题记，为楷书，局部被白灰遮蔽，可见"乾元三年三月"字样。西北龛内亦雕一倚坐佛二弟子二菩萨像组合。龛左侧还有两个小龛，中雕一坐佛、一立佛。龛侧题记为行楷，多风化，可见"弥勒像一铺"字样，即指龛内倚坐弥勒主尊。这两龛均为唐风，造像体态丰满多姿。

汝家庄摩崖西北龛造像

6　韩家沟摩崖

韩家沟摩崖坐南朝北，崖壁平整，上有4个小龛。东侧两龛较小，造像笨拙粗劣。西侧两龛佛像可见高肉髻，悬裳遮蔽佛座。东侧龛下见题记两条："像主汤庆／□□""像主梁□／父梁□／延昌四年□月□日"。字体粗陋无章法，随意所刻。题记时间明确，为北魏延昌四年（515）。

"三普"资料记载"韩家沟摩崖造像位于沁源县桑凹村二十亩地自然村村北50米"。实际上二十亩地村在法中村东，桑凹村下属的自然村中只有十二亩地村。为了避免遗漏，我们先去二十亩地，询问村民，确认没有摩崖痕迹，再转去桑凹。幸亏这两地相距不是很远，但依然用了近1个小时在路上。

韩家沟摩崖风貌

安泽，隐秘的摩崖

红泥沟摩崖

红泥沟自然村在沁河支流兰河的上游，村东部崖壁上保存着一处摩崖造像。摩崖所在壁面南北长约10米，现存部分在岩壁下部靠近地面处，以北部和南部遗存较多，中部则大多剥落风化。

北部造像现存主体是供养人图，为骑马供养人和前后牵马、举伞盖侍从。供养人题名可见岐智奴、岐显光。供养人像下部图景比较罕见，其中左侧是一长戟上有一条倒立的龙；右侧为一武士拔剑，下为

红泥沟摩崖北部供养人图

红泥沟摩崖南部供养人图

奔走的如狼猛兽,构图夸张诡异。

摩崖中部仅存个别供养人题名和人像局部。供养人题名可见樊、张、李、岐姓。

南部仅存最下层两横列骑马供养人像。供养人像后有一持伞侍从。供养人题名多风化。供养人题名可见马、鱼、史、和、岐等姓。

供养人姓氏中,史氏或与昭武九姓史氏有关;和氏或与鲜卑素和氏有关;岐氏罕见,或为鲜卑祁氏、奇氏或氏族齐氏异写;鱼氏罕见,前些年太原出土隋代虞弘墓,墓志载其为鱼国人。这些不同族群的胡族供养人的来历尚待更多探讨。

《锦绣安泽》一书中收入了郑社奎、刘黎平早年在此录得的题记:

神龟元年/五月十二日,/邑子卅五人□/共造法华一部、/西天宫一区、石像/一区,愿国主□□,/七世父母、生身父母、□/□眷属、愿□□□/邑子……

由此知北魏神龟元年(518)时,当地佛教信徒集资造《法华经》一部、西天宫一区、石像一区。这则题记目前在壁面上已无法分辨。

此题记中的所造《法华经》一部或是刻记于壁,已无从得见。据目前看到的崖壁情况,不足以镌刻全部《法华经》。当时应是镌刻《法华经》某品。北朝比较流行《观世音普门品》,如和顺县沙峪摩崖存北魏永安二年(529)《观世音普门品》。

上层崖壁风化剥落严重,可隐约看出若干造像痕迹。

这处北魏摩崖,曾有佛像、西天宫并镌刻有《法华经》一部,供养人群体由胡汉不同族群信众组成。

上寨北齐摩崖

沁河支流泗河附近上寨村外的山腰崖壁上有摩崖造像,主体开凿在两个相连壁面上,保存相对完整。[1]

东西向壁面上有两龛。西龛较大,为帐形龛,内雕一倚坐佛二弟子二菩萨立像组合。两侧浅龛内各雕一金刚力士。龛下雕一对背对背狮子,中间有摩尼宝珠。龛下题名15人,有弥勒像主,阿难、迦叶像主,二菩萨主,副浮图主,东、南、西、北面王主,上、中、下转主等。

东龛为圆拱尖楣龛,内雕一坐佛二弟子二菩萨立像组合。龛下侧居中雕一香炉,左右各雕一背靠背而立的狮子。此龛主尊是北朝后期较早出现的倚坐弥勒像。

[1] 杨学勇、吴龙:《山西安泽上寨摩崖造像调查简报》,《文物》,2018年第12期,第63—68页;王春波、逯秀珍、张鸿涛:《山西安泽北齐上寨摩崖造像》,《文物世界》,2018年第6期,第13—15页。

上寨摩崖造像

上寨摩崖供养人像线刻图

　　两龛下部为供养人题名。东龛供养人题名里与佛教活动有关的名号有八斋主、副斋、开明主、券化主、维那、檀越等，还有当阳大像主，阿难、迦叶主，二菩萨主，二金刚主，四浮图主等。

　　两龛供养人题名下是3横排邑子题名，均无官职。涉及姓氏众多，多为单字姓。

　　最下一层是浮雕供养人像。西侧3组向东，东侧4组向西。每组均为供养人和举伞盖侍从像，后有马匹。面西者穿交领长衫，面东者为圆领长衫。题名为邑主或像主，姓氏为张、范等，应是开龛活动的主要组织者和功德主。

　　岩壁的另一侧面上为"大齐河清二年六月癸巳朔八日"的长文发愿题记，内容为传扬佛法在此开龛事。北齐河清二年（563）六月初八，即摩崖造像完成时。

　　发愿题记下有两排供养人像，与两龛壁面最下方供养人像形制相同。

海东绝壁　水上千年

沁河主干流经马壁乡海东村，河道上出现一处明显大拐弯。在拐弯的最东端是一处高于水面约 10 米的山崖，河水至此处即转向南去。

此处山体崖壁中部有摩崖造像，分南、北两个部分，均为 4—5 平方米。摩崖造像雕凿在水面绝壁上，避免了人为盗毁，历经千年风雨侵蚀，增添了一层温润的岁月包浆。

北侧摩崖主体分上、下两部分。上部为两层千佛造像，每一小龛内雕一坐佛，高肉髻，有背光，着双领下垂袈裟，结禅定印。

下部左侧为供养人立像，均面朝右侧，分上、下两层，上 6 位，下 4 位。下部右侧为一龛，内雕一坐佛二菩萨像组合，主尊高肉髻，脸形瘦长，结禅定印，悬裳遮蔽佛座，有背光；胁侍菩萨有头光，宝缯有明显折角。此龛右侧又一尖拱龛。

南侧摩崖以居中的一坐佛二菩萨立像组合为中心，坐佛面部长圆，高肉髻，无背光，内着僧衣，外穿双领下垂袈裟，悬裳下垂，结禅定印；菩萨戴高冠，无宝缯，靠近佛侧手中持

海东摩崖所在绝壁景观

海东摩崖北侧摩崖造像

净瓶。此一坐佛二菩萨造像左右侧上部为千佛造像，佛像高肉髻，着双领下垂袈裟，结禅定印，无背光。

造像组合下部左右侧是骑马供养人像。左侧10人，右侧9人。

南侧摩崖靠北侧壁面上有3座屋形龛，内雕供养人像。3龛均为一开间庑殿顶，抹角石柱，柱头铺作一斗三升。以由北向南顺序，1号龛龛侧题名为："斋主□□一心侍佛时化身"；2号龛龛侧题名为："王□定侍佛时"；3号龛龛侧题名为："开明主李□一心侍佛时。"1号龛和3号龛较小，居中的2号龛较大。龛内人像右手持羽扇。3龛内坐像均戴高冠，长圆脸型，为汉人士大夫形象。

南侧摩崖靠南侧有一座屋形龛，可称为4号龛，一开间庑殿顶，形制与靠北侧3龛同。人像同于2号龛人像。龛侧有题名："此总邑主。"

这4座屋形龛题记可见斋主、开明主、总邑主等，应是这次开龛活动的组织者。结合南、北两部分摩崖造像风格分析，海东摩崖应为北魏后期开凿。

海东摩崖是安泽，也是沁河主干沿途摩崖造像保存最为完整的一处，为历史和艺术研究提供了颇具特色的北朝个案。海东摩崖与红泥沟、良马、上寨摩崖等造像多有类似处，骑马供养人像颇为朴拙，飘逸神秘，艺术手法独特。

上 | 海东摩崖南侧摩崖造像
下 | 海东摩崖中的屋形龛

沁水访窟崖

托盘沟摩崖

　　沁水县固县乡云首村北部深山区现已无人居住。在后托盘沟附近沟谷有一处摩崖。

　　此处摩崖在沟谷北侧，东西方向长约 5 米、高约 2.5 米。岩壁上有风化岩层，风化层之上的单体佛龛和千佛造像多已风化，题记无法识别。

托盘沟摩崖

风化层下壁面上的摩崖造像可分为两部分，上部为造像，下部为题记。

下部最右侧可见题记：

熙平元年十月八日，比丘僧愿为德／父母造像一区。愿德者生天。

此题记字体隶书有楷意，未见格线，直接镌刻于壁，纵列不齐，显得随意。题记斜左上方有一火焰纹门楣小龛，柱头上雕回首双龙。龛内一坐佛，悬裳垂盖佛座。此龛应即北魏熙平元年（516）发愿提及的。

此发愿文为比丘僧愿为去世的双亲造像发愿。因父母有德，而祈求"德者生天"，体现了本土现世观念与佛教来生轮回转世理论的结合。[1]

壁面中部一殿堂形龛，殿顶部分风化。顶上和左右两侧各雕千佛造像。龛内分三间，居中一间较宽，内雕一坐佛，脸型瘦长；左、右次间内各一胁侍菩萨立像，身形细长；两侧立柱下有托举力士。佛座下雕一细长身形的四足神兽。

此龛右侧有一火焰纹门楣的小龛，内雕坐佛，佛衣遮蔽须弥座。下有回首双狮，居中博山炉。龛左右柱头雕凤头回首。柱身上的题名破损，可见左侧"王伯兴等"，右侧"比丘僧明等"。小龛右侧雕一向龛内做倾听状的供养人立像，褒衣博带。

此居中大龛及右侧小龛下部有发愿题记，书体古拙质朴，除部分岩壁崩坏，大体可识读：

大代延昌二年岁……／□廿一日甲辰日马文……／□□为国主皇……／合门大小造石像……／造像□□愿……／比丘昙先／比丘僧□／邑主刘始姜杜丑……／像主马文欢王阿……／造像果僧妃马……／崔妃刘早生王黑……／马相光、张对姜／马龙他、郑绣英／马小光、王阿男／刘安生、许要女／马明郎、马敬容／刘伏愿、刘娥陵／马安贵、刘妙婇／马置得、马保花／马丰生儿、马丰容／马伏兴、马容铭／马珍和、马赦敬／刘文达、马明众／马显和、马伏花／马礼愿、马萨花。

崖壁西部一龛相对较小，龛型风化无法识别，内雕一坐佛二胁侍组合，悬裳遮蔽佛座。龛左右满雕千佛造像。下部为发愿题记，书体流畅而秀美，应出自熟练掌握当时流行书体的书手，大体可识读：

---

[1] 侯旭东：《佛陀相佑——造像记所见北朝民族信仰》，社科文献出版社，2018，第160—171页。

上 ｜ 托盘沟摩崖延昌二年题记局部
下 ｜ 托盘沟摩崖延昌四年题记局部

延昌四年五月十五日，比丘／僧敬为亡父母，造／石像一区，愿使亡／者上升天，上复遇诸／佛，下生人中／侯王长者，衣食自然。／若坠三涂，速令解脱。／复为己身，求道成／愿。复为兄弟，见存／福罪，及无边众／生，一时成道。

以后的题名部分字迹潦草随意，如下：

比丘昙先、／比丘昙初、／比丘僧□、／马洪达、孔伏□、／张铜□、□伯兴、司马罗刹郑□□、／刘□、刘／张众□、马□／赵□□、孔念、／侯天庆、孔文成、／□大年、／王明、／比丘僧善，为父母／造石像一区，愿／使现世安吉，／常与善□。

综合发愿题记，可知在北魏延昌二年（513）和四年（515），僧人和信众联合开凿摩崖，僧人昙先参加了两次开龛活动。摩崖造像主体分为两组，为单体佛龛和周围的千佛组合。熙平元年（516）又有新增开龛。由题记可知僧人在开龛活动中起主导作用。

信众中姓氏较多，可能来自附近不同村落。延昌二年题记中多有女性，可见北魏后期女性佛教徒参与社会佛事活动的普遍性。

老爷沟摩崖

沁水东北方向柿庄镇政府南侧山谷尽头有南岭村，村东山谷即老爷沟。沟谷较深，山体中遍布灌木。沿沟南半山小路东行约600米，下穿到沟底，再爬升到半山处，终于来到一处岩石区，此地5块独立岩石上均有摩崖造像。自西向东依次为1—5号摩崖石，黄砂石质地。龛内摩崖造像均已风化，题记不存，只能从造像形制大体判断其开凿时代。

1号石南立面上分两层雕刻。上部3龛，居中和左侧龛中雕一菩萨立像，右侧龛内雕双菩萨立像。下部开5龛，居中龛内雕一坐佛二弟子像组合，左右二龛内雕一立佛像，外侧两龛内雕造像风化，似为骑兽菩萨，或即文殊、普贤二菩萨像。

2号石摩崖雕在西侧和南侧壁上。西壁最重要的高浮雕主龛居中，是一殿堂式建筑，内雕一坐佛二弟子二胁侍立像组合，造像均有头光。殿外左右各一孔武有力的护法力士。

主龛右侧3层小龛，上层龛雕一坐佛二胁侍立像组合；中层龛有2个，左侧内雕莲台上说法双佛，右侧内雕倚坐佛二弟子立像；下层龛内雕一坐佛二胁侍立像组合。

2号石的南面龛也为3层：上层两龛，左侧龛内雕倚坐佛二弟子立像组合，右侧龛雕菩萨立像；中层5龛，最西侧第一龛风化，第二龛内雕一坐佛二胁侍立像组合，第三龛内雕菩萨立像，第四龛内雕思惟菩萨，第五龛内雕一坐佛二胁侍立像组合；下层2龛，左侧龛风

老爷沟摩崖全景

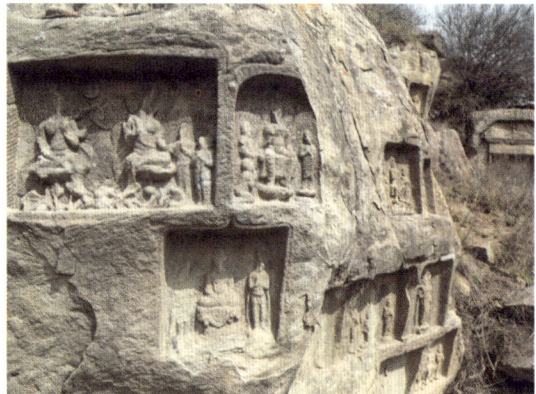

左 | 老爷沟摩崖2号石西壁主龛
右 | 老爷沟摩崖2号石南壁摩崖造像局部

化，右侧龛内雕倚坐佛二弟子立像组合。

3号石为不规则形状，西侧壁上有3龛，一龛风化，其他两龛内雕菩萨立像。东侧壁上2龛，上龛内雕一坐佛二胁侍立像组合；下龛内雕双树下一坐佛二弟子像组合，坐佛下有须弥座，有桃尖形头光。双树外侧雕莲台上的二菩萨半结跏趺坐像。

4号石不规整。西侧壁面上可识别6龛：1号龛内雕单体立佛像，2号龛内雕一坐佛像，3号龛风化，4号龛内雕双菩萨立像，5号龛内为骑狮文殊菩萨像，6号龛内为双菩萨立像。南侧壁上只一龛可识别，内雕一坐佛像。

5号石保存较好，体量较大。上雕与2号石上类似的高浮雕大龛。这座殿堂式佛龛上有庑殿顶，顶上雕一金翅鸟护法。下有帷幔，帐内雕一倚坐佛二弟子二胁侍菩萨5尊像组合，均有头光。像前雕卧狮，两侧双柱为抹角三节石柱。柱外各雕一全副武装的护法力士，虽已风化，但气势依旧，威风凛凛。此龛为老爷沟现存摩崖造像中最大者。雕刻内容是唐代盛行的弥勒题材，造像圆润、有力。虽为偏在山谷中的造像龛，依然能感受到盛唐艺术的雄浑大气。

5座岩石组成的这组摩崖造像群，时代特征明显，应为盛唐时期开凿。倚坐佛是弥勒信仰体现，唐代造像中常见。北朝后期，双菩萨立像题材出现于单体白石造像中，唐代摩崖造像中的双菩萨题材较少。这一题材亦见于长治郊区良才村摩崖造像。此外，文殊、普贤尊像

上　｜　老爷沟摩崖3号石东侧壁上的双树龛
中　｜　老爷沟摩崖4号石西侧壁造像
下　｜　老爷沟摩崖5号石殿堂龛

单独供奉、双树题材等内容，亦有佛教造像史料价值。

老爷沟摩崖造像保存较完整，时代特征明确，是隐于深山的珍贵摩崖造像。地处野外，也亟需给予妥善保护。

下杨庄石窟

沁水县柿庄镇下杨庄村地处深山，村北路边崖壁上有一小型石窟。此窟坐西朝东，平面大体呈方形，长、高、宽均在1.8米左右。窟门已残损，形制无存。窟内现存三壁造像，西壁（正壁）为一释迦佛二弟子像组合；南壁主尊为阿弥陀佛像；北壁主尊为弥勒像；南、北壁外侧各一胁侍。

鉴于人为损坏、岩壁裂隙、植物根系破坏等多种危机情况，此石窟亟需采取排险加固等保护措施，以保障文物本体安全。

左 ｜ 下杨庄石窟全貌
右 ｜ 下杨庄石窟内部

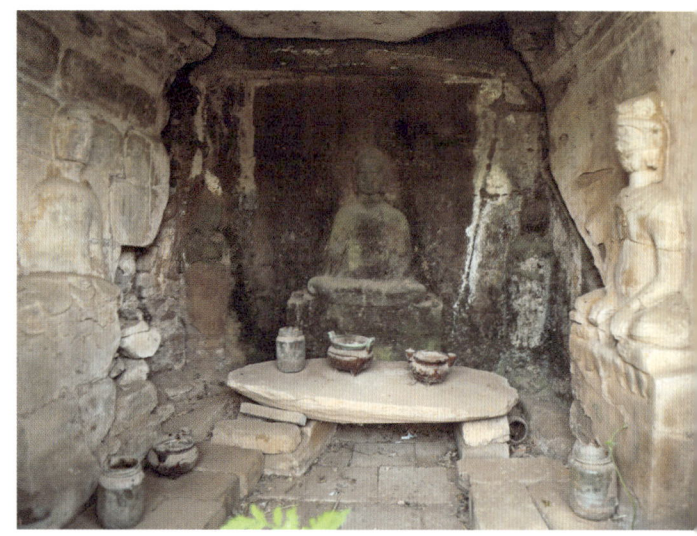

下杨庄石窟西壁主尊

一、造像和题名

西壁主尊释迦佛结跏趺坐，慈眉善目，低平肉髻，大耳，外披袈裟，内穿僧衣，袒右肩。双手残损，大体仍可识别出左手施与愿印，右手施无畏印。此主尊佛首与2021年天龙山第八窟回归佛首形制高度近似，只是体量小些。天龙寺第八窟开凿于隋开皇初年（581—584）。

西壁主尊北侧壁上可见题名：

大斋主马愿……侍佛时／副斋主贾保明为父母侍佛时。

西壁主尊南侧壁上可见题名：

大像主虎敬珍妻马僧妙侍佛时／副像主郭延贵为□□供养侍佛。

南壁主尊西侧壁面可见题名：

阿弥陀像主马文达……／副阿弥陀像主丘纯……

可见南壁主尊为阿弥陀佛坐像。

沁水访窟崖

上 ｜ 南壁部分题名
下 ｜ 北壁主尊弥勒

南壁西侧局部壁面坍塌。

南壁主尊东侧壁上可见题名：

佛堪主虎药师侍佛时。

在阿弥陀佛像佛坛立面上可见题名：

高坐主莫□□父莫元智侍佛时／阿弥陀光／佛殿主李洪业侍佛时。

南壁东侧胁侍菩萨壁面有题名：

右相菩萨主□□□侍佛时／副右相菩萨主虎令禾侍佛时。

南壁东侧和西壁拐角处的胁侍菩萨立像下部残损，头部风化，带冠，面容较圆润，颈戴项链，身披璎珞。

此胁侍菩萨西侧和南壁主尊佛坛之间的壁面有题名，可见：

道场主解妙□为忘兄□□侍佛时／佛塔主县中正□孝昂侍佛时／阿难光明主曹史□多保侍佛时／加业光明主金□史吕子□侍佛时。

北壁主尊戴冠，宝缯下垂，颈戴项链，披帛环绕双臂，盘坐，双手下垂放置于小腿上。此像造型较罕见，兼具戴冠菩萨相与坐佛相。北壁东侧拐角处的胁侍仅存头部。

北壁主尊东侧壁上题名可见：

大弥勒像主王贵珍为父母侍佛时。

由题名可知此主尊为弥勒像。云冈石窟一期造像中已有交脚弥勒形象，云冈第三期有倚坐像。唐代倚坐弥勒像常见。此窟北壁主尊作坐姿菩萨相，是北朝后期至隋初弥勒造像形制的过渡类型。弥勒像戴冠菩萨相、盘腿坐，而非结跏趺坐，较罕见。

佛坛东侧壁面题名：

都邑主汲郡太守……

东侧胁侍壁面上题名：

右相菩萨主韩敬文为忘息侍佛时／副菩萨主虎思贵侍佛时。

二、试析

此窟三壁三佛，由题名可确知为释迦、弥勒、阿弥陀佛三尊，这一组合是净土信仰体现，非后世的横三世或竖三世佛。随着净土信仰的发展，此造像组合题材在南北朝后期出现，唐代更为多见，如佛光寺东大殿内三主尊塑像即是这一组合。现存北朝后期至隋初的石窟和摩崖造像中，大多题记和题名不存，或表述不明，难得的是此窟题名基本完整，明确为释迦、弥勒、阿弥陀三尊组合。北朝后期，弥勒像从交脚像变为倚坐像，服饰也由菩萨装转为佛装。此窟弥勒为罕见的盘坐姿，为研究提供了新材料。

此窟体量较小，局部损坏，格局保存较完整。

造像之外，保存下众多珍贵题名。北朝后期大量的民间石窟和摩崖题记书写随意散漫，此窟题名的书体多为较成熟楷体，书写较规范、工整。

窟内题记未见年代，但题名中出现的职官为断代提供了有价值的信息。

南壁题名上有"佛塔主县中正□孝昂侍佛时"。

魏晋南北朝时期政府选官实行九品中正制，县中正负责推荐本县大族进入职官体系。北魏时有中央和地方两个中正系统。《隋书》卷27《百官志中》载北齐时有流内比视官十三等，郡中正为视从第八品。县中正更在之下。同书卷28《百官志下》载，隋制，州置郡正即郡中正。同卷又载开皇三年改革，"罢郡，以州统县。……旧周、齐州郡县职，自州都、郡

[1] 贺世哲：《关于十六国北朝时期的三世佛与三佛造像诸问题（一）（二）》，《敦煌研究》1992年第4期，第1—20、105、125、128页；1993年第1期，第1—10页。

县正已下，皆州郡将县令至而调用，理时事。至是不知时事，直谓之乡官。别置品官，皆吏部除授，每岁考殿最"。至开皇十五年，又"罢州县乡官"[2]。这样，隋开皇时期的改革基本废除了九品中正制选官系统。[3]

由此，题名中的县中正任职时间应不迟于隋开皇三年（583）。

北壁题名中有"都邑主汲郡太守……"

《隋书》卷30《地理志中》汲郡条载："卫，旧曰朝歌，置汲郡，后周又分置修武郡。开皇初郡并废，十六年又置清淇县。大业初置郡。"[4]

又《隋书》卷29《地理志上》载："高祖受终，惟新朝政，开皇三年，遂废诸郡。"[5] 可见隋开皇三年（583）地方行政制度改革，废除郡级行政区，是隋朝增强中央集权，提高行政效率的重要改革措施。汲郡本为北齐郡，开皇三年废，隋炀帝时期才恢复。

由此，本窟题名中出现的县中正和汲郡太守均不晚于隋开皇三年省并郡县中正、罢郡改革之时。

按常理，石窟落成时功德主群体会镌刻题记和题名，此窟亦不应例外。本窟开凿时间下限即应在隋开皇三年。这一时间与现存造像风格亦相符。

北周灭北齐后，在北齐故地也开展了灭佛活动。在此期间，此窟应不具备开凿施工条件。有可能此窟最初开凿于北齐末年，因北周灭佛停工，隋初复工完成，开凿时间在北齐末年至隋开皇三年之间。

题名中出现的姓氏较多，均为单字姓，有马、贾、虎、郭、丘、莫、李、解、吕、韩等。单字姓丘氏、莫氏有匈奴鲜卑姓氏可能。[6] 虎氏罕见，或由呼延或斛律等胡姓复姓所改，亦未可知。

题名记载佛教活动的参与者和捐助者，均有相应名号。

---

[2]〔唐〕魏徵等：《隋书》，中华书局，1973，第792页。

[3] 张旭华：《隋及唐初九品中正制的废除》，《史学月刊》，2009年第8期，第19—27页。

[4]〔唐〕魏徵等：《隋书》，中华书局，1973，第848页。

[5]〔唐〕魏徵等：《隋书》，中华书局，1973，第807页。

[6] 陈连庆：《中国古代少数民族姓氏研究》，吉林文史出版社，1993，第98、131页。

开窟和法事活动的组织和参与者，如大斋主、副斋主、道场主、都邑主。

捐助者，如大像主、副像主、阿弥陀主、副阿弥陀主、佛堪主、佛塔主、右相菩萨主、阿难光明主、加业光明主、高坐主、佛殿主。

据题名，可明确窟内造像情况，即西壁正壁上的释迦像、阿难和迦叶二弟子像、南壁上的阿弥陀像、北壁上的弥勒像，南北壁外侧的（右相）菩萨像。可见此窟为三壁三佛，及二弟子、二胁侍菩萨像组合。

题名中出现佛塔主，说明在石窟附近最初应建有小型佛塔。

开窟活动是由民间社邑组织进行的，本窟题名中的都邑主应是开凿事宜的组织者。其官职为汲郡太守，应是地方势力的代表。石窟落成时要举行佛事活动，因此有斋主和副斋主、道场主题名。目前未发现僧人题名。

沁水县的小型石窟下杨庄石窟应开凿于北朝晚期至隋初，目前保存的造像、题名为探讨石窟造像形制演变、时代背景、中古佛教信仰提供了重要信息，是沁河流域现存北朝至隋初民间小型石窟中的代表作之一。

柳木岩摩崖

柳木岩摩崖在沁水县城东 25 千米左右河头村县河河谷南岸崖壁上。

此处摩崖现存约 10 平方米，壁面不规整，砂岩质地，多有剥落。摩崖中心是一尖拱形龛，龛内雕一坐佛二菩萨立像组合，主尊和菩萨头部残损。主尊着双领下垂袈裟，结禅定印，僧衣贴身。这组造像身材修长，秀骨清像。主龛上有一小龛，内雕坐佛，旁有题名："邑主酒……。"西北角上有千佛造像小龛，4 排 36 尊。

中心龛龛侧存题记：

延昌四年，岁在乙未，八月辛未朔十四日，/境内小口村人酒德介、酒平女、酒文宗、酒角口等，/发心造石像一区，上为/皇帝陛下、太皇太后、诸公群臣、宰守令长，/率土人民普同斯福[1]。

[1] 车国梁主编：《三晋石刻大全·晋城市沁水县卷》，三晋出版社 2012 年版，第 6 页。

柳木岩摩崖造像中的牛车和侍女

　　题记西侧和下部有供养人题名，多风化难辨。

　　主龛的西南角壁面上有10名侍女簇拥着一辆牛车。车上有棚，侧面旁开两个小气窗。

　　北魏迁都洛阳后施行全面汉化政策。这一时期的佛造像以秀骨清像、褒衣博带风格为特征，艺术形式向汉地士人文化靠拢。此处摩崖造像即是此风格。题记中小口村可能即在摩崖附近。酒姓罕姓，是此地居民中的重要姓氏。

　　延昌四年（515）正月，北魏宣武帝突然去世，随后北魏外戚、宗室、勋贵内斗激烈，高氏外戚势力被铲除，地位较低的胡氏因子孝明帝即位，被尊为太后。胡太后模仿冯太后临朝听政，成为北魏政权控制者。

　　此处题记为延昌四年八月十四日，即甲申日所作。

　　《魏书》卷9《肃宗纪》载："（延昌四年）八月丙子尊皇太妃为皇太后。……戊子，帝朝皇太后于宣光殿，大赦天下。"[2]

　　核干支，延昌四年八月丙子是初六，戊子是十八。其时皇帝是孝明帝，皇太后是胡太后，无太皇太后，此题记记作太皇太后疑有误。

[2]〔北齐〕魏收：《魏书》，中华书局1974年版，第222页。

周壁摩崖造像

——关东与关西政权争夺河东的实证

阳城县周壁村南，沿获泽河河谷向东而下，可到阳城县城。河谷北侧山坡一处石壁上有摩崖造像和题记。分两部分，上半部是佛龛造像、线刻供养人像和题名，下半部是北齐和明代题记。

周壁摩崖造像和题记

一、造像与线刻图

周壁摩崖造像石刻壁面平整,是打磨后进行镌刻,约为方形,长、宽均在 2 米。在上部偏东位置有一圆拱龛,内雕一佛二弟子像组合,毁坏严重,似后期重装过。龛东、西两侧各有线刻图,形制应为北朝后期作品。西侧上排线刻僧人图,现存 6 僧人立像,均手持莲花,面朝龛。上有界格,但皆无题名。

西侧下排线刻为供养人像。靠近佛龛一人像最大,带冠,着朝服,衣摆及地,做拱手状,前一莲花。前有题名:"……周壁戍主上官达。"此人像即为功德主上官达。此像后有侍从 10 人仪仗,有持伞盖、长矛、长刀者,有 2 人鼓吹。有一供养人像似为老者,穿戴略同上官达,题名为上官广达,体量亦略同。此人或为上官达兄弟。后有侍从 3 人,持伞盖。再后又有 3 供养人像,题名为上官舍憘、上官显仪、达息买奴,均手持莲花,头部包巾。后随一双头髻侍者,体量较小。

这几人均为上官达家族成员。

周壁摩崖造像供养人线刻图

佛龛东侧线刻图为上、下4幅图。第一图似为双树下佛祖坐像，双树上有龙、虎护卫。

第二图为供养人像，前有两竖列题名，靠佛龛的一列被砍削破坏，可识别出：

佛弟子假辅国将军前三交已西石……周壁□□上官显□。

供养人像与佛龛西侧上官达像类似，前有莲花，后有10人仪仗，有持伞盖、长刀、扇、羽葆者，有2人鼓吹，有2人配短刀，戴风帽。此外，在界格后还有一人持胡床。

第三图也有一主供养人，题名已毁，戴冠，持莲花，似为一老年妇女。其后有持伞盖、扇侍从4人。之后又有供养人一女像，题名"女清丑"，无侍从。后一供养人题名"息他仁"，似为青少年，侍从2人。

第四图供养人像均手持莲花。第一人前题名："中正上官显儁妻张。"供养人像为中年妇女，后持伞盖、扇侍从4人。其后3供养人像，最后一人像后有一侍从像，体量较小。但题名只有"息女磨仁、息奴仁"。

第四图西侧，即是佛龛正下方，亦有线刻图，为两组相向而立的供养人像。每组各2个供养人，贵妇装扮。其后有体量较小的侍从4—5人，持伞盖、扇。这两组4位供养人均无题名。

在这组无题名供养人像西侧，是线刻8位供养人像，均手持莲花，后有侍从2—4人持伞盖。第一人像前有题名："郡中正上官敬悦妻任。"

题记显示，上官氏中有两人为中正、郡中正。

整个摩崖的右下部，即东南角，线刻两侍者牵马，马匹做欲奔跑状态，马鞍、马镫等装备齐全。马的下方线刻一辆牛车。马匹和牛车似乎正在等待着主人。

周壁摩崖造像佛龛下部供养人线刻图

周壁摩崖右下部马匹线刻图

以上是目前摩崖上的线刻图像和题名情况。

壁面的下半部是发愿文和题记。为北齐、明代两个时代内容，历史信息非常丰富。

二、边境冲突细节——北齐发愿题记释读

经现场识别比对，整理北齐发愿文录文如下：

大道空洞法身，元□即悋理，原像亦寂绝。心言做人应超前代，功成后／自致作佛。□号具□，王宫兴念，逾城出家。始坐道树，降魔□敌。先之／鹿苑拘邻菩恪，末在拘尸须拔得度。十力雄□。娑婆度化三乘等教。有／心同济度缘，既□双林永寂。自尔以来，唯经像训世，是故，末法之中有／正信佛弟子。上官显愿、上官达合邑五十人等生遭浊难，瞩目乱离，二／国纷竞，住居缘边。□以元象年中，西贼未宁，稍来侵割，遣建将杨橺危／号建州刺史，领将士众，师□我邦。魏主知闻，委令镇捍。至齐天保元年／十月中，复以践乱橺时统兵马步一万，扫盗西境，便即破县并及郭县／马舍戍、泽辟、胡公垒三戍士民房掠尽。户一百卅家入西。践乱橺手持彼／诏以愿为安平太守，愿忠节介然，拒而不许，即以此敕奉告我君。君建／州刺史元仪同云祺率集营筑此戍回，名州辟，历代居住。上官显愿、上／官达，并为此辟戍主西道大都督。愿等忠□申明，武同韩白，以德苞仁／率乡归仰。左清津惜，右

周壁摩崖天保六年发愿题记

周壁摩崖造像

肃君境。不胜且允之诚，遂发弘愿，仰为○皇帝／陛下、昆季诸王、中宫后妃、臣僚百官及韩使君仪同公，敬造释迦石像／一区，并阿难○迦叶及二菩萨。镌镂即就，雕彩休功，略刊铭文注之云尔。／大齐天保六年岁次乙亥九月戊寅朔廿日丁酉建[1]

这则发愿文约500字，刊刻于北齐天保六年（555）九月二十日，罕见地记录了关东与关西政权在这一地区几十年间的边境冲突。

上官家族在边境冲突中站在东魏、北齐方面，他们在上官显愿和上官达带领下拥众自保，对抗西魏方面的侵扰。东魏、北齐政府认可和支持他们的行动，建立周壁居民点，任命上官显愿和上官达为戍主。为此，上官氏等50人开龛造像祈福。

题记第一段为记述佛祖得道传法事迹。随后特别提及"末法之中有正信佛弟子"，是北朝末法思想的重要体现。

上官显愿上官达合邑五十人等生遭浊难，瞩目乱离，二／国纷竞，住居缘边。

"二国纷竞，住居缘边"，说明周壁所在是关西、关东政权的交界地带。上官氏的政治立场在东魏、北齐一方，此后发愿文以土著上官家族的角度叙述了东魏、北齐时期的两次边境冲突，细节交代详尽，颇多内容可补史之不足。

1. 第一次边境冲突（东魏元象年间）

□以元象年中，西贼未宁，稍来侵割，遣建将杨櫩危／号建州刺史，领将士众，师□我邦。魏主知闻，委令镇捍。

此次冲突在东魏元象年间（538—539）。所谓西贼即西魏政权。发愿文此段显示当时西魏方面发起一次针对建州的突袭。执行任务的军事将领杨櫩，危（伪）号建州刺史，即指其为西魏方面的委任官职。

---

[1]民国时对此摩崖已有记述。《阳城金石记》有《北齐上官显愿等五十人造像摩崖》条，载："正书。天保六年九月。今在周壁村。按记中叙周齐二国交侵，考之史策，一一符合。惟显愿名不见于北齐书。州壁者，文宣帝手诏显愿等营建，资以拒周者也。故又名周壁。后有名万历四十二年前进士吏部郎中尚义白所知撰跋。"杨兰阶、田九德、贾景德：《阳城金石记·沁水贾氏茔庙石刻文稿》，三晋出版社，2018，第21—22页。

此书载此摩崖，指出叙述为二国交侵事，未有录文，不及《汾阳金石类编》《定襄金石考》等民国山西县域金石著作。又其按语以周壁地名来自对抗北周之意，然镌此摩崖题记时在北齐天保六年，北周尚未建立。

另，《三晋石刻大全·晋城市阳城县卷》（三晋出版社2012年版）收此摩崖录文多有错漏。

杨㯹是西魏、北周政权在河东的重要支持者，颇有势力。为西魏、北周政权实际控制河东，功勋卓著。《周书》卷 34《杨㯹传》载：

> 杨㯹字显进。正平高凉人也。……太祖以㯹有谋略，堪委边任，乃表行建州事。时建州远在敌境三百余里，然㯹威恩夙著，所经之处，多并赢粮附之。比至建州，众已一万。东魏刺史车折于洛出兵逆战，㯹击败之。又破其行台斛律俱步骑二万于州西，大获甲仗及军资，以给义士。由是威名大振。东魏遣太保侯景攻陷正平，复遣行台薛循义率兵与斛律俱相会，于是敌众渐盛。㯹以孤军无援，且腹背受敌，谋欲拔还。……㯹分遣迄，遂于夜中拔还邵郡。朝廷嘉其权以全军，即授建州刺史。[2]

多年后，邙山之战西魏失利，杨㯹又因全军而退，"复授建州刺史、镇车厢"（在今山西绛县古绛镇南城村南）。

西魏两次授予杨㯹建州刺史职，均为侨治建州长官。当时关东、关西政权官职中多有遥领，以显示统治的合法性。杨㯹的建州刺史职，更显示出军事进取方向。

此次杨㯹出击建州，影响颇大，东魏方面很快组织反击。如发愿文所说"魏主闻之，委令镇捍"。在部署上如杨㯹本传载"东魏遣太保侯景攻陷正平，复遣行台薛循义率兵与斛律俱相会，于是敌众渐盛"。杨㯹所领是其自行招募的所谓"义士"，并非主力作战部队。因此当东魏多路出兵后，退兵是明智之举。宇文泰用杨㯹袭扰建州，是无援兵情况下的孤军作战。其目的是干扰东魏战略判断，减轻正面战场压力。

上官氏家族站在东魏方面抵抗杨㯹侵扰，得到信任，这在第二次边境作战时继续得到印证。

2. 第二次边境冲突（北齐天保年间）

> 至齐天保元年／十月中，复以践乱，㯹时统兵马步一万，扫盗西境，便即破县并及郭县／马舍戍、泽辟、胡公垒三戍土民房掠尽。户一百卅家入西。践乱㯹手持彼／诏以愿为安平太守，愿忠节介然，拒而不许，即以此敕奉告我君。君建／州刺史元仪同云祺率集营筑此戍回，名州辟，历代居住。上官显愿、上／官达，并为此辟戍主／西道大都督。

[2] 杨㯹，中华书局点校本《周书》（1971 年版、2022 年版）卷 34 本传均作"杨㯹"。在西魏大统十四年（548）垣曲杨㯹造像基座题记和北齐天保六年（556）周壁摩崖造像题记中的此人名均作杨㯹。由此两条北朝题记铭文，杨㯹名字应以当时记载为准，古人传抄书写时混用木部和提手部首，《周书》本传和其他传世文献中的此字均应为木部。

第二次冲突还是由杨㯊发起的侵扰行动，动用骑兵、步兵，合1万兵力，攻破县城和3座军事据点，并掳掠部分边境居民。同时杨㯊还给上官显愿发布了任命其为安平太守的委任诏书。杨㯊在东魏元象年间侵扰后，时隔十余年再次进入这一边境区域，仍是以扰乱对方的社会面为主，同时引诱一些地方势力，对上官显愿的委任可能并非个例。

《魏书》卷106上《地形志上》载建州四郡其中有安平郡，领端氏、濩泽二县。杨㯊代表西魏方面将安平太守诏书授予地方土豪上官显愿，远超其社会地位，是明显的策反和诱惑。然上官家族对利诱不为所动。发愿文中提到杨㯊名字前两次均加上"践乱"字样，以示对其仇视和抵抗态度。杨㯊所破应为东魏安平郡濩泽县（今山西阳城县）和县内三戍。

不仅如此，上官氏还将杨㯊发来的委任诏书上报北齐政府。于是北齐方面派地方军政长官建州刺史元云琪率兵反击，并在此地建起军事据点州辟（即周壁），供上官家族居住和守护，并任命上官显愿和上官达为戍主，是对其忠诚的回报，目的亦是让其继续坚守边境军事堡垒，对抗关西方面的侵扰。

此后杨㯊方面情况未载。比较前一次冲突情形和杨㯊军作为偏师的性质，这次战事后续多半是杨㯊在达到牵制北齐的目的后，有序撤退。

西魏大统十六年（550）即北齐天保元年，当时高洋建齐，宇文泰于此年秋讨伐北齐，无果而还。

《北齐书》卷4《文宣纪》载："（天保元年）十一月，周文帝率众至陕城，分骑北渡，至建州。……丙寅，帝亲戎出次城东。周文帝闻帝军容严盛，叹曰：'高欢不死矣。'遂退师。"[3]

《周书》卷34《杨㯊传》载："（大统）十六年，大军东讨，授大行台尚书，率义众先驱敌境，攻其四戍，拔之。时以齐军不出，乃追㯊还。"[4]

可见杨㯊在这次征讨作战中依然以偏师出战，带领的还是所谓义众，即其在河东自行招募的地方武装。其整体战斗力要弱于北齐六州鲜卑军队。战争中，杨㯊所部可能得到了宇文泰分兵支援。本传言其先驱敌境，攻克四戍。未明何地，此发愿文载在第二次边境冲突中，

---

[3]〔唐〕李百药：《北齐书》，中华书局，1972，第54页。

[4]〔唐〕令狐德棻：《周书》，中华书局，1971，第393页。

杨檦队伍达到1万人，"破县并及郭县马舍戍、泽辟、胡公垒三戍"，或即本传中提及的"四戍"。本传还记"齐军不出，乃追檦还"。发愿文载，实际上，北齐建州刺史元云祺率军反击并建立周壁等军事据点，巩固了边境统治秩序。

此次杨檦的侵扰行动正与该年西魏宇文泰以高洋建齐为由发动战争相关，以侵扰北齐晋东南地区为主要目的。宇文泰出兵是以高洋篡夺东魏政权建立北齐为由，以表明西魏是北魏继承者的正统地位。杨檦颁发给上官显愿的西魏诏书可视为是发动政治宣传战的工具。

在边境设置戍卫据点，是当时关东、关西政权双方为扩大统治范围和巩固占领区所使用的常见手段。这次冲突中，北齐建造的州辟戍即是如此。上官显愿和上官达被任命为周壁戍主，很可能此处本即其自保所据之地。此次正式得到官方承认，并给予相应官职。《隋书》卷27《百官志中》载北齐官职，戍主为从第七品，戍内有戍主、副、掾、队主、副等员。[5]

"西道大都督"职应是一种临时和区域性官职，就其戍主身份来看，具体管辖和控制军事力量应较有限。州辟即周壁之别字，周壁名历1500年，一直沿用至今。

3. 上官家族开龛造像祈福

愿等忠□申明，武同韩白，以德苞仁，／率乡归仰。左清津惜，右肃君境。不胜且允之诚，遂发弘愿，仰为○皇帝／陛下、昆季诸王、中宫后妃、臣僚百官及韩使君仪同公，敬造释迦石像／一区，并阿难○迦叶及二菩萨。镌镂即就，雕彩休功，略刊铭文注之云尔。

经两次边境冲突，上官家族坚决站在东魏、北齐方面，得到政府的支持和褒奖。北齐天保六年，上官氏在周壁村南河谷石壁上专门为此开凿佛龛祈福。此段题记即列出具体祈福对象为皇帝陛下、昆季诸王、中宫皇后、后妃、百官、韩使君。

其中皇帝陛下即当时的北齐皇帝高洋，表示祝福政权和谐长久；所谓昆季诸王，即高洋在位时期的高欢封王诸子，如后为皇帝的高演、高湛等。发愿文在为皇帝祈福后，并为诸王祈福比较罕见，说明高氏诸王在当时社会上确有广泛影响力，远在边境地区的发愿文中都有所反映。

此处的韩使君应是天保年间曾任建州刺史的韩裔或韩祖念,他们都是六镇鲜卑勋贵子弟，北齐较重要的军事将领。韩裔为韩贤之子、北齐权贵韩长鸾之父。韩贤在与西魏的战斗中去

---

[5]（唐）魏徵等：《隋书》，中华书局，1973，第769、762页。

世，韩裔得到高欢父子照应，一路成长为东魏、北齐的地方大员，这些都为其子韩长鸾的发迹奠定了基础。韩裔墓于1975年发掘出土于祁县白圭村。[6] 韩裔之姓氏或由鲜卑姓氏破六韩所改。韩裔和韩祖念二人可能有亲缘关系。[7]

《韩裔墓志》载："天保元年，除开府仪同三司，别封康城县开国子。使持节、凉州诸军事、凉州刺史，迁三角领民正都督，又迁新城正都督，除使持节、建州诸军事、本将军、建州刺史。此地则北临汾水，南面黄河，斜指函谷之关，傍接飞狐之口，山川重叠，凶寇往来，马未解鞍，人不安席。公抚孤恤老，蔑臧宫之居广陵；偃旗寝甲，忽祭彤之守辽东。进封高密郡开国公，迁东朔州刺史，食并州乡郡干。"[8]

北齐建州辖区与西魏控制的河东地区交界。墓志此段描述说明当时边境地区时有状况，与此文发愿所载杨㯹侵扰活动正可对应。

《韩祖念墓志》载："王讳祖念，字师贤。昌黎郡龙城县人也。……祖是突，雁门府君。父罗察，仪同三司云中郡开国公。……皇齐应箓，乃加开府仪同三司，增封云阳县开国子。领左卫大将军。自沙塞多虞，胡兵屡扰。威宗（即高洋）频年出讨，王每立殊勋，乃以本官除建州诸军事、建州刺史。威宗以王地峻礼崇，勋隆业大，建部局小，未允时瞻。因转晋州诸军事、晋州刺史，余官如先。征还，拜特进。皇建之始，进封武功王，复除宁州刺史，食汾阴郡干。"[9]

由墓志可知，韩祖念在天保年间曾任建州刺史，未记具体时间。据墓志所载"威宗（即高洋）频年出讨，王每立殊勋"，并由此出任建州诸军事、建州刺史，这一职位与上文韩裔

---

[6] 陶正刚：《山西祁县白圭村北齐韩裔墓》，《文物》1975年第4期，第64—73、81页。

[7] 太原市文物考古研究所编著：《太原北齐韩祖念墓》，科学出版社，2020，第90页。另《永乐大典》卷5204载"北齐韩祖念墓在(祁)县东三十里白圭村。别无所立碑记"。马蓉等点校：《永乐大典方志辑佚》（第一册）中华书局，2004，第308页。

[8] 张建华、刘国华编著：《山西省艺术博物馆碑志集萃》，山西经济出版社，2016，第4—5页；拙文《〈韩裔墓志〉复原的北齐勋贵家族史》，《金石证史——三晋碑志中的历史细节》，三晋出版社，2018，第15—17页。

[9] 拓片参见太原市三晋文化研究会编：《晋阳古刻选·北朝墓志卷》，山西人民出版社，2008，第263—265页。录文参见太原市文物考古研究所编著：《太原北齐韩祖念墓》，科学出版社，2020，第58页。

的任职相同。但墓志又载："威宗以王地峻礼崇，勋隆业大，建部局小，未允时瞻。因转晋州诸军事、晋州刺史，余官如先。"除去墓志溢美之词，韩祖念在建州任上时间不久，即调去晋州，在建州并无多少政绩可言。

周壁摩崖发愿文为天保六年刊刻。天保年间，韩裔、韩祖念都曾担任建州地方军政长官，结合二人墓志内容分析，发愿文中的韩使君为韩裔的可能性较大。

> 敬造释迦石像／一区，并阿难〇迦叶及二菩萨。

开龛造像内容是流行的一佛二弟子二菩萨像组合。但现龛内仅可见一佛二弟子像，应是经后代改建。

发愿文释读后，再审视佛龛两侧和下部的线刻图内容。

佛龛西侧供养人像题名可识别为上官达及其家族成员，则佛龛东侧供养人为首者"佛弟子假辅国将军前三交已西石……周壁□□上官显□"即是上官显愿，部分官号铭文被毁。据《隋书》卷27《百官志中》，北齐官职辅国将军为从三品。[10] 随后的其他供养人为其家属。

一般开龛活动多有僧人参加，此佛龛线刻中亦有僧人形象，无题名。佛龛下部多位供养人像亦无题名。中古时线刻供养人像应有相对固定模本，先刻画形象后根据需要再镌刻题名。由于某些原因，上官显愿和上官达等人开龛并镌刻长篇发愿文后，部分供养人像并未落实题名。

三、明代回响

天保发愿文后有明万历四十二（1614）年补修造像题记。结合实地考察和图片资料，录文如下：

> 自北齐天保乙亥迄／皇明万历甲寅，计一千六三十年，上官氏尤为邑西著／姓，意者显愿诸人苗裔耶？亦足见奉佛之报矣。世代／即远，佛像剥落。北庄上官现谓远祖遗踪不可泯灭，／命工凿龛，起释迦及阿难、迦叶三像。周壁省祭官王汝钦，／怂恿而共成之。汝钦素服佛训，生平不御酒肉，现则一念孝思／有足多者。落成，余适经其地，故为之纪其年月。后之视今，犹今／视昔，继世而后必有复新之者，余又以望于上官氏子孙及周壁／之果于好古者。／明

---

[10] 〔唐〕魏徵等：《隋书》，中华书局，1973，第766页。

万历四十二年岁次甲寅九月十一日，前进士吏部郎中尚义白所知书，/ 助缘僧人如道 / 重造佛像石工：王村里史梦秋、/ 上佛里于桂枝、/ 上孔里原汝能、/ 东封白云寺僧真□ / 上义里□家。施主：上官享、/ 上官尧、/ 上官稳、/ 上官吕、/ 上官龙、/ 上官轩、/ 上官增、/ 上□□□、/ 上官梅、/ 上官训、/ 上官孝、/ 上官教、/ 上官宾、/ 上官善、/ 上官权。

　　此明代题记记录万历四十二年周壁上官氏家族后裔重修佛龛事。可知此次重修时，北齐一佛二弟子二菩萨像重修为一佛二弟子像组合，如今所见应是明代造像被毁后的情形。题记述及周壁大姓仍是上官氏。可见周壁这一地名一直延续使用。至今，地名依然为周壁，只是村内已无上官氏。在此地向西的其他村落中有上官氏居民。书者白所知为明末阳城白氏家族名人，天启朝曾为工部尚书。阳城县城白家宅院局部尚存。有趣的是，恰如明代先贤白先生所愿，作为当今的"复新和好古者"，我们以当代史学视野再次诠释周壁摩崖造像题记时，发现其对于北朝史研究的珍贵原始史料价值。

四、珍贵史料

　　北朝后期，关东、关西政权的争斗中，河东具有重大地缘政治军事价值。以杨㯹为代表的部分河东土豪势力为西魏、北周所用，为其占据河东抵御高氏功莫大焉。立足之后，更在交界区蚕食骚扰，成为影响高氏军事战略方向的干扰因素。

　　周壁摩崖发愿题记中记述的两次边境军事冲突，都以西魏方面进攻起始，东魏、北齐方面防守反击结束。

　　地处晋东南的建州是北上晋阳、南下洛阳的要冲之地。建州西部阳城山区比邻边境，当地民众上官氏站在东魏、北齐方面，抵抗西魏杨㯹势力侵扰，并在政府支持下据守周壁自保，奠定了村落格局。

　　周壁北齐摩崖发愿题记，是记载了那一时期史实的重要石刻史料，记述了边境冲突细节，与文献及出土墓志互为印证，为了解当时争夺河东的过程、民间社会情况提供了重要一手史料，弥足珍贵。

访拴驴泉曹魏摩崖

——1800 年的三国石门

沁河在泽州境内蜿蜒穿过南太行深山，流入河南。晋豫两省交界地带的河道上有座拴驴泉水电站。水电站东北侧山崖上，幸存一处曹魏摩崖，即拴驴泉摩崖石刻。

前往拴驴泉水电站的道路在进山后一直在深山谷底里迂回往复。山林苍翠，景色绝美。一路上我们还多次穿越在山谷之间开辟的狭窄隧道。当时开凿的隧道平均只有百米深度，行走其间，阳光在前方洞口处如金光穿洞，神奇而刺激。在连续穿越 5 个小隧洞之后，忽然豁然开朗，已经来到了沁河主干河谷。一条岔路通向山中的山里泉景区。山里泉是由拴驴泉的谐音而来，其实拴驴泉特色鲜明，山里泉则显得平常无奇。

这一带山崖上曾发现古代栈道方孔。有人认为山西、河南交界处的沁河谷地有沿河修建的古道，其中多处是栈道形式。这处摩崖所在的古道应也是其中的一部分。因时代久远以及自然和人为活动，大多痕迹已经难以寻觅。水电站在河谷东部滩地上。站区边就是壁立几百米的岩崖。沿新开台阶而上，过一小铁栅栏门来到山崖边，即见古道。

古道最窄处仅宽 2 米多。在最窄处靠山崖一侧壁面距地面 4 米多处是摩崖石刻位置，上有新做的外接屋檐遮蔽保护。古道在此处向北侧沿岩壁下行到谷底，约有百米，部分台阶经现代修补；向东南侧的古道已断。

这处打磨过的壁面高 48 厘米、宽 41 厘米，题记为石刻汉隶书体，无界格，竖列 9 行，96 字，行距、字距规整，字体严正大气，基本保存完好。[1]

[1] 拴驴泉摩崖研究参见赵杰、赵瑞民：《晋城拴驴泉石门铭的勘察与研究》，《文物》2015 年第 2 期，第 65—70 页；郭洪义、毛远明：《三国曹魏〈拴驴泉石门铭〉考补》，《文物》2016 年第 6 期，第 70—74、93 页；任攀：《三国曹魏拴驴泉石门铭考释补说》，《中国典籍与文化》2017 年第 3 期，第 110—120 页。

古道最窄处即三国石门

其文曰：

正始五年十月廿五日，督治／道郎中上党司徒悌，监作吏、／司徒从掾位下曲阳吴放，督／将师、匠、兵、徒千余人，通治步／道，作偏桥阁。凿开石门一所，／高一丈八尺、广九尺、长二丈。都匠木工司马陈留成有、／当部匠军司马河东魏通、／开石门师河内司马羌。

此题记为正始五年（244）十月二十五日刊就，记述由督治道郎中上党司徒悌、监作吏司徒从掾位下曲阳吴放率领将师匠兵徒千余人在沁河河谷险峻之地修路，建筑栈道，开凿石门的事。这是一次国家道路工程，开凿石门是这次工程的关键节点，故石门开凿完成后，修路团队在此专门镌刻摩崖石刻作为纪念。

以下结合文献对石刻内容稍做阐释。

督治／道郎中上党司徒悌、监作吏、／司徒从掾位下曲阳吴放

上党司徒悌为督治道郎中，应为此次修路工程的负责人。曹魏时期，郎中为八品朝官，无定员。监作吏应是负责工程质量监督的官吏，司徒从掾位可能是司徒府下掾属的候补人选。

拴驴泉摩崖正始五年石刻

有研究者认为，曹魏时期的郎中和司徒掾史常被外派各类事务，并未在中央部门固定工作。这或许是当时一种行政机构的差遣方式。

督将师、匠、兵、徒千余人

他们率领的千余人身份比较复杂，有师、匠、兵、徒四类之分。其中，师为工程技术人员，匠为一般技术人员，兵为征发的军队士兵，徒为徒刑者，秦汉政府征发徒刑者服各种劳役是常例。

通治步/道，作偏桥阁。凿开石门一所，/高一丈八尺、广九尺、长二丈。

通治步道即修路工程，步道指人可徒步行走的道路。这支队伍"作偏桥阁""凿开石门一所"。所谓偏桥阁，既是栈道。有人以为此处上有木阁，或以为石门为隧道，由此摩崖石刻得以保存下来。这应是一种误解。结合沁河沿线发现的栈道痕迹，曹魏这次修路工程是以修缮栈道为主。

"凿开石门一所，高一丈八尺，广九尺，长二丈"，这是重点。所谓凿开，形象地说明了工作情形。

根据三国曹魏的度量衡，一尺约为今 24.188 厘米，换算为现在的尺寸约是：高 4.35 米、长 4.83 米、宽 2.17 米。

摩崖石刻所在的古道最窄处，正是石门位置。石刻所载的石门尺寸与古道现状最窄处的长、宽、高尺寸大体一致。曹魏石门自建成后基本完好地保存至今，难能可贵。

所谓石门，即是将山崖中一处凸出的石壁当中开凿穿透，形成的通道。石门两侧崖壁面平整光滑，明显为人工打磨。

都匠木工司马陈留成有、当部匠军司马河东魏通、开石门师河内司马羌。

此三人应为此次工程的重要技术官员和参与工匠，均列其郡望。修缮栈道需要大量木工操作，都匠木工司马成有是木工负责人。当部匠军司马魏通应是本次工程技术人员——当部匠的负责人，而司马羌是具体开石门的项目负责人。他们是工程的实际操作者。

通读摩崖石刻，如身在曹魏石门施工完成的现场，可以想见在没有现代工程设备的情况下，千余人在沁河岸边修建栈道的情景。在一处河边绝壁上开凿石门是这次工程的关键节点。工程完成时，石门工程团队在石门靠山一侧距地面 4 米多处，即接近石门顶部位置，镌刻铭文，作为永久纪念。

得益于历史的眷顾，此处摩崖石刻没有遭到自然和人文破坏。一则是曹魏国家工程的高质量；二则是这处岩石质地坚硬，不易风化。我们在时隔 1800 年之后，依然可以看到石门和它的"身份证"摩崖石刻。此处是目前已知晋东南地区原地保存最早的摩崖石刻。

从石门下到沁河岸边，举目四望，两岸青山直立，河水蜿蜒曲折，缓缓流淌，历史在这里穿越回到三国时期，在河道两侧艰辛开辟出来的栈道是国家交通线，现在这段沁河河道是山西、河南两省省界。

记录晋中南

CENTRAL SOUTH

肆

汾河中游太原盆地核心城市太原的辉煌时代是在中古时期。作为东魏、北齐的霸府陪都，作为唐代的北都、北京，晋阳古城附近有多条古道。太原周边最为重要的石窟是天龙山石窟，自东魏至唐五代，兴盛数百年，近百年来遭到严重破坏。随着石窟保护工作的开展，对天龙山石窟的研究也将逐渐热闹起来。目前天龙山石窟唯一幸存的摩崖碑在2021年初佛首回归的第八窟窟门外侧。经考订此碑文内容，可大体了解隋初兴建第八窟的功德主群体的社会阶层、民族构成和在本次开窟佛教社邑组织的分工情况。天龙山不是孤立存在的，在太原西山地区的沟谷中还散布多处石窟，如龙山石窟、瓦窑石窟、悬瓮山石窟等处，多隐于野外深谷之中，可见中古时期的太原西山地区是石窟艺术的高度密集区。

汾河中游流域中古时期的石窟比较有代表性的还有文水隐泉山石窟，经实地考察，又新发现部分功德主题名。此石窟开凿时间与天龙山第八窟时代相近，颇多类似之处。功德主群体与胡汉融合的府兵军人密不可分。

霍州千佛崖紧邻汾河中游干流，其十一面观音是唐中后期佛教信仰的多见造像类型。

汾河下游以北的吕梁山南部山区散布多处中古石窟，其中营里千佛洞为北朝后期开凿。马壁峪唐代刻经是劫难之余的幸存者，为佛教石经研究提供了重要资料，也是山西境内保存最为完整的唐代刻经。

野外石刻文物中的非佛教文物数量较少，但由于其与古代社会生活直接相关，因此史料价值尤为引人关注。中条山中的古盐道是古代社会经济研究对象，保存至今的车辋路和石门道石刻是难得实物证据。

谁是发愿开凿者

——天龙山石窟第八窟隋摩崖功德碑考略

东魏、北齐、隋、唐、五代先民开凿的天龙山石窟是中国中古时代的重要文化遗产。千年沧桑，天龙山石窟的文字信息大多灭失。幸运的是，第八窟外侧的摩崖功德碑尚存，该碑是天龙山石窟唯一原地留存至今的碑刻文物，为研究该窟艺术特征和历史价值提供了重要实物证据，也为天龙山石窟研究提供了基准坐标。

前辈学者的有关考察研究已有诸多成果，我在全面释读碑文后，认为其价值仍有可议之处。

摩崖功德碑文记述社邑组织下的隋初功德主集体合力开窟，举行祈福活动的缘起和过程。参与者中多人具有军府军人职业背景。他们是胡汉各族后裔，为共同佛教信仰汇聚共事，体现了隋初民族大融合的历史趋势。

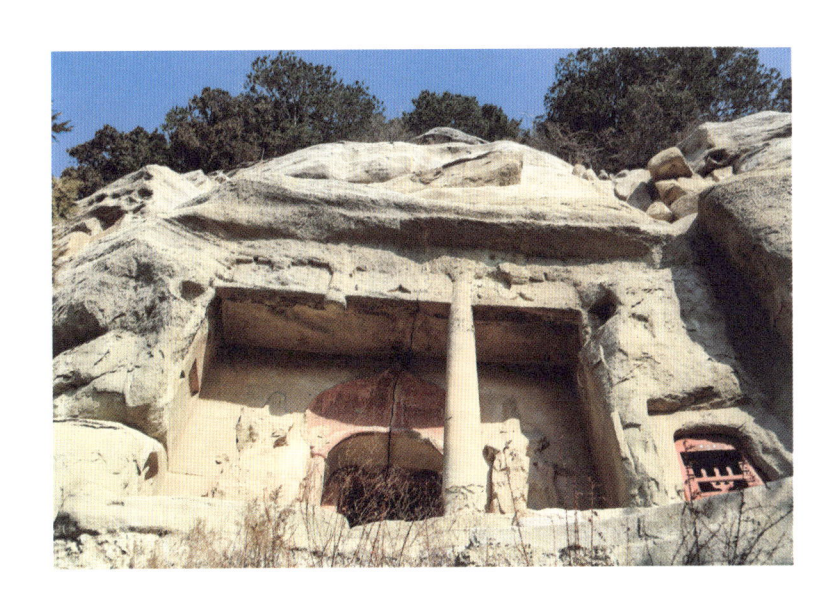

天龙山第八窟外观

天龙山石窟第八窟中心塔柱

一、摩崖功德碑现状

摩崖碑在天龙山第八窟门外前廊左侧岩壁上，高 222 厘米、宽 76 厘米、厚 12 厘米。碑首雕螭首，中刻圭形，碑身部分刻铭文。满刻 20 行，满行 35 字。碑座已残损，龟趺风化。

制作摩崖碑一般先依岩壁立面凿出碑形，壁面处理后雕镌。天龙山的砂石质地岩壁便于开凿，也易风化剥落。此碑风化严重，铭文多有漫漶，现全文 1/3 左右难以识别。

2020 年 12 月佛首回归，现陈列于天龙山石窟博物馆

二、录文

据清赵绍祖《金石文钞》，颜娟英、李裕群等录文[1]，并与图片、拓片及实物比对，互相参证，整理录文于下：

01 开皇四年十月十□。窃以仁者乐山，能仁者宣法于鹫岭；智者乐水，能智者弘道于涟河。晋阳□

02 □，是称形胜，有岩嶂焉蔽亏光景，有渊泉焉含蕴灵异。故使蜀都九折，高擅葳迁；秦陇四注，

03 遥□□咽。长松茂柏，麈尾香炉之形；丽叶鲜花，□翠散金之色。嘤嘤出谷，容与相□。呦呦食

04 苹，腾倚自得。重崖之上，爰有旧龛，镌范灵石，庄严净土。有周统壹，无上道消。胜业未圆，妙功

05 斯废。皇隋抚运，冠冕前王，绍隆正法，弘宣方等。一尉一候，处处熏修。招提支提，往往经构。

06 仪同三司真定县开国侯刘瑞，果行毓德，宿义依仁。都督刘寿、都督夏侯进、别将侯孝达、蒋

07 文欣，怀瑾握瑜，外朗内润。复有陈回洛卅一人，志尚温恭，掺履端洁。并善根深固，道心殷广。

08 俱发菩提，共加雕饰。置安养之界，万宝相辉；图舍卫之仪，千光交映，聊观从步，若闻震动，□

09 入慈阴，便无忧畏。香烟聚而为盖；花雨积以成台。树散雅音，池流法味。斯实希有福田，不可

10 思议者也。以兹净业，仰祚天朝，○圣上寿等乾行，○皇后年均厚载，储宫体明离之□，

11 晋王则磐石之安。玉烛调时，熏风偃物。导扬功德，敢作颂云：○习坎带地，重艮干天。风云出

12 矣，金玉生焉。清流之侧，崇岩之前，应供净土，菩提福田，善行聿修，道心增长。义徒是励，胜因

13 克广，远写净居，遥摹安养。日□宝树，风摇珠网。非空非有，惟乐惟常。法门开辟，○帝福会昌

天龙山石窟第八窟前廊下的摩崖碑

[1]〔清〕赵绍祖：《金石文钞》卷2《隋晋阳造像颂》。颜娟英：《天龙山石窟的再省思》，《中国考古学与历史学之整合研究》，1997，第839—918页。李裕群、李钢编著：《天龙山石窟》，科学出版社，2003，第44—45页。

谁是发愿开凿者　　　　　　　　　　　　　　　295

14 <u>山龛显相，石室流光。积木虽朽，传灯未央。邑师颜成</u>、灯明主□休、典录史珍成、邑人曹远贵、

15 <u>邑主像主仪同三司真定县开国侯刘瑞</u>、香火主高孝誉、都录王孝德、邑人□寿伯、王须达、

16 邑主事成睾县君李敬妃、邑都斋主别将侯孝达、清净主前下士柳子直、邑人幢主曾子誉、

17 邑正都督刘寿、<u>邑正并□经主都督夏侯进</u>、清净主连常德、邑人张子衡、邑人张士文、施手

18 斋主陈回洛、斋主徐归、都维那夏侯岩、邑都维那刘子峻、邑人孙子远、邑人张车□、书铭人

19 左维那道场主光明主乌丸□□、右维那并香火主蒋文欣、邑人兰客林、邑人董德、李君粲

20 化主段高□、高□正、明孝恭、邑正□像主西门子元、开经主张庆、邑人和外洛。岁次甲辰年。

（下划线部分铭文现因风化已无法识别，据前载页注引各篇录文补。）

三、释读

此摩崖碑为建造天龙寺石窟第八窟的功德碑，其立碑时间，有研究者认为是碑文开头所记的"开皇四年十月十日"，结合碑文落款时间"岁次甲辰年"，开皇四年，岁次甲辰，则此碑成于隋开皇四年（584）。[2] 此说各家均认可，并有研究以此为时间的下限。结合碑文，我认为第八窟开凿时间在开皇元年至开皇四年之间（581—584）。

摩崖功德碑文内容大体可分为三部分。

第一部分叙述佛教教义和北朝佛教发展，第二部分是造像缘起和颂辞，第三部分是功德主名单。以下就碑文中有关内容释读阐释。

---

[2] 于灏、谢枫：《从天龙山碑文看天龙山石窟艺术的历史沿革》，《文物世界》2012年第2期，第28—31页；崔晓东《从天龙山第八窟透视中心塔柱窟的演变》，《文物世界》2013年第5期，第29—32页。

> 重崖之上，爰有旧龛，镌范灵石，庄严净土。

这里提到崖壁上已有旧龛，应是指早期所开各窟。碑文以崇敬的语气描述，认为开窟活动是在营造"庄严净土"。

> 有周统壹，无上道消。胜业未圆，妙功／斯废。皇隋抚运，冠冕前王，绍隆正法，弘宣方等。一尉一候，处处熏修。招提支提，往往经构。

北周统一北方后，在原北齐地区施行灭佛政策，使佛教遭到空前灾难。不久，隋文帝代周，大力倡导佛教，佛教又得到恢复和发展。在皇帝的推动下，各地佛教寺院大力复建和兴建，社会各界热衷佛事。北朝末年到隋朝，佛教命运发生重大反转，正是第八窟开凿的历史背景，此段碑文即以赞美的口吻着重述及。

> 仪同三司真定县开国侯刘瑞……不可／思议者也。

开凿石窟、造像，举行祈福法会是中古社会最为重要的公众佛教活动。北朝后期，社会各阶层中佛教信徒众多，这类活动日益盛行。在隋初佛教复兴的形势下，刘瑞为首的5人是此次开窟活动发起人，此外陈回洛等31名信众积极参与。

> 以兹净业，仰祚天朝，○圣上寿等乾行，○皇后年均厚载，储宫体明离之□，／晋王则磐石之安。

本次开窟造像的目的非常明确，即是为当时的皇帝、皇后、太子和在晋阳的皇子晋王杨广祈福。[3]

开窟活动的5位发起人刘瑞等均有官职或爵位，其中都督、别将是隋军府军官名号。他们应是在隋初并州驻军军官，其发愿有表示效忠的意义，与普通民众开龛发愿文中的套话不同。

> 玉烛调时……传灯未央。

此段为颂词，明确表明，"清流之侧，崇岩之前，应供净土"。碑文亦有"重崖之上，爰有旧龛，镌范灵石，庄严净土""□／入慈阴，便无忧畏""以兹净业，仰祚天朝"等语，都显示第8窟功德主群体具有明确的西方净土信仰。

[3] 碑文所述皇后即隋文帝独孤皇后，在隋初政治中颇有影响力。《隋书》卷36《后妃·文献独孤皇后传》，（中华书局，1973，第1109页）："后每与上言及政事，往往意合，宫中称为二圣。"碑文为文帝、独孤后祈福，专门提及独孤后，足可见其影响广大，所谓"二圣"不仅影响皇宫之内，社会主流阶层也广为接受。

据《隋书》卷3《炀帝纪上》（中华书局，1973，第59—60页）："开皇元年，立为晋王，拜柱国、并州总管，时年十三""（开皇）六年，转淮南道行台尚书令"。可见开皇元年至六年之间并州总管为杨广，故第八窟摩崖功德碑刻立是为其祈福。

邑师颜成……邑人和外洛。

这一部分为开窟功德主名单35人。前面碑文提到开窟由刘瑞5人发愿，后有31人响应，可见此即是发起和参与者的名单。

功德主名单内涵较丰富，有以下几个方面值得关注。

1. 组织完备的佛事活动

隋初数年间，刘瑞等人发心，组成公益组织开窟社邑，30多位功德主共同投入完成了这座天龙山罕见的中心塔柱窟的开凿。落成之时，功德主和各方信众，召开庄严而热烈的盛大法会。名单中出现的佛事活动身份众多。

有佛事活动功德主：灯明主1人、像主2人、香火主2人、邑都斋主1人、清净主2人、□经主1人、施手斋主1人、斋主1人、道场主1人、光明主1人、化主1人、开经主1人。

有开窟活动组织者、参与者：都维那1人、邑都维那1人、左维那1人、右维那1人、书铭人1人。

有社邑组织成员：邑师1人、邑主1人、邑主事1人、邑正2人、邑人9人、典录1人、都录1人等。

功德主名单体现了佛事活动组织的完备。功德主们在参与开窟祈福事业中，多人有多个身份。如发起人刘瑞是邑主也是像主。乌丸□□一人竟有4个身份，分别是书铭人、左维那、道场主、光明主，亦可见分工之细。

北朝后期以来，为满足社会需求旺盛的开龛祈福活动，佛教社团组织不断总结经验，完善流程，为达到活动目的都要进行缜密安排。如本次开窟活动中，有组织者，有具体事务责任者，有参与者，有捐献者等多种分工安排。类似分工在当时的佛事活动中大体均可看到。

2. 功德主群体浓厚的军事背景

开凿天龙山石窟第八窟的功德主群体，应具有一定的社会地位、虔诚的信仰和雄厚物质基础。

名单中的功德主爵位和职位有仪同三司真定县开国侯、县君、都督、别将、幢主。"仪同三司真定县开国侯"是本次开窟活动发起者刘瑞的结衔。作为邑主、像主，他是开窟活动社邑组织者，也是开凿造像施主。据《隋书》卷28《百官志下》载：开国侯正二品、仪同三司正五品、都督正七品、别将正八品、幢主从九品，隋初设散实官十一等，"以酬勤劳"。这是杨坚建隋，笼络关陇贵族的制度安排。

开国侯为高品爵位。隋初府兵军府中副长官结衔一般为府兵军号+将军号组合——即仪同三司+车骑将军。刘瑞有仪同三司官号,当时也有独立的车骑将军府[4],推断他可能是某一军府的正或副长官。总之,刘瑞不仅是此次开窟事业的发起人,也是功德主中职位最高者。

成睾县君李敬妃是功德主名单中唯一可明确认定的女性。成睾即成皋,成睾县君为封号。《隋书》卷12《礼仪志七》载:佩授"从五品以上官命妇,皆准其夫"、服饰"诸王、公、侯、伯、子、男之母,与妃、夫人同。其郡县君者,各视其父及子。若郡县君高及无夫、子者,准品"。可见隋外命妇是指品官的母或妻。五品是很重要的官品,之上为中高层官员。其佩授和服饰等要与其夫或子的品级匹配。《通典》卷34《职官十六后妃及内官命妇附》载"大唐外命妇之制:……(文武官)五品母妻为县君。若勋官三品有封者,亦同五品。"可见唐代五品官之母、妻封

天龙山石窟第八窟摩崖碑局部

---

[4] 参见熊伟:《府兵制与北朝隋唐国家政治生态研究》,人民出版社,2014,第157页。

号为县君。隋、唐制度多类似，此李敬妃或即刘瑞之母或妻。

隋炀帝时改都督名为队正，唐代沿袭，领兵50人，是府兵基层军官。隋炀帝时还曾废除别将以下低层府兵军官名号。

由此，名单中为都督、别将、幢主者应为隋初军府军官，可能即是刘瑞部属。

北朝—隋唐时的晋阳是北方重要都市，具有举足轻重的战略地位。历代政府在太原和周边设置军府颇多。刘瑞等人应即来自并州军府。

此外，功德主中有"清净主前下士柳子直"。"下士"应为北周六官制官职。北周六官制中各官府下层均有下士一职。因为记述前朝官职，故曰"前下士"。柳子直或为北周并州六官府属员。[5]

隋至唐初，正值府兵制鼎盛期。开皇十年（590）全国统一后，隋府兵兵籍入民户。天龙山第八窟成于开皇四年，时府兵有独立军籍，具有较高社会地位。

隋初政府号召大兴佛教，如碑文所述："皇隋抚运，冠冕前典，绍隆正法，弘宣方等，一尉一候，处处熏修。招提支提，往往经构。"发起人刘瑞等可能为并州地区军府军官，为表示对初建隋朝的拥戴和效忠，寻东魏、北齐以来石窟旧迹，合力开窟于天龙山。这类驻军参与佛事活动或是当时的普遍现象，可见佛教在隋初军事系统中产生的广泛影响。[6]

3. 来自多民族的虔诚信徒

可识别的功德主名单中，姓氏分布较广，刘氏（3人），夏侯氏（2人），侯、史、曹、成、高、王（2人）、李（2人），柳、曾、连、张（4人），陈、徐、孙、乌丸、蒋、兰、董、段、明、西门、和等。

其中的乌丸□□可能出于乌丸。早期碑文多不载撰者和书丹人，此碑文难得记录下书铭人，即是此乌丸氏人。

[5] 据《周书》卷6《武帝纪下》，北周灭北齐后于建德六年（577）二月"相、并二总管各置官及六府官"。"（十二月）戊辰，废并州官及六府"。〔唐〕令狐德棻等：《周书》，中华书局，1971，第101、105页。

[6] 参见拙文《〈洛阴修寺碑考〉——隋府兵制下汾河中游民族大融合实例》，《北朝研究（第十三辑）》，科学出版社，2021，第152—164页。

和氏或为鲜卑素和氏所改。兰氏或来自乌洛兰氏，为南匈奴贵族姓氏之一。

其他功德主姓氏亦多有可能为胡族，如刘氏本为南匈奴—稽胡族群的著名姓氏，侯氏出于鲜卑侯伏侯氏，连氏来自是兰氏，段氏来自鲜卑段部，史氏和曹氏为中亚昭武九姓（粟特人），明氏可能出自鲜卑壹斗眷氏。常见的李氏、王氏、张氏在各胡族中都有分布。[7]

夏侯、柳、西门为汉人姓氏，曾、陈、徐、孙、蒋、董等姓功德主为汉人的可能性较大。

可见这一开窟功德主群体的民族组成颇为复杂，除汉人之外，可能还有来自匈奴系、鲜卑系、粟特族群等北方和西域主要胡人族群的后裔。

隋初是北朝以来民族融合的高峰，在中古民族融合的重要舞台——山西汾河流域，百姓普遍接受佛教，信仰起到了民族融合加速剂作用，天龙山第八窟摩崖功德主名单正是实证。

解读幸存原址的摩崖功德碑，部分还原开窟缘起、时代风貌，在此，中古历史和艺术因一段细节的再现而生动。

---

[7] 有关胡姓改汉姓，参见《魏书》卷113《官氏志》（中华书局，1974）、姚薇元：《北朝胡姓考》（中华书局，1962）、陈连庆《中国古代少数民族姓氏研究》（吉林文史出版社，1993）等书。

太原西山秘窟

太原西山地区文化遗产密集。这里是中古北方大都市晋阳的郊区，围绕古都晋阳，先民在西山建起蒙山开化寺、天龙山石窟、太山龙泉寺、龙山童子寺等多处著名佛教建筑，也在这一带山地开凿了诸多小型石窟，如瓦窑石窟、悬瓮山石窟、姑姑洞石窟、石门寺石窟等。它们大多风化在荒野之中，是那个辉煌时代的珍贵历史见证。

1　密林中的福慧寺石窟

　　天龙山东北方向、太古路店头村以西有程家峪古村。福慧寺石窟就隐藏于山谷之中。福慧寺石窟岩石东西向，在南壁上开有3窟，窟上壁面有方孔，应是早期安放窟檐木构之用。砂岩风化，壁面上题记无存。

　　3窟中，中窟最大，高约3米、宽2米。左、右窟高约2.5米、宽1.5米左右。造像头部大多被毁，身形基本完整。中窟居中主尊为倚坐像，颈部有三道纹，内着僧祇支，外着袒右肩袈裟，左手握袈裟，放于左膝上，右手施无畏印。坐像东侧雕出一坐骑兽头，东（左）、西（右）壁上各雕一弟子、一胁侍菩萨像。在弟子和菩萨之间又各雕出一结跏趺坐佛、一交脚佛。主尊倚坐像即弥勒佛像，左右壁上的交脚像是体

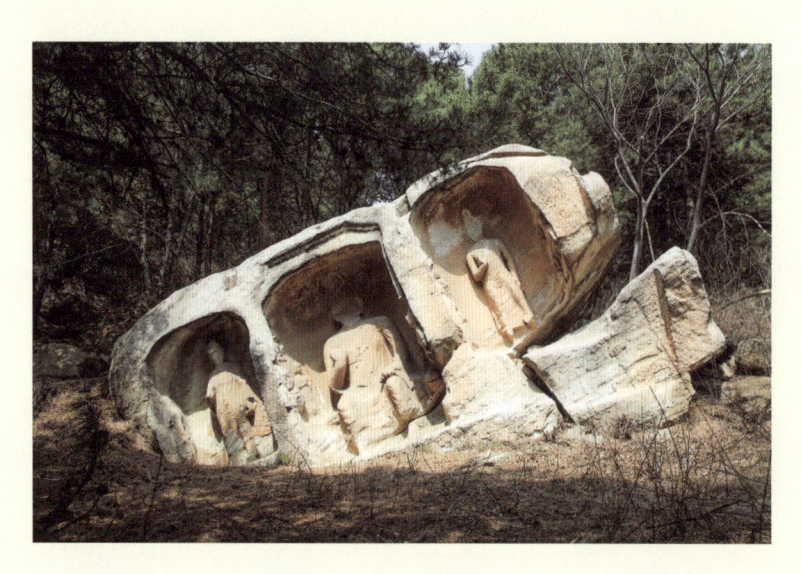

福慧寺石窟全貌

现下生之前的弥勒菩萨。有趣的是，左壁弟子像是一高鼻深目圆眼的老年胡僧形象，即佛的大弟子迦叶。

东窟和西窟主尊均为一立佛。东窟立佛左手下垂，右手施无畏印，袈裟上雕出U形纹。东、西两壁上各雕一合十童子、一孔武力士、一立佛。东壁上方另有一像被砸毁，西壁对应位置雕一有背光的半结跏趺坐思惟菩萨像。

西窟主尊与东窟类似，东、西壁上各雕一立佛。东、西窟的三立佛组合或比拟三世佛。

结合造像形制，福慧寺石窟应为盛唐前后作品，虽风化、人为毁坏严重，但在窟前瞻仰，仍可感到雄浑大气的唐风扑面而来。福慧寺石窟是太原西山野外小石窟中的重要代表，颇有艺术研究价值。

2　瓦窑石窟

瓦窑旧村在群山环抱中，树木葱茏，很是隐蔽。村北山崖上有3座风化严重的石窟，东窟稍大，进入后可见三壁三龛，窟内淤土在1米左右。北壁主尊风化，胁侍已无法识别。西壁龛内雕坐佛，龛外胁侍菩萨立像风化。东壁帷帐龛保存较好，龛内菩萨像身材匀称，腰部较细，面部被毁，戴高冠，宝缯向后飘扬，有项链、披帛等装饰。按北朝石窟常见三壁三龛模式，此位置菩萨多为交脚菩萨像。[1] 目前淤土严重，菩萨像下部被埋，有待日后清理。东壁造像线条流畅，是瓦窑石窟保存情况最好的部分，根据形制判断，应为北齐艺术杰作。

中窟已被土掩埋大部，无法进入。亦为三壁三龛式。

瓦窑石窟东窟东壁造像

[1] 李裕群认为是交脚弥勒菩萨。参见李裕群：《太原姑姑洞与瓦窑村石窟调查报告》，《文物季刊》1995年第3期，第47—61页。

西窟也是三壁三龛式，风化严重，每壁均为一佛二弟子组合，东、西壁内侧应各有一力士像。西壁内侧力士尚存。窟外东侧壁面还有一龛，内雕二佛并坐像，风化仅存身形。

　　瓦窑村石窟可能为东魏、北齐时期开凿。3窟模式类似，东窟最大。3窟东壁造像是否均为交脚弥勒菩萨像，还需清淤后综合判断。尽管现状堪忧，但东窟东壁菩萨像的风采依然可见，动人心魄。

3　悬瓮山石窟

　　晋祠附近的山峰名悬瓮山。在天龙山北侧山腰附近有一片山崖岩体砂石质地，多横向节理，风化后局部呈现为倒扣大瓮样貌，有人认为这里才是最初悬瓮山得名的出处。

　　山崖中部有残存小石窟3窟。西窟平面正方形，三壁三龛式：北壁龛内主尊结跏趺坐，龛外壁面造像痕迹不明显；东壁造像风化无存；西壁应为一主尊二胁侍菩萨组合，主尊风化，据壁面上遗存看似乎为立像。

　　此窟风化严重，造像难以完全识别，根据窟形和造像形态判断，大约开凿于北朝后期。

悬瓮山石窟东侧下窟东壁造像

东侧有一颇有特点的悬瓮状巨大岩体,在山体朝西的壁面上、下各存一窟。上窟因山体风化、崩塌,窟内情况一览无遗。此窟坐东朝西,平面为正方形,覆斗顶。东壁尖楣龛内主尊为一须弥座上的坐佛,头部不存,袒右肩,僧衣贴身,衣纹线条流畅。须弥座较高,下层覆莲,束腰处立面上雕一弹奏古琴的乐伎。南壁造像被毁,隐约可见为一坐佛二胁侍组合。北壁因山石崩塌已不存。此窟或为初、盛唐时期开凿。

下窟内部也是正方形,覆斗顶。造像保存较好。造像高约1.5米。东壁(正壁)居中龛内造像为须弥座上的二佛并坐,靠南侧造像面部还有微微笑意。佛像脸型圆润、低肉髻,僧衣贴身。二佛并坐题材在云冈中期后常见,一般认为是北魏冯太后执政时期出现,此题材是比拟冯太后与孝文帝共治。东魏、北齐石窟二佛并坐像较少。南壁和北壁上无主尊,各雕一弟子、胁侍菩萨、护法力士立像。三壁造像为二佛并坐、二弟子、二胁侍、二护法,8尊像组合形式罕见,是特别设计后施工完成的。

4 姑姑洞石窟

姑姑洞石窟在龙山以南不远处的明仙沟北坡上。此处石窟因山体崩塌、人为损坏等因素,部分被破坏,目前还不好整体判断具体规模。李裕群先生早年对姑姑洞石窟西侧岩石上的3窟进行过考察。其中下窟较大,为中心塔柱窟,与天龙山第八窟形制一致。窟内风化,泥土淤积严重。中心柱四面龛内均为一佛二胁侍造像。窟内三壁,左右壁上各开2龛,北壁(正壁)上开3龛。龛内雕立佛、一佛二弟子二胁侍组合等。造像损坏严重,发髻多低平,面容方圆。中窟三壁三龛,北壁(正壁)龛内为一佛二弟子二胁侍造像组合。窟门两侧存小浅龛,左龛内为骑象菩萨,右龛内为菩萨立像。上窟损坏严重,正壁龛内造像和中窟正壁龛造像一致。此3窟开凿时代应在北齐时期。目前3窟被封闭起来。

姑姑洞石窟弟子像

在3窟东侧明显经过雕琢的壁面上有一大佛头,其胸部以下埋在淤土中。东侧可见一弟子像。弟子像头部极其优美大气,如此精妙的设计和施工,应是北齐权贵所为。姑姑洞石窟遗址如果继续清理,想必会有更多收获。

5　石门寺石窟

在太原龙山景区童子寺以北的硫黄沟内有石门寺石窟。现在寺院无存,在密林遮蔽的山崖中有一窟。此窟坐西朝东,正面对着晋阳古城方向。石窟内雕一倚坐大佛,高约3米,螺发,方脸型,双手抚于膝盖上。窟顶彩绘双层莲花藻井。大佛造像应为唐中后期风格,与天龙山石窟第九窟弥勒大佛类似。

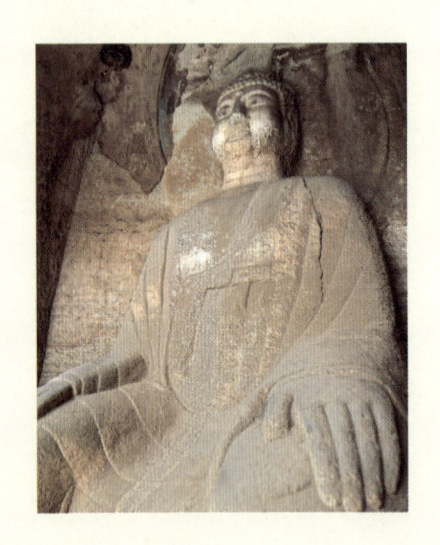

石门寺坐佛

6　石庄头石窟

太原西山的蒙山以北有石庄头村。此村现已整体搬迁到山下公路边上,旧村面对晋阳古城方向,背后是绵延的西山。村北有西山旅游公路穿过。

旧村北200米处有一略呈坐西朝东的不规整断续砂岩壁,从南向北,壁面上现可见4窟。第一窟朝东南,第四窟朝北。两窟较小,平面均约为方形,内部已无造像。窟外部壁面上多有椽眼,是后代修缮痕迹。

第二、三窟较近,平面均约为正方形。

第二窟较小,窟门似乎为内外两门嵌套,外部壁面的窟门圆拱形,左右有残存窟门柱,东侧还可见残存力士造像痕迹。力士像外侧有残存的骑瑞兽的菩萨像,风化难辨。第二窟内为三壁造像,北壁(正壁)前主尊为结跏趺坐于佛座上的释迦佛,左右两壁前各一莲座上的立像,为一弟子像和一胁侍菩萨像。胁侍菩萨身披璎珞。释迦佛

石庄头石窟第三窟西壁造像

左侧有 2 尊残破立像，似为弟子像。一无莲台。右侧有一残存莲座，上有残足痕迹，此座上之像或即佛像左侧无底座立像。此窟三壁前造像均是单体石造像，与中古时期常见的三壁三龛式不同。石像有后期修补泥塑痕迹。

第三窟较大，窟门已毁，窟前部岩壁坍塌。后人做了简单防护。就地面遗迹观察，窟门内两侧应各有一立像，可能为力士像。窟内三壁三龛式，三壁龛均为圆拱尖楣龛，龛侧柱头上雕回首龙头。楣尖上雕莲花。三龛内均为一坐佛二弟子二胁侍立像组合。三壁下部雕神王。

第二窟造像、第三窟形制与附近的天龙山、瓦窑村石窟等处的北齐石窟多有近似之处，最初应亦为北齐时开凿。

文水隐泉山隋石窟题记考

山西省文水县西部有隐泉山，拔地而起，山势险峻，令人生畏。山中有泉，时隐时现。自古以来这里就有子夏在此讲学的传说，故山又名子夏山。

山崖之上的天然洞穴隐堂洞旁有隋代石窟，存隋唐以来历代题记，可与《水经注》等历代文献印证，是珍贵石刻史料。解读隐泉山隋窟题记，对探讨中古府兵制、民族史、佛教史均颇有价值。

一、从隐泉山到子夏山

隐泉山又名子夏山，在文水县马西乡神堂村西北，国道 307 在山体东麓经过，濒临平川。其山拔地而起，山巅海拔 1600 米，相对海拔达 500—600 米，巍峨险峻。

此地在中古文献中已多有记载。

《水经注》中有一段详尽描述此地景观，应是郦道元亲历或采写自其他亲历者文献修订而成：

文水又南径县，右会隐泉口，水出谒泉山之上顶。俗云：旸雨愆时，是谒是祷。故山得其名，非所详也。其山石崖绝险，壁立天固，崖半有一石室，去地可五十余丈，爰有层松饰岩，列柏绮望。惟西侧一处，得历级升陟，顶上平地十许顷。沙门释僧光表建二刹。泉发于两寺之间，东流沥石，沿注山下，又东，津渠隐没而不恒流，故有隐泉之名矣。[1]

可见北魏后期，此山已名隐泉山，因有泉水出露形成高山瀑布，是地方民众祈雨之地。山势绝险，山崖中间有一石室。有小路可通山顶，上有僧人僧光所建古寺两座。此段记述未载子夏石室讲学事。

[1] 陈桥驿：《水经注校证》，中华书局，2013，第 165 页。

唐《史记正义》载：

西河郡，今汾州也。……河东故号龙门河为西河，汉因为西河郡，汾州也，子夏所教处。《括地志》云："谒泉山一名隐泉山，在汾州隰城县北四十里。《注水经》云：'其山崖壁五，崖半有一石室，去地五十丈，顶上平地十许顷。'"《随国集记》云此为子夏石室，退老西河居此。有卜商神祠，今见在。[2]

《史记正义》列举《括地志》和《水经注》中的隐泉山记载后，又引《随国集记》说，认为这里是子夏石室，石室应即"崖半石室"。

唐《元和郡县图志》卷13汾州西河县条："谒泉山，在县东北四十里，一名隐泉山。上有石室，去地五十余丈，顶上平地可十顷，相传以为子夏石室。"又载："卜商祠，在县北四十里。"[3]

卜商祠即子夏祠，其方位在县北40里，隐泉山为县东北40里，为临近之地。

比对可见，《元和郡县图志》此段文字删改自《水经注》《史记正义》等书。

由上可知，北魏时隐泉山已有佛教活动；唐代隐泉山崖上石室为子夏石室的说法在民间流传开来，并被记入各类唐代书籍。民间传说被文献采纳之前，一般会有一个相对较长的传播过程。

明清时，隐泉山半山上的石窟和子夏庙仍见于方志，多描述不清，混淆了隋代石窟、子夏庙与天然洞穴隐堂洞之间的关系。

如明《永乐大典》卷5202页二《太原志·文水县·山川》载：

隐泉山，在县西南二十五里。西临马援川，东望昭余薮。《礼记》云子夏退老于西河之上，即此地也，亦名陶山。有石窟，号子夏室，去地五十余丈，其地险峻，有泉隐没，而不恒流，故有隐泉之名，亦谓之白虎山。旧经云：昔有白虎，见于此山，因以名之。南连隐泉，北连交城界。[4]

清《读史方舆纪要》卷四十《山西二·太原府·文水县条》载：

---

[2]〔汉〕司马迁：《史记》，中华书局，1982，第2203页。

[3]〔唐〕李吉甫：《元和郡县图志》，中华书局，1983，第378页。

[4]〔明〕解缙等：《永乐大典》，中华书局，1986，第178页。

隐泉山，县西南二十五里，在平陶故城城南，亦名陶山。石崖绝险，壁立险固。中有石室，去地可五十余丈，惟西侧一处得历级升陟。顶上平地十余顷，有泉东流，注于山下，亦名东津渠。隐没而不恒流，故有隐泉之名。雨泽丰注，则通入文水。《志》曰：隐泉，一名谒泉。其石窟曰隐堂洞，亦曰子夏室。昔子夏退居西河之上，即此地也，故山亦兼子夏之称。宋靖康元年，金人围太原，使李刚督诸道兵赴救，折可求之师，溃于子夏山。时可求自汾州而进，取道山下也。[5]

以上记载均将石窟和子夏（石）室混为一谈。

另《永乐大典》卷5203页引《太原志·文水县·祠庙》载：

子夏庙，在县西南三十里隐泉山石窟之侧，有碑文剥落微显。[6]

此条记载明言庙在石窟侧旁，较为真切。

综合历代文献记载，隐泉山山势高耸，有泉水隐秘而出，故名。山顶曾有北魏佛寺。山崖上的天然洞穴被人们称为子夏石室，一名隐堂洞。

前往隐堂洞，需自文水县城向西南行，过马西、神堂村，来到隐泉山山口，附近有汾阳机场和山石料场。汾阳机场附近旧有子夏庙，后被拆除改为现代建筑。前些年的采石作业造成山口处山体破坏。绕过关停的采石场，在谷中前行，在一北侧支谷口，看到北边山体高峻，地层抬升明显，部分断层处与地面呈90°垂直状山体，直向青天。

沿峡谷东侧小径进入，霜降后的谷内红叶、黄叶遍布。山谷中多有断层陡崖，在石壁的缝隙里有无数崖柏顽强生长，与前引《水经注》中"爰有层松饰岩，列柏绮望"的记载完全一致。

徒步至谷底转入山崖西侧，向上攀爬垂直坡度80°的一处绝壁，当地民间俗称"十米天梯"，须手脚并用，身体紧贴岩壁。再向上几十米，方可到达半山处的天然洞穴，即隐堂洞。

---

[5]〔清〕顾祖禹：《读史方舆纪要》，中华书局，2005，第1827页。

[6]〔明〕解缙等：《永乐大典》，中华书局，1986，第222页。

二、隐堂洞及隋代石窟

隐堂洞前一小块平地有建筑地基遗迹。地面立有一通风化难辨、上半部破裂倒地的清康熙石碑。此应即文献所载子夏庙遗址、遗物。山体上有天然洞穴，洞口椭圆形，宽六七米、高三四米。洞口附近岩壁上有白灰层。进入洞内，看到洞高约 30 米，进深也有 20 米，洞内空间约为倒三角形。洞内可见泥塑佛头残件、砂石造像残件，一处壁面上有金大定四年（1164）题记。

此洞内外曾有山泉出露，泉水在山石中流淌，时隐时现。水流出山后汇入文峪河。

隐堂洞地处高山绝险之地，渐成为历代先民祈福、修行之所。至今，在洞内外可见隋石窟摩崖造像，隋、唐、五代、宋、金、明、清等时代的题记、碑刻，文化内涵丰厚，虽受人为和自然破坏，仍颇有历史研究价值，尤以洞口隋代石窟题记最为珍贵。

洞口西侧岩壁上有 2 座石窟，外侧的较大，可称为 1 号窟；靠洞口者较小，可称为 2 号窟。

1. 1 号窟

1 号窟开凿面宽 2.5 米，窟门宽 1 米、高 1.4 米，窟内长 2.1 米、高 2.2 米。窟门柱头线刻莲花。门楣上部壁面，窟门外东、西侧，窟门内侧面岩壁等处，均有题记。1、2 号窟前立一残碑。

窟内正中壁面上存一凸出火焰形头光。中间部分被开凿出一长方形匣形空间。左右两壁造像痕迹不明显，应为后期修葺所致。

门楣上部壁面青石质地，上有题记，为隶书向楷书过渡字体，稍有残损，大部分可识，结合现场观察和图片、拓片比对，录文如下：

开府仪同三司许昌公贺兰志侍佛时／
□□惠远 比丘僧和 比丘道弁／
□帝地载天临，春生夏／长，乃神乃圣。亭之毒之。／□以七德九功，其利未／博。五礼六乐，厥道弗弘。／乃广布慈云，遍流法雨，／投施妙药，济拔群生，载／以宝船，升于彼岸。贵臣／良将，先沐圣道，善因缘／业，多树福田。开府许昌／公贺兰志、上仪同三司／郁久闾相贵等，或鸣玉／垂缨，柳杨槐鼎；或治戎／练武，升降偏裨。并敛衽／法门，濯身德水，共于福／地，同建宝坊。隐泉山者，／盖西河之巨镇。长汾远／亘，冲波淼其荡薄；叠嶂／回临，高树郁其森耸。又／有子夏遗称，僧光旧迹。／行雨行云，登年不爽；／或祈或报，神听无违。于是／妙选良工，式刊灵石，遥／希尊相，敬图安养。神仪映迥，

隐泉山1号、2号隋代石窟

融若聚金；瑞景腾／空，皎如众日。凌波藕叶，／对宝塔而俱开。拂雾仙／衣，杂天花而共下。闲房／肃敞，高行所归，饮露餐／松，经行宴坐。清净之业／已远，汲引之路方弘。勒／铭岩阿，其词云尔：／

灵山作镇，岩岫陵虚。达／人运力，经营净居。右横／龛隐，寺远钟疏。道心有／愿，妙果无余。／

开皇五年岁次乙巳正月十五日建／
……仪同三司常舍提副斋主□□长史李悦、大龛主仪同三司常舍提□□□／
大斋土□□□副斋主大都督王保安、子夏堂主尉兀／
……□□□邑主大都督□□□／
观世音主上仪同妻刘郡君侍佛时／[7]

此篇优美的骈文为开皇五年（585）正月十五日题记。此窟应即在此时开凿。

[7] 录文参考刘新创先生所提供的窟门楣上部题记拓片、成永平先生所提供的门侧题记拓片。

隐泉山1号窟窟门上部题记局部

题记内容是开窟发愿文，分3段，第一段颂扬佛法，第二段是赞颂"同建宝坊"的贺兰志、郁久闾相贵两位将领。隋初，军府的正、副长官名号是开府和仪同。后开府有骠骑将军号，仪同有车骑将军号。题记载贺兰志为开府仪同三司，郁久闾相贵为上仪同三司，据《隋书》卷28《百官志下》，分别为正四品和从四品，"或治戎练武，升降偏裨"即寓意二人为军府的正、副长官。

贺兰本匈奴大姓，后为拓跋氏亲族，郁久闾氏本出茹茹（柔然）国姓，此二人为胡族将领无疑。

《隋书》卷60《于仲文传》载：

未几，诏仲文率兵屯白狼塞以备胡。明年，拜行军元帅，统十二总管以击胡。出服远镇，遇虏，破之。……于是从金河出白道。遣总管辛明瑾、元滂、贺兰志、吕楚、段谐等二万人出盛乐道，趋那颉山。至护军川北，与虏相遇。可汗见仲文军容整肃，不战而退。[8]

---

[8]〔唐〕魏徵等：《隋书》，中华书局，1973，第1454页。

此役是隋反击突厥的前哨战，时在开皇二年（582）。贺兰志是于仲文率领的十二总管之一。战后，贺兰志所部可能驻于文水，3年后此军府军人于隐堂洞侧开窟祈福。

第三段赞美隐泉山的自然和人文背景，记述多种信仰集聚，意在凸显此地之神圣。

"子夏遗称，僧光旧迹"，可见子夏讲学的说法在当地已广为流传，同时《水经注》所载僧光在山巅所建二刹尚在。隐泉山佛教活动，或与此不远的净土宗重要寺院玄中寺有关。题记中的惠远、僧和、道弁等应是附近佛寺僧人。

"行雨行云，登年不爽；或祈或报，神听无违"，说明此地也是民间祈雨的重要场所。

隋初已有儒家、佛教、民间信仰汇聚隐泉山，题记以赞美的口吻记述了多种文化并存发展的文化现象。

发愿文后题名为开窟活动参与者，为军府文武官员和家属。

副斋主□□长史李悦

长史是军府内文职僚佐之首，与州长史类似，在正五品、从五品之间。

大尭主仪同三司常舍提

仪同三司，正五品。

副斋主大都督王保安　邑主大都督□□□

大都督为府兵军官，正六品。

观世音主上仪同妻刘郡君

此处列观世音主，说明窟内应有观世音菩萨造像。上仪同为简称，应即门楣上部题记中的上仪同三司郁久闾相贵。郡君为刘氏封号，未载邑名。《通典》卷34《职官十六后妃及内官命妇附》载大唐外命妇之制，（文武官）四品母妻为郡君，若勋官二品有封，亦同四品。隋上仪同三司为从四品，其母、妻封号为郡君，应与唐制近似。

子夏堂主尉兀

子夏堂，即祭祀子夏之祠堂，可能在洞口位置。尉姓由尉迟氏所改，尉兀应为军府军人或是与军府有密切联系。此题记是目前已知隐泉山上最早的子夏祭祀场所证据。

唐《史记正义》引《随国集记》云此地为子夏石室。这一题记说明隋初此处已有祭祀子夏场所，即子夏石室说的来历。

天然洞穴石室称隐堂洞，所谓堂即子夏堂。石室隐在山崖上，连同子夏堂，在山谷中很难发现，故名隐堂。

在1号窟窟门外西侧壁面上，我还发现大量题名，是近年来隐堂洞石窟考察的重大收获。

上——隐泉山 1 号窟侧面壁上新发现的题名
下——隐泉山 1 号窟窟门侧面题名拓片

这部分铭文风化严重,可分辨出横向 3 组铭文。岩石外侧边缘有损,部分题名不存,另有部分铭文被白灰遮挡。

结合实地观察及拓片,录文如下:

第一组(从右向左,下同)

大势至主仪同三司常舍提 / 大化主零州长史□□母□□…… / 香火主都督段洛儿母田亲信 / 清净主李贵珍及妹回好 / 天堂主仪同故王椎息长雄 / 开明主李贾……开明主…… / 香

文水隐泉山隋石窟题记考

火主郭□□维那王任□□/大像主帅都督□□□/大像主□□母相里/开明主……副开明主……/……清净主……

第二组

……主……/……像主庞……/副坊……/道场主□□□/清净主张伏景副清净主任伯德/天堂主刺史王康买妻纥奚/副天堂主曹元怒引/维那主勿多娄万仁等/仪同段凡生仪同马休妻宋/仪同王延□及妻□/刺史……及妻李/刺史□子和□及妻郭/刺史……及妻田

第三组

都督……/都督明当伯都督曹回洛/都督叱干回洛/武尊妃〇王爱姿/霍奈姜〇郭国妃/康舍妃贤者斑阿义/贤者封长洛□□□/贤者刘定洛/贤者……/贤者……

以上铭文为新发现的部分供养人人名，部分人名有官职，其中多人有仪同、都督等官名。隋文帝时，府兵制军官品级：骠骑将军正四品、车骑将军正五品、大都督正六品、帅都督从六品、都督正七品、别将正八品、统军从八品、军主正九品、幢主从九品。

题名中有大都督、帅都督、都督，是军府中的中层军官。这些军人应即贺兰志、郁久闾相贵的部下，驻文水地区的某军府军人。[9]

隋初，朝廷为有战功的军人发布十一等武散官号，"以酬勋劳"，是荣誉衔，包括仪同、都督名号。题名出现了"仪同"名号，仪同即仪同三司。应是散实官号。

军府中的都督，隋炀帝时改名队正，唐代沿用，领兵50名。题名中的多位都督应是军府中的实职基层军官，而非散实官号。

题名中的贤者应是地方信众。

题名中的段、纥奚、叱干（薛干）为鲜卑姓氏，明氏可能出自鲜卑壹斗眷氏，康、曹或为粟特族群姓氏。勿多娄为文献和石刻文物中未见之罕见胡姓。《通志》卷29《氏族略五》"代北三姓"条录有莫多娄氏，或为不同音译。

题名中的郭、仟、霍、武等应为汉人姓氏。

---

[9] 河北涿州出土《王端墓志》载："君讳端，字履宜，其先西京太原人也。因官播越复家于范阳县焉。曾祖达齐任文州刺史，父像随任文水府兵曹。"杨卫东：《唐代武周时期的一方墓志》，《文物春秋》2007年第3期，第74—76页。王端家族为太原人，其父王像曾任隋代文水府兵曹参军，说明隋军府有文水府，或即隐泉山石窟开窟军人所属。

题名中出现的刘、王、张等单字姓，部分亦可能本为南匈奴—稽胡系、鲜卑后裔。

以上可见，参加开窟的人有鲜卑人、西域粟特胡人，有可能来自汉化较深的南匈奴—稽胡系后裔，也有汉人后裔。

由发愿题记和题名可知 1 号窟开窟祈福活动是由某军府的正、副长官贺兰志、郁久闾相贵发起，军府文武官员及家属支持，同时有地方信众加入。此外还有地方僧人参与。参与者群体分工详细，有大斋主、副斋主、大龛主、大化主、香火主、清净主、开明主、天堂主、副天堂主、维那主等名目，各司其职，合力开窟。中古民间佛教活动一般由僧人和信徒发起，社邑具体运作，1 号窟门楣上部题记中有邑主大都督□□□，此人是军府军官，也是开窟活动组织者。

门楣上部题名有"观世音主上仪同妻刘郡君"，窟门侧面题名有"大势至主仪同三司常舍提"，可推知窟内应有观音和大势至菩萨造像，如主尊为阿弥陀佛，则为西方三圣组合。西方净土信仰在北朝后期逐渐发展，北朝高僧昙鸾在玄中寺大力弘扬净土信仰，创立净土宗。文水子夏山与交城玄中寺山水相连，净土信仰很可能通过僧人在隋初军府军人和家属中流传。

2. 2 号窟

2 号窟面宽 1.24 米、高 1.7 米、进深 1.9 米。窟门已毁，门楣以上壁面有题记。内部为三壁三龛式，正壁居中应为释迦牟尼佛，左右壁造像不存，只正壁主尊和左壁佛像头光尚可见。

门楣以上壁面存题记，结合现场观察及拓片，录文如下：

比丘僧和 /

凭乘六度，托驭三 / 车，出有论之乡，入 / 无为之城。骠骑大 / 将军、仪同三司、齯 / 二州诸军事□州 / 刺史、铜鞮县开 / 国侯，食邑□□□ / 常舍提将郡□ / □居罗孙□□□ / 梯隐禅□□岳。值 / 真人之□□，莫不 / □□□□树吟常 / 乐□□□□载之。/ 德下报□养□□□。/ 以大隋开皇六年 / 岁次丙午七月十五日，就此胜阿□ / 石一□，镌写真 / 容相□皆佑铭之 /：□山月华，天地而□ / 劝其颂曰：/ □□□地网□士□厝下视 / □□□□白菟云服□□□ / 裳□□□□□□无为无作。/

比丘道弁 /

武真贵 /

此题记为发愿文及颂词，楷书书体，大气灵秀。岩面多断裂，铭文有缺损。常舍提之名亦见 1 号窟窟门上部壁面题记和窟门外侧壁面题名。1 号窟题记中载常舍提为仪同三司，未载军号。此题记结衔最为全面。《隋书》卷 28《百官志下》载，隋制骠骑将军正四品，仪

隐泉山 2 号窟门楣上部壁面题记局部

同三司正五品。州刺史分上、中、下三级，分为正三、从三、正四品。开国侯正二品。

　　隋初，军府正、副长官的将军号为骠骑将军和车骑将军，分别为正四品和正五品，无骠骑大将军，此题记或为溢美，私自加"大"。常舍提实职为军府长官，刺史衔或为曾任职务，开国侯为爵位，有食邑等相应待遇。

　　舍提，或出自佛教《楞严咒》中"阿那隶，毗舍提"，有天地护卫，广大之意。北朝人名中多用佛教词语，常舍提之名即是如此。作为佛教信徒，他积极参与开皇五年开凿的 1 号窟，是大势至主、大斋主。次年开皇六年（586）七月十五盂兰盆会之时，常舍提再度主导组织开窟祈福活动。

　　比丘僧和、道弁亦见于 1 号窟门楣上部题记。

　　1 号窟功德主为首者贺兰志、郁久闾相贵是军府正、副长官，按题名次序，常舍提职级在其下。他们应在同一军府中任职。建设 2 号窟时，贺兰志、郁久闾相贵或已不在职，军府由常舍提执掌。

　　石窟下方外侧石壁上现存摩崖小龛 2 个，上龛较小，下龛稍大，形制类似，火焰形门楣，内均雕一坐佛。上龛左侧和下部题记：

　　　　开皇五年□□□／八日潘阿道造像／一区，为父□□□□／解脱／忧苦，／俱登／正觉。

右侧题记：

□□□武光贵侍佛时。

下龛西侧平整壁面上雕一排 6 尊小坐佛，形制与上两龛同。左侧和下部有题记：

开皇五年三月□□日，/武光贵十人等／□□□□／比丘僧僧和、/比丘僧道□，/邑子封长洛、/邑子刘定洛、/邑子郭大有、/邑子□□□、/邑子郭文□、/邑子武□□、/邑子胡□□。

小龛题记中之武光贵应与 2 号窟门楣上部题记之武真贵为亲族。比丘僧和亦见于 1 号、2 号窟门楣上部题记。封长洛、刘定洛见于 1 号窟门侧面题记。

可见 1 号和 2 号石窟开凿时，僧团与信众在窟旁山崖上又开小龛造像祈福。

有僧团、军府、信众多方面参与的隐堂洞开窟造像活动，应是当时一件地方大事。

在隋初开窟活动中，我们看到军府军官的作用，他们是重要功德主。隋初佛教兴盛，与最高统治者大力提倡关系重大。

隋初府兵制改革，军府军人成分复杂，有多个民族的成员，文水隐泉山石窟题记题名中也有这一现象。军府军官多有胡人血统。府兵是北朝隋唐国家重要武力，具有较高社会地位，拥有较多社会资源。隋初开窟修寺等活动，多在军府军人支持下进行，如山西阳曲洛阴佛寺修缮、天龙山第八窟开凿、文水隐泉山石窟开凿、河北真定修建龙藏寺等。

总之，文水隐泉山北朝时已有佛寺建于山巅，隋时已有祭祀子夏庙建于天然洞穴隐堂洞侧，为一方名胜。隋初，佛教信仰再次走向兴盛。文水地区某府兵军府中的文、武官员和家属，在长官带领下，与地方僧团、信众合力开窟。通过对现存题记的考察，可见隋初军、民、僧多方联合开窟祈福的社会现象，题记承载第一手历史信息，对研究隋初府兵制、汾河地区民族融合、佛教发展均颇具史料价值。

平遥惠济河窟龛考察记

平遥县境内分布多条汾河支流,其源头大都来自东南部山区,包括现超山自然保护区范围。汾河的支流惠济河上游东源发端于宝塔山北麓。惠济河谷是中古时连接汾河流域与晋东南之间的捷径,谷中尚存若干小型石窟和摩崖造像。

西沟摩崖

惠济河在山谷中与一支流汇合,形成三岔口。

西沟东南崖中部摩崖造像

岔口西北侧山崖和东南侧山崖上均有摩崖造像。早年文物部门以附近西沟村命名其为西沟摩崖造像。

东南山崖上的摩崖造像现存3部分。

山崖东部一处平整崖面上一龛，龛形风化不清，坐佛，高肉髻，长圆脸型，大耳，身形饱满，雍容大气。头光边缘一周雕小坐佛。

佛龛东部壁面题记分上、下两部分，上部是发愿文，下部是供养人题名。题记风化严重，发愿文尚可识读出：……年岁 / ……平遥县 / ……为国 / 造石像一□七 / ……为帝王延康 / 万代□□不绝 / 七世父母所生 / 先死后亡济神 / □为□邑义一百 / 同生西方无量 / 弥……登 / ……

下部供养人题名可见侯、阎、郝、郭、韩、张、郑、梁、靳等姓。阎姓居多。题名字迹随意，两侧还有若干小龛造像，风化不清。

结合造像风格和发愿文内容及书体，大体可判断此龛为北朝后期开凿，是在社邑组织之下的平遥县本地居民合力开龛造像。发愿题记中的"西方无量弥"应即阿弥陀佛。

中部摩崖保存较好，雕在相临的两个壁面上。东壁上部一龛，圆拱尖楣，尖楣内雕火焰纹，龛内雕一坐佛二菩萨立像组合。佛像头型圆润，高肉髻，通肩袈裟，悬裳遮蔽佛坛。菩萨戴冠。龛左上部题记：天保二年 / 五月八日，仁 / 鲁将军、都 / 乡监军竹 / 平成造像 / 一区。

龛下题名：杜罗香 / 竹欢庆 / 竹延庆 / 竹欢洛 / 竹□□ / □□□ / 竹双洛 /

龛侧题名：女欢妃 / 女敬妃 / 女休 /

从题记、题名看，此摩崖造像为北齐天保二年（551）竹平成开凿，并有家人题名：杜罗香或是其妻，竹姓者为家族亲属，三女为其女儿。

竹姓为罕见姓氏，在传世文献中记载很少。

宋章定撰《名贤氏族言行类稿》卷49竹氏条："孤竹君、姜姓、殷汤封之辽西令支，至伯夷、叔齐子孙以竹为氏焉。"此说在民间流传，认为源自周代孤竹国，后人以国名中的竹字为姓。

汉魏以来自古印度辗转进入中原者，因汉地称印度为天竺，故以竺为姓。

---

[1] 陈连庆：《中国古代少数民族姓氏研究》，吉林文史出版社，1993，第407—410页。

竺、竹同音，竹平成的来历还有待更多证据。

近年在考察中古石刻文物中发现的竹氏还有一些，如太原纯阳宫存东魏兴和四年造像碑中有"佛弟子清信士兼䩮字手竹永贵"、正定龙藏寺碑阴题名中有"前散骑常侍维那竹奉伯"、太原博物馆藏北齐天保四年竹解愁铭记砖。

竹平成官职为"仁鲁将军＋都乡监军"，均为石刻文物中首见。

仁鲁，汉语无解，疑与汾阳等地的地方崇拜贺鲁将军类似，为胡语汉译。

都乡监军一职不见于文献记载。都乡，秦汉魏晋南北朝时独特的行政单位，是县—乡—里传统行政模式的补充，学界一般认为都乡是县城所在乡镇。有时都乡也承担管理全县基层乡里事务。[2] 都乡监军可能是一特设职务，负有监督职责。

题名男女名中均有欢字。众所周知，高欢本名贺六浑，欢为汉名。汉地讲究避讳，来自六镇的统治者虽已知晓避讳，但尚未形成文化自觉。东魏、北齐避讳制度可能并不严格，在基层社会的执行就更谈不上了。

平整岩壁上的西壁摩崖可见两层佛龛。上层高处是一单龛，左侧有题名。

下层雕并排5龛。与西壁龛形类型，门上均雕火焰纹。各龛体量一样，均内雕一坐佛二菩萨立像组合。造像风格亦大同于西壁，佛像高肉髻，大耳。5龛左侧、下部有题记。

下部题记：

维大魏／武定六／年，太岁／在甲辰七月庚申／朔一日，佛／弟子郝／文保造／堪像○区，／上为皇帝、／渤海大王，下／为七世／父母、兄／弟姊妹、／生死男／女、姻缘／眷属、边／地众生，／一时成○／佛。佛弟子／郝囗和、／佛弟子／梁思善。

题记为东魏武定六年（548）七月初一庚申日记。据《廿二史朔闰表》，此年为戊辰年，闰七月初一为庚申，题记甲辰误，漏闰字。

东魏造像题记中多见称引为皇帝、渤海大王祈福者。皇帝即孝静帝元善见，渤海大王即高欢。高欢去世于武定六年（547）正月，后长子高澄继为渤海王。高澄于武定七年（549）七月遇刺身亡。

[2] 寇克红：《"都乡"考略——以河西郡县为例》，《敦煌研究》2014年第4期，第85—94页。

东南崖中部西壁摩崖局部

西部第三部分有 4 龛。与前面的龛形近似,内均雕一坐佛二菩萨立像组合。上面两龛并排雕刻,下面两龛纵向雕刻。题记风化难以识别。

整体上看,此处东南侧的 3 部分摩崖造像,是北魏后期至东魏、北齐时民间开龛祈福活动遗存。

在山谷西北侧半山处,有一修缮后的 3 间石窟,中窟内北壁是摩崖造像。

北壁上造像为 3 龛,中龛较大,左、右龛略小,均雕一坐佛二菩萨立像组合。3 龛主尊均袒右肩。3 龛右侧有小龛若干,中有题记。

3 龛之间的壁面上题记文字较多,风化剥落严重。

可识读:

……形以征重……愚能说是以 /……善业遂……即郭集邑义三 /……余虎……半偈 /……敬造石堪三区……菩萨卫上为〇 / 七世父母姻缘眷属……有形咸同斯福 / 岁次……庚子朔一日庚子 / 菩萨主……维那主张口 /

后为供养人题名,多有风化,可见张、郝、阎、董等姓。左侧龛上部可见昙雅题记,为当时僧人名。

据石窟前 2019 年《整修西沟摩崖石窟并修石阶围墙碑记》载,此处沟西摩崖为武平三年开凿。应有所本。现在题记年号部分已风化剥落。"庚子朔一日庚子",检《廿二史朔闰表》,知武平三年(572)九月初一日为庚子。此处摩崖佛像即为北齐武平三年完成。

西沟西北侧半山处摩崖造像

　　西沟地处惠济河上游，与昌源河上游已很接近，自昌源河南的分水岭南下，一直是晋中和晋东南之间的重要古道，是今208国道途经地。向南即是武乡西部和沁县北部的涅水流域，由此经浊漳河北源，进入长治盆地。惠济河上游河谷可能是古人往来平遥和武乡、沁县之间，串联起汾河中游和晋东南的一条隐秘古道，西沟摩崖造像恰在沿途。

谷道沟摩崖

　　谷道沟摩崖在东西向的岩壁上可分为东、西两组。西侧一组因山石崩塌，尚存较全的有6个小佛龛，内雕一坐佛或一佛二胁侍组合。均为圆拱尖楣龛形。长、宽在二三十厘米左右。壁面上残存一骑马戴冠供养人像，仅存头部，后有持伞盖扎双髻侍者像，仅存头部，为体现尊卑，侍者大小比例仅为供养人像的一半。

　　壁面残存部分题记题名，可见题记："佛弟□景□为亡□造像一区"，有王、张、杨、卫、郭等姓氏的邑子题名多人。

　　中区摩崖造像区域上部有凹槽，应是当初木构搭建的位置。壁面风化破损严重，可见残存的3排横向雕凿佛龛，因崖壁断裂和风雨侵蚀，多难以辨识，现存者多为圆拱尖楣龛，个别尖楣龛上部内雕火焰纹。长、宽在20—30厘米。龛内雕一佛二弟子二胁侍、一佛二弟子造像组合。残存部分题记题名。造像身形较饱满,面部长圆。第一排中可见4龛,其中最左侧龛内雕一佛二弟子二胁侍像组合,下雕双狮、宝珠,下残存题记:天……/……二日,王阿头造/像一区,上为/国主,/下为七世父/母、所生/父母、因/缘眷/属、边/地众生,/一时成佛。第二排可见5龛,最左侧龛雕一佛二弟子像,下残存题记:天保四年□/月廿二日,佛子/王国/上为国主,下为七世/父母、所生/父母,为/二亡兄,一时成佛。左起第四龛下残存题记:天保四年/三月廿二日/王显……/亡父母……/大……/一区……

第三排残存两龛,左侧龛内一佛二弟子像风化,龛左残存题记:"维大齐武平□年岁次甲/□正月壬戌朔十□日……/佛弟子……/……一时成佛。"核干支,北齐武平五年(574)为甲午年。则此题记为武平五年刊刻。右侧一龛,内仅存一立像,下残存题记:"河清元年二/月廿日佛弟子/……己身家。"北齐河清改元在四月,此题记或为河清元年(562)四

谷道沟摩崖局部

月后补刻。

这处摩崖造像现存可见北齐天保四年（553）、河清元年（562）、武平五年（574）造像题记，前后 20 余年，贯穿北齐前、中、后三个时期。

守望汾河　霍州千佛崖

　　汾河是山西母亲河，主流沿线也是南北大通道。在汾河山峡地区以南，汾河进入下游地区，河道开阔，晋中、晋南之间的大路即沿河边而行。在霍州市区以南辛置镇郭庄村附近，河道东侧有一处崖壁，古人在崖壁上开凿摩崖造像，日积月累，渐成规模，号为千佛崖。这是现存已知汾河主河道边体量最大的摩崖造像群。

　　千佛崖现在的位置在河道和大运公路之间。由于岩体问题和交通影响，摩崖所在岩石多有松动裂隙，近年来雨水大，又有淤土淹没了部分下层摩崖造像，千佛崖目前正在进行文物修缮。

　　千佛崖崖壁高 11 米、长约 30 米，摩崖造像面积约 200 平方米，崖壁上密布各类摩崖造像龛 70 多龛，约 300 尊造像。其中北区最上部一尊倚坐佛体量最大，高 5.5 米左右。佛首似为重装，佛身也有新补做的痕迹。

　　自大佛直到地平面，大体可分辨摩崖造像有 8 层，佛龛造像体量不等，互相交错。龛内多为一佛二菩萨、一佛二弟子造像组合，也有一佛二弟子二菩萨组合、二菩萨立像、单菩萨立像等形式。山西省考古研究院白曙璋认为 1—4 层和 8 层开凿于唐代武周和玄宗时期；5—7 层刊刻于唐代长庆、宝历和会昌时期，体量较小。

　　部分佛像面部方圆，颈部三道蚕节纹路，着通肩袈裟，是唐代开元以后佛像的主流形象。

　　千佛崖造像中以十一面观音立像最为独特醒目，现存 5 尊。此地的十一面观音像与天龙山第九窟漫山阁内著名的十一面观音像造像风格相同。十一面观音像是大光明普照观音，密教六观音之一，在唐中期至唐后期最盛行。

　　崖壁中部有一大裂隙。裂隙北侧有上、下两龛。其中上龛内雕一

千佛崖十一面观音造像

坐佛二弟子二菩萨立像组合，下有对狮护法像。旁边雕有供养人像，似为夫妇二人。女性人像较丰满，发型为垂马髻。

下龛造像比较复杂，左侧龛为一佛二菩萨组合，造像均有头光。

下有题记：

晋州益昌府／别将……益昌府……上柱国……为法界众生及七／世……先亡见存／敬造阿弥／陀佛一铺／开元十一年岁次癸亥／……

右侧雕二尊造像。左为观音菩萨立像，右为一捧物菩萨立像。均有头光。

下有题记：

霍邑县尉／皇甫囗／天宝十四／载九月八日。

这两处题记为盛唐时期开元十一年（723）、天宝十四载（755）造像题记2条。前一条题记功德主中有益昌府别将。益昌府见于《新唐书·地理志》，但其他文献中无载，此为首次发现有关的实物证据。府兵制在玄宗朝已名存实亡，此时的益昌府下层军官别将实际执掌应很有限。

唐代益昌府位置可能即在霍州，距千佛崖不远。

右侧造像功德主为霍邑县尉，即该地治安负责人。

上 | 千佛崖唐代造像
下 | 千佛崖唐开元十一年造像

开元五年（717）题记也与霍邑尉有关：

开元五年/秋九月，霍/邑尉于□/□□安定/令，愿奉/尊愿，敬/造一佛二/菩萨，永/承胜下/游必有/方，一切/供养。

天宝元载（742）、长庆二年（822）、宝历二年（826）题记的书体和刊刻均粗疏随意，或因时间仓促所致，内容与途经此地的官员有关。

安边郡长塞镇官康/日云天宝元载十月八日过。

长庆二年五月廿七日，/马侯□□/神策军行营都知与/诸军事所刺史石/○○朝议

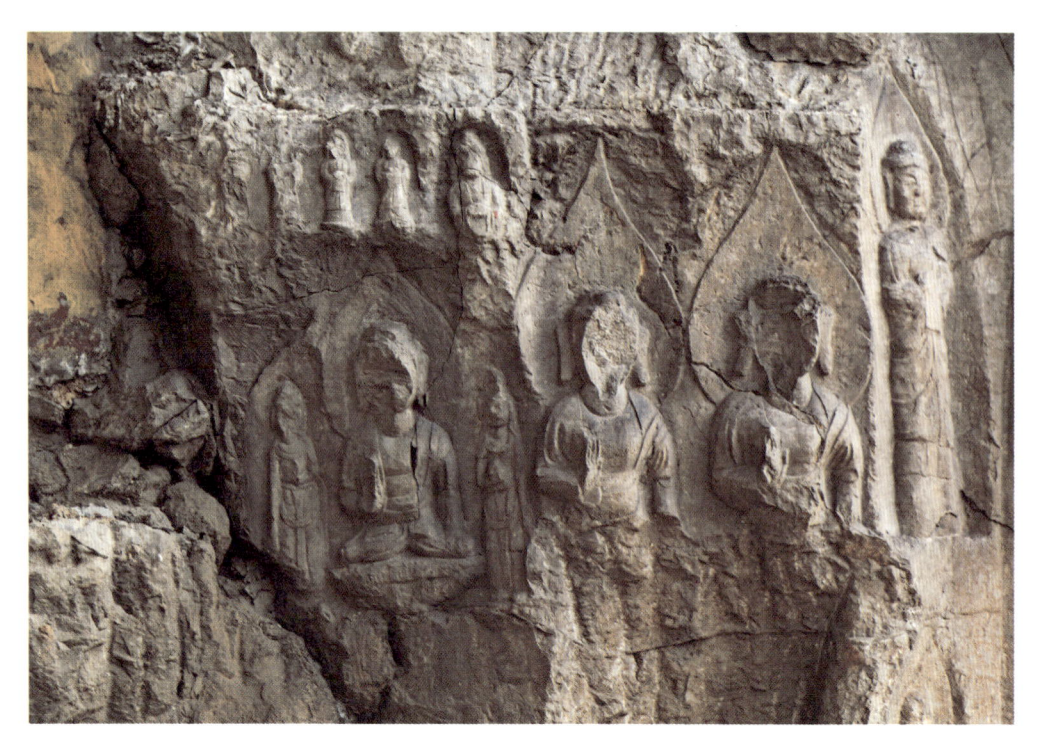

千佛崖摩崖造像局部

郭□州。

太原／廿一日○奉使／宝历二年十月／中书舍人郑涵。

安边郡为唐天宝时设置于今河北蔚县的行政单位。神策军是唐中后期的中央禁军，对维持国家稳定意义重大。中书舍人是负责朝廷文书起草的中书省重要官员，郑涵在史书中有载。

霍州千佛崖在汾河岸边，处于连接太原与临汾、运城等晋南城市的古道沿线。唐代山西政治、文化地位颇高，与长安、洛阳交往频繁。千佛崖摩崖造像高度密集，现存造像多在唐中后期开凿。唐代地方官和途径官员、信徒联合或以家庭为单位，长期在此开龛，逐渐形成蔚为壮观的摩崖造像群。

随着考古工作继续开展，千佛崖会有更多发现。

重生复现　七里脚石窟

吕梁山南部的黄土高原沟壑纵横，河谷地带自然成为交通和文化往来的古道。中古时期石窟摩崖多开凿于古道沿线岩壁之上，隰县县城北约7千米的七里脚石窟是较大的一处。石窟在村边的城川河东岸山崖，河道已干涸。七里脚石窟为南北紧邻的两窟。石壁上可见椽孔，旧时有木构屋檐遮蔽窟门。

七里脚石窟曾被山石掩埋几十年，20世纪80年代被重新发现，得到相应保护，现已是国保单位，真是文物的幸事。

七里脚石窟现存两窟，岩壁上还有若干小龛和后代题记。南窟门左右两侧依稀可见仿木构建筑：明显收分的立柱、柱头铺作一斗三升、补间铺作直臂式人字叉手，上为庑殿顶，是北魏后期建筑殿堂建筑的样式。[1] 在云冈石窟和北朝出土文物中多可见类似结构。窟门左右侧各一力士像。窟内三壁三龛式，三壁造像均为一坐佛二菩萨立

[1] 郑庆春、王进：《山西隰县七里脚千佛洞石窟调查》，《文物》1998年第9期，第71—80页。

七里脚石窟外观

左 | 七里脚石窟南窟东壁正壁造像
右 | 七里脚石窟南窟北壁造像

像组合。龛内造像均为长脸形,褒衣博带式袈裟,是北魏后期造像风格。门侧一小龛,龛左右以双树围合,交于龛上为楣,内雕一倚坐佛,左侧一弟子,右侧一菩萨,佛座下还雕二童子像,为龙华树下弥勒三会讲法图景。[2]从造像风格判断应为唐代。

南窟东壁(正壁)一坐佛二菩萨立像组合,坐佛面部长圆,颈长,褒衣博带式袈裟,裙摆遮蔽佛座。南壁和北壁均为一坐佛一弟子一胁侍菩萨像组合。弟子像均在靠东壁(正壁)一侧。坐佛风格同正壁,高肉髻,着褒衣博带式袈裟。裙摆三瓣或四瓣式样,受关中、麦积山石窟造像风格影响。[3]

窟顶大部分被毁,只剩顶部大莲花。

南窟开凿可能在北魏晚期孝明帝时期。[4]

窟门侧面题记:"□□十四年借石工冯王琢记永和令慕容大用道出□□。""冯王"也出现在北窟的题记里,这里的年号可能是大定。

旁边的北窟窟门外北侧岩壁面上有金大定二十三年(1183)的题刻及七言诗一首:"古壁开堂几百春,独遗小像志乾封。可信浮生如过隙,听取西流水至今。呜呼!自唐乾封二年(667)迄今五百余载,以故留题,时于大定廿三年中秋冯王上。"此冯王应与南窟门侧题

---

[2] 中古造像中的弥勒下生于龙华菩提树下三会信仰,参考侯旭东:《佛陀相佑:造像记所见北朝民众信仰》,社会科学文献出版社,2018,第203—210页。

[3][4] 郑庆春、王进:《山西隰县七里脚千佛洞石窟调查》,《文物》1998年第9期,第71—80页。

左 | 七里脚石窟北窟东壁正壁造像
右 | 七里脚石窟北窟南壁五十三佛题材造像

记中的冯王为同一人。是一位金代功德主。

北窟东壁（正壁）雕一佛二菩萨像组合，均为莲台坐像，下有须弥座，佛座比菩萨座更高些，头部已不存。南、北两壁上雕高浮雕莲台上的小坐佛，均为4排，每排6尊，坐佛面相饱满，身形健壮。再加上窟门内侧上方5尊，合为53尊佛。佛侧均有佛名和功德主名，多有漫漶。

如南壁（右壁）上的第二排第二身坐佛旁榜题："南无日月光佛功德主义净□李女□"；第四身坐佛旁榜题："南无狮子吼自在力王佛功德主务子村王海□"；北壁（右壁）第三排第一身坐佛旁榜题："南无广庄严王佛施主陕石村梁厚"；第四排第四身榜题："南无金华光佛施主石楼县曹村张万。"

有研究认为此窟两壁造像体现了中古佛教末法思想中的五十三佛信仰，礼敬五十三佛消除罪孽，这一题材的造像罕见。[5]

综合考虑北窟的造像风格和外部金代题记提到的唐乾封年号，此窟可能为唐高宗时期作品。

隰县七里脚石窟现存两窟为北魏、唐代开凿，是吕梁山南部山区重要石窟寺，造像风格既受到云冈石窟影响，也有关中、陇右影响，而且保存比较罕见的五十三佛题材造像。

[5] 郑庆春、王进：《山西隰县七里脚千佛洞石窟调查》，《文物》1998年第9期，第71—80页。

佛阁晴岚　挂甲山摩崖

　　吉县县城附近黄河支流清水河河谷有一处摩崖造像群，因位于挂甲山崖壁，被称为挂甲山摩崖造像。

　　挂甲山紧邻黄河支流清水河河道，是古人往来黄河的必经之路。现存摩崖自北朝后期延续至宋金时期。崖下原有佛阁寺，清代吉县八景之一"佛阁晴岚"即指此处，历代地方文人多有诗文吟诵，是一处小有名气的地方名胜。近年又在崖壁清理时发现史前时期的岩画，可

挂甲山第一组摩崖造像

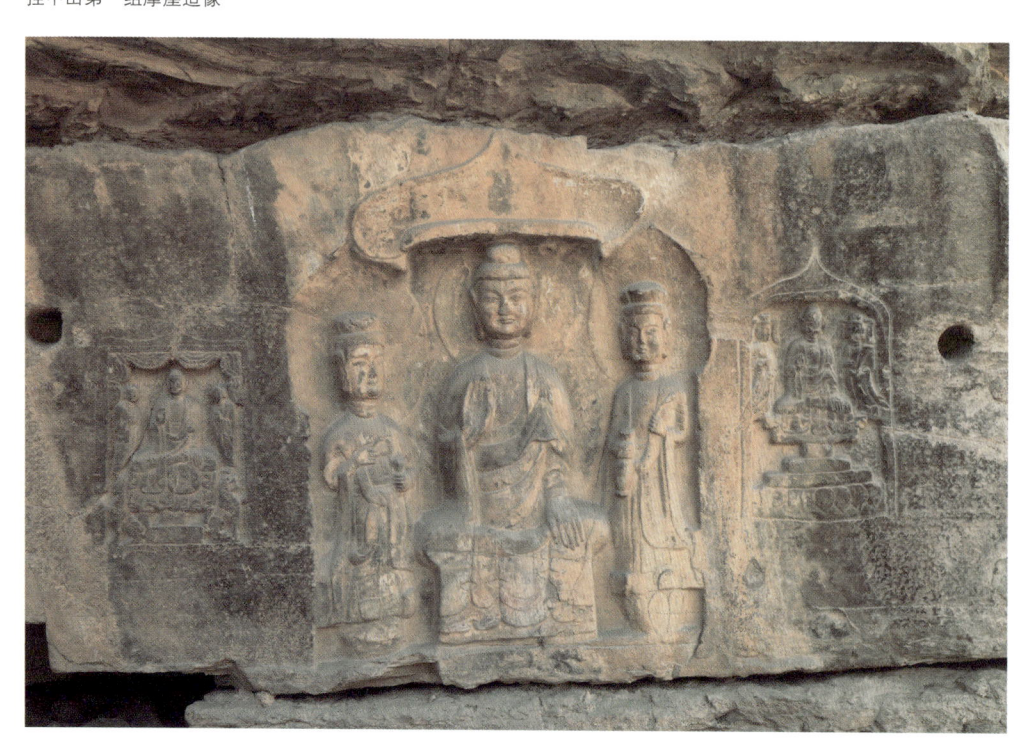

挂甲山第二组摩崖造像

[1] 阎雅枚:《山西吉县卦甲山岩画试析》,《文物世界》2008年第2期,第28—31页。该文认为此处发现的岩画是新石器晚期至青铜时代到来之际作品,内容是古人类祭祀太阳、崇拜生殖生产题材。

[2] 造像研究参考闫雅梅、王俊:《山西吉县挂甲山摩崖造像调查简报》,《考古》杂志2010年第11期,第40—51、113、107—110页。

见这里人类活动之久远。[1]

现存摩崖造像在山脚下的崖壁上自东向西可大体分5组,每组有若干佛龛。[2]

第一组有3龛,中龛较大,东、西龛较小。东龛内雕一佛二弟子像组合,中龛、西龛内雕一坐佛二菩萨像组合。中龛和东龛为隋代风格,西龛胁侍菩萨像宝缯横出下折,为北朝后期风格。

第二组也有3龛。东龛内为一菩萨坐像二弟子立像组合。菩萨像戴三叶冠,宝缯下垂至肩。戴项圈的菩萨坐于须弥座上,左手施与愿印、右手施无畏印。此菩萨为弥勒佛。菩萨坐像是北朝后期交脚菩萨像到倚坐像的过渡类型。手印、服饰同时体现了佛像和菩萨像特征。右侧石柱面题记可识别"天和元年(566)四月……",可见此龛为北周时期作品。

中龛较大,为一坐佛二菩萨像组合。从桃形头光、菩萨身形判断大体为初唐风格。

西龛和东龛风格近似,也是北朝后期所作。此外,中龛下的金皇统七年(1147)题记,西龛下的宋熙宁二年（1069）题记，均为宋、金重妆佛像时刊刻。

第三组无龛形，为一佛二弟子二力士像组合，均有头光，其中二力士和一佛二弟子稍有距离，均手持金刚杵，一触地、一高举状。在这组的左上方左右两侧均有题记，其中左侧有金皇统五年（1145）题记；右侧题记为唐太宗赞佛绝句："天上天下无如佛，十方世界亦无比。世间所有我尽见，一切无有问佛者。"可能是明清时人所题。

第四组为2龛。东龛无龛形，为一佛二弟子二菩萨组合，浅浮雕，造像面容饱满，衣褶繁复，与岩山寺东壁说法图类似。龛侧有金皇统五年（1145）题记，为金代作品。

西侧帷帐龛内雕高浮雕思惟菩萨像。莲花座上的菩萨戴宝冠，面容圆润，桃形头光，身躯丰满，僧衣轻薄，左手轻放左腿上，右手托腮，赤足，左脚踩莲花，右膝弯曲搭于莲花座上。思惟菩萨仿佛在思考中，身形优美，稍显朴拙，应为隋至初唐开凿。莲花座分4层，最下层覆莲，中间一层莲纹装饰，上两层是仰莲。

龛左有题记："张自然赞观音大哉观音，无量圣人，玉像金容，云化真身。丝衣绰绰，璎珞纷纷，常现苦海，救度迷津，有念即应，供养福臻，酷为众生，接引沉沦，升天降地，无间通神。"这尊菩萨像的艺术美感在现存挂甲山摩崖造像中是最佳者。

第五组有2龛。东侧龛内雕有一尊工字形须弥座上的坐佛，左侧有隋开皇二年（582）题记。西侧龛内雕一倚坐佛二菩萨立像组合。

院里还放置若干石佛残件、柱础、残碑等，时代自中古至明清，跨度很大。整体看，挂甲山摩崖造像起源应在北朝后期，很可能发端于北周。此后历代开凿不断，渐成地方文化汇聚之地。

挂甲山第四组思惟菩萨造像

乡宁营里千佛洞石窟题名中的
北朝后期社会

  乡宁县东西走向的鄂河河谷十分宽阔，在县城以东 5 千米左右营里村附近河北岸一处崖壁上是千佛洞石窟。窟前依山势而建的清代能仁寺为二进窑院格局，近年修缮。

  拾级而上，崖壁上的窟门已非最初原貌。进入窟内，如走进椭圆形洞里，好似小型穹庐。窟高 3.1 米、进深 4.4 米、宽 4.2 米。壁面不是很方正，最北侧有一深入石壁的夹角。或许石窟最初建造在自然洞穴基础上。

营里千佛洞石窟北壁和东壁局部

一、北壁和东壁

石窟四壁满布佛龛。

北壁（正壁）正中有一大龛，内雕一坐佛二菩萨立像组合，风化严重，身形瘦长，颇似北魏后期秀骨清像造像风格。佛龛周围原有千佛造像龛，大多风化，无法识别。

东壁壁面略有弧度，满壁是千佛造像龛。龛侧有供养人题名，格式为"邑子+名字"组合。中部一龛较大，尖拱龛楣，内雕一倚坐佛二菩萨立像组合。造像风化严重，风格与北壁龛内佛像类似。一般认为倚坐佛是弥勒下生形象，为北朝后期以来常见的佛造像题材。

龛左侧柱上存题记：大化主/延州刺史直荡都督□黑仁、妻吴回妃，为亡男女□□息他，一心侍佛。[1]

延州即北魏东夏州，西魏末年改为延州，辖区在今陕北。北魏分裂后陕北是西魏、北周政权控制区。[2] 据《隋书》卷27《百官志中》，直荡正都督为北齐禁军官号，从第四品。此处直荡都督应即直荡正都督。此人曾为北齐禁军军官。[3]

龛右侧又有一小龛，内雕菩提树下半跏趺坐思惟菩萨像，戴冠，右手扶头，左脚踩地，身着褒衣博带袈裟。龛侧题名：思惟佛主刘□□。龛右下侧紧靠壁底一横列小龛，中间一龛内雕二佛并坐，其余7龛内雕供养人和侍从像，供养人居前，着宽袖交领袍服，后两人侍从，体量略小，一人持伞盖，一人举扇，3人为主从关系。可见题名中有：邑正□□□□、副惟那□□□□、都惟那□□□、□□主帅都督段□。

邑正、都维那、副维那等是开窟活动的组织者。段□应为功德主，时为府兵军官帅都督。可见北周时在昌宁驻有府兵。

营里千佛洞石窟东壁思维菩萨像

[1] 录文据现场考察整理。部分参考许文胜：《乡宁县营里千佛洞石窟调查简报》，《文物世界》2009年第2期，第17—23页。

[2] 王仲荦：《北周地理志》，中华书局，1980，第102—104页。

[3] 北朝后期至隋初石刻题名结衔中出现前朝职官现象较多，应与政治立场无关。如隋初洛阴修寺碑题名中出现多处北齐禁军名号。参见拙文《〈洛阴修寺碑〉考——隋府兵制下汾河中游民族大融合实例》，《北朝研究》第十三辑，科学出版社，2021，第153—164页。

上 | 营里千佛洞石窟西壁
下 | 营里千佛洞石窟西壁千佛造像局部

二、西壁

西壁壁面也略有弧度，亦满雕千佛龛，每龛龛侧皆有一供养人题名，格式为"邑子＋姓名"组合。千佛壁面中部有较大一尖楣龛，内雕一坐佛二菩萨立像组合。坐像悬裳下垂，遮蔽佛座，胁侍菩萨足下各有一托举力士。此龛风格与北壁、东壁上大龛造像风格相近。

主龛下有多排供养人像和题名，是本窟石刻信息最丰富的部分。

第一排两幅相向的浮雕图，每图中心是黄伞下身着圆领长袍、登长靴、双头髻者骑马在前，后有 5 位侍者。题名为：西面当阳大像主苏德蚝为亡母见存父一心。西面当阳开明大佛

上——营里千佛洞石窟西壁第一纵列第三排和第四排供养人像和题名局部
下——营里千佛洞石窟靳长生夫妇题名和供养人车马出行图像

主阎□胡□十二党等□为义仲□□。

第二排对称的4幅图,伞盖下双头发髻者在前,后3侍者。

题名:

右相开明菩萨主王□相为亡父见存母、右相菩萨主段□□□兴儁为亡妇□□、右相菩萨主路雄儿为见存父母、右相开明菩萨主王□直为息伯龙。

第三排是骑马、牛车图,是窟内线刻图中最为生动的一幅。人物朝向窟外侧,即南面。前有伞,盖伞下一人骑马,侍者随后。马两蹄离地,马尾下垂,正常进行状。后一牛车,有

340

侍者牵牛，车厢内坐一头戴花冠者应为妇人，车后2侍者。牛车车辕、车轮、车厢、车顶前出部分为遮蔽风雨。拉车的牛身体健硕，瞠目竖耳，昂首向前行走状，十分生动。牛车是北朝时权贵出行常用工具，似意味供养人地位相对高些。

题名在马匹和牛车前方，自左至右竖写："西面佛主前锋都督、昌宁镇城居参军、右相备都督、相州乐平县令靳长生一心侍佛。"牛车上方题记："生妻郭思亲一心侍佛。"

靳长生家族是地方权贵。题名中的西面佛主，即是西壁上大龛主尊供养人。

靳长生的结衔内容信息十分丰富："前锋都督"即前锋正都督，为北齐军职。据《隋书》卷27《百官志中》，前锋正都督属禁军直卫系军官，为从第七品。"昌宁镇城居（应即城局）参军、右相备都督"应是其在昌宁城的职位，文、武职兼任，由其禁军军官起家，可能其实权更倾向武职。据《隋书》卷27《百官志中》北齐职官，三等镇有城局参军等列曹参军，亦为从第七品。

"相州乐平县令"，北齐都邺城，为司州。北周灭齐改司州为相州。其下六郡之一的武阳郡治乐平县（今山东莘县城关）。

以上靳长生的三个职位，先为北齐禁军军官，后在昌宁镇。北朝的地方僚佐大部分为地方势力把控，靳长生应是昌宁地方大族代表人物。北周灭齐时，靳长生又归附北周，升职为关东地区县令。由此，此窟最终完成应在北周灭齐的建德六年（577）之后。但周武帝灭佛活动当时仍在高峰期。周武帝去世周宣帝继位后，对佛教活动的管控才逐渐松动。大象元年（579），"初复佛像及天尊像"。

因此，此窟最终完成时间应在大象元年（579）以后。下限可考虑在大定元年（581）二月隋代周时。

第四排供养人图中有相向的5幅骑马仪仗图，其中3幅向北，2幅向南。形制相同、向北的3幅均为伞盖下的骑马者居前，后随5名侍者。向南的2幅图，前图为伞盖下的骑马者居前，后随六侍者。后图形式相同，侍者为五名。此5幅图题名自南向北依次为：

都馆主段元仕为见存父母一心侍佛时、都坎主郭子昌为亡父母□□、

妇女开明副斋主磨何弗酋长／莺护谷守主刘梨持母兰桃女／母兰□□息领户帅都督昌宁

---

[4] 王仲荦：《北周地理志》，中华书局，1980，第939页。

[5] 〔唐〕令狐德棻等：《周书》，中华书局，1972，第121页。

营里千佛洞石窟山胡部落首领家族题名和供养人像

县/主簿刘□郎、

妇女副斋主梁香香为祖父母/祖□儿郡件官父思欢县主簿/母宁容好一心侍佛、

西面大坎主襄州刺史二代县/主簿董洪显息件城郡□/董达一心侍佛时子世□。

此排题名中第二条尤为重要。磨何弗又音译为莫河弗、莫贺弗、莫弗等,是中古时胡语小酋长之意。[6]此处亦然。其后即写出其汉语义酋长。莺护谷或即鹰护谷,可能即是此支部落的活动范围。此支胡人部落的首领为刘氏,其婚族为兰氏,均为南匈奴—稽胡(山胡)族群的指标姓氏。"梨持"显为胡语音译。其子领户帅都督之职罕见,可能是首见于石刻。帅都督为西魏、北周府兵制军官名号,层级在都督之上、大都督之下。东魏、北齐有领民都督,军事将领韩裔、库狄回洛均曾任该职[7],此处题名中的领户帅都督和东魏、北齐时期的领民都督,可能均源自北朝后期的领民酋长,其下应统辖尚带有部落形态的军人家庭。

[6] 刘春华:《"莫贺弗"试析》,《西北民族研究》2001年第1期,第148—154页。

[7] 参见拙文《〈韩裔墓志〉复原的北齐勋贵家族史》《库狄回洛——从部落酋长到封疆大吏》,收入拙著《金石证史——三晋碑志中的历史细节》,三晋出版社,2018,第8、31页。

刘梨持子任领户帅都督，暗示此支胡人部落加入府兵体制，归附北周，同时担任县主簿，亦说明此支胡人也是地方大族。

题名中出现两位妇女斋主，说明当时的斋会活动中有相当多的女性信众参加，其中不乏地方势力代表，如此支胡人集团中的兰氏。

"襄州刺史二代县／主簿董洪显"，州刺史与县主簿的品级差距大。《周书》卷38《元伟传》载："大象二年，除襄州刺史。"董洪显之襄州刺史可能是政府为优容地方大族的版授，非实职。二代县主簿似是东魏、北齐地方大族的一种荣誉身份。

第五、六排供养人像均无骑马者出现，题名相对简单。

在一至六排这一纵列供养人线刻图的岩壁内侧另起第二纵列，四排线刻图。人像均朝向南侧。

第一排可见3幅图，第一图前为伞盖下的骑马者，后6侍者，后跟一牛车，前有牵车者，后一侍者。车上未刻画人像。第二图前为伞盖下的骑马者，后3侍者，后跟一牛车，与前图类似，车上未刻出人像。第三图仅存前部骑马者下部，后部线刻图因岩壁损毁无存。

3幅图前可见题名：

开明佛堂主二代郡功曹二代郡／中正翊军将军小司寇都督龙门／郡丞太平昌宁二县令中阳本郡守／昌宁镇城靳三僬一心侍佛、妻李先敬妻王□女、邑主前州主簿靳枕景、妻李□、□□郡功曹靳道□。

靳三僬是地方势力代表，其结衔内容丰富。"二代郡中正"，说明其是昌宁地方势力代表。此类所谓二代名号应是指某种荣誉和出身，目前发现的二代名号均出现于东魏北齐时期的石刻文物中。若此，则靳三僬此身份来自北齐方面。据《北周六典》卷9《戎号》，翊军将军正八品。《北周六典》卷6《秋官府》，北周中央负责刑名典狱等事的长官为大司寇卿，副职为小司寇上大夫二人，为正六品。靳三僬的地方官职中，都督为七品，北周郡丞最高为四品，郡守最高为正六品。北周南汾州中阳郡治所即在昌宁县。

靳枕景之前州主簿，应是指北齐职官，故称前。

第二排可见3幅图，前图前有伞盖下的骑马者，后侍者6人，后跟一牛车，前有牵者，车后一侍者，车上未刻画人物。车形制同前。第二图前有伞盖下的骑马者，后侍者2人，后跟牛车，侍者和车形制同前。第三图仅存骑马者局部，后部岩壁损毁图像无存。

题名可见：

开明千佛主、平喜县令、宜州郡守靳昙僬，息直荡都督、昌宁城备都督靳仲兴，昌宁城南面备都督永兴为父母、僬妻张次男女录妃息妻段元晕、僬伯父郡中正靳洛、僬父威远将军真定县令靳兴洛。

此3条题名中的人物均为靳昙儁家族人员。靳昙儁的官职中宜州郡守非当时题名标准，北周方面有宜州，治所在泥阳，今陕西富平西北，下辖三郡[8]，一般如为郡守题名应明列出郡名，而不应含混只书州名不书郡名。另外，平喜县亦不见于当时文献。颇疑靳昙儁的题名官职并非实授，或是北齐或北周方面笼络地方势力曾给予的旨除、版授。

直荡都督为北齐禁军名号，从第四品。可知靳仲兴曾为北齐禁军军官。靳氏兄弟又为昌宁城都督，一位昌宁城备都督、一位昌宁城南面都督，掌握地方军权。《魏书》卷106上《地形志上》汾州定阳郡昌宁县条载："延兴四年置。有阴、阳二城。"今乡宁县城主城区在鄂河北岸边，河北、河南高坡上现存各一座古城。北城更大些，夯土层约8厘米。北朝靳氏兄弟或是分别守备北城和南城。

第三、四排均为供养人像，无骑马形象。题名多为"邑子＋姓氏"形式。

第一纵列的第五、六排和第二纵列的第三、四排供养人形象类似。题名名号有南面王主、北面王主、东面王主、右相维那、右相供养主、右相邑主、上转主、中转主、大转主大都督功曹等。

窟顶当中莲花藻井，莲花外局部残存飞天。

大龛外的三壁和窟顶上满雕千佛造像，部分残存金黄色。千佛龛现存约700尊。每小佛龛边刻有邑子姓名，姓氏近百。[9]姓多为单字姓，未见胡人复姓。这一相当可观的供养人题名数据，是了解北朝后期乡宁人口情况的重要信息。[10]

西壁供养人题名中靳氏占据重要位置，代表有靳长生、靳三儁和靳昙儁家族。山胡刘梨持家族则还保持着半独立的部落特点。

[8] 王仲荦：《北周地理志》，中华书局1980年版。

[9] 许文胜：《乡宁县营里千佛洞石窟调查简报》，《文物世界》2009年第2期，第17—23页。

[10]《魏书》卷106上《地形志上》汾州定阳郡有定阳、昌宁2县，户797，口3280。均分每县不到400户，1640人。《隋书》卷30《地理志中》载文城郡有4县，昌宁在内，户22300。均分每县户5575户。如每户5人为27875人。可见隋初大量人口进入政府管理后，户籍人口数出现暴增。营里千佛洞石窟题名者可识别的现有700多人，如按每个题名者代表一个家庭，每个家庭5人计算，至少有3500人，可能大多是当时在昌宁县城居住的人口。

三、小结：北朝后期的昌宁大族与周齐统治

今乡宁县北周时为南汾州中阳郡昌宁县。营里千佛洞石窟在县城东 5 里，往来十分方便。石窟三壁大龛为北魏风格，供养人题名在北周末年。现存职衔题名多在西壁。

石窟或始建于北魏后期，由于诸多原因，至北周末年时方在地方大族推动下最终完成。以靳氏为主的昌宁大族是北齐、北周政权地方合作伙伴，题名中列出其在各政权的任职名号，以示名望和地位，时人并不以为异。

靳氏是北朝后期昌宁大族。北齐、北周政权均予笼络，为其所用。十六国匈奴汉国时有外戚靳氏，北朝后期昌宁靳氏或与汉国靳氏有关。

北齐控制昌宁应在北齐武平元年至二年（570—571）汾北战役斛律光等战胜北周，控制汾州（今吉县县城）、姚襄城时。

汾北战役前，此地为北周控制区。周灭齐时，此地再入北周。

北齐、北周统治昌宁时，靳氏等地方势力代表人物均是重要军政合作者：如北齐时，靳长生为前锋都督、昌宁镇城居参军、右相备都督；靳三儁为二代郡功曹、二代郡中正；靳昙儁二子中，靳仲兴为直荡都督、昌宁城备都督，靳永兴为昌宁城南面备都督。

如北周时，靳长生为相州乐平县令；靳三儁为翊军将军小司寇、都督、龙门郡承、太平昌宁县令、中阳郡守、昌宁镇城。

周灭齐时，靳氏又转与北周合作，靳长生、靳三儁的官品均有升迁。

为控制深山中的昌宁，北齐、北周授予大族军职：北齐方面授予禁军军官名号，北周方面授予府兵制军官名号。相比之下，北周末年扩大府兵制的可操作性更强些。

题名中出现的北齐禁军名号：

直荡都督：东壁题名中的大化主、西壁题名中的靳仲兴

前锋都督：西壁题名中的靳长生

众所周知，北齐禁军主体是所谓六州鲜卑军人，进入门槛较高，地方武装应难以被编入序列。汾北战后，北齐新区昌宁靳氏在以鲜卑军人为主体的北齐禁军中担任实职，可能性较小。或是北齐在新区笼络地方势力的政治姿态。

题名中出现的北周府兵军官名号：

帅都督：东壁题名有帅都督段□

都督：西壁题名有都督靳三儁

领户帅都督：西壁题名有领户帅都督刘□郎

营里千佛洞石窟第二纵列第一、第二排供养人像和题记局部

帅都督、都督是西魏、北周府兵中下级军官。北周末年,中阳郡昌宁县应驻有府兵,其中有稽胡军人。

领户帅都督不见于传世文献,此处为石刻中首见。此职授予编入府兵的稽胡部落头目。领户即是稽胡部落的兵户。这部分稽胡可能还保存着某些部落组织形态。领户帅都督是稽胡部落被编入府兵初期的过渡性名号。

十六国北朝的地方大族势力相对超脱于中央集权秩序。

北朝后期关东、关西政权于河东争夺、对峙数十年,地方大族是双方尽力争取的重要合作伙伴。乡宁县营里千佛洞石窟供养人题名保存诸多历史信息,经考证可见当时此地的昌宁县地方大族势力左右逢源,出仕周、齐政权,稽胡部落被编入北周府兵体系等历史细节,是认识北朝地方社会的珍贵石刻文物实证。

马壁峪秦王庙唐摩崖刻经考

　　乡宁马壁峪秦王庙存唐显庆六年（661）摩崖《妙法莲华经观世音菩萨普门品》《佛说出家功德经》，均为全文刻经，保存完整，是唐代摩崖刻经实物史料，颇具佛教文化、唐史、地方史及书法等多学科研究价值。

　　唐代佛教大兴，各地民众开凿石窟摩崖祈福活动众多。历经千年沧桑，原地保存至今的摩崖刻经已属罕见。

　　乡宁县云丘山东部有峡谷名马壁峪。一条古道自汾河下游北上经此蜿蜒行进，进入吕梁山脉南部山区，可达今乡宁县城。

秦王庙摩崖刻经附近景观

秦王庙摩崖造像和刻经

峡谷中的丁石古村附近可看到局部古道，古人行迹还可分辨。村中残存部分依山层叠而建的石窟建筑。

由丁石村北行数千米，河谷两侧是垂直壁立的山崖。山谷西侧转弯处，崖壁呈东西向，壁下有相连的两座小石窟，坐北朝南，一供秦王，一供土地，塑像均为新作。此地名秦王庙，秦王即李世民。由地方志记载判断，秦王庙可能晚近出现，更早时为观音堂。

一、摩崖石刻的历史与现状

秦王庙石窟洞后侧上方即是东西向崖壁，存摩崖造像残迹和刻经。造像和摩崖方位为坐北朝南，开凿面总高3.5米、总长5米。造像部分壁面较刻经部分壁面向岩壁内深入开凿约20厘米。

此处摩崖刻经，见光绪版《山西通志》卷97《金石记九》："马壁峪摩崖佛经，显庆五年，今在乡宁县南七十五里。《乡宁县志》：峪有观音堂，在陡壁下。摩崖碑字画端楷刻《观音经》。明隆庆二年也。谨案：石刻《心经》后署显庆字甚明了，志误。"

实际上，此处唐刻经年款为显庆六年，《金石记》误为五年。《金石记》又误以刻经内

秦王庙摩崖刻经拓片局部

容为《心经》，上引《乡宁县志》所述碑文内容亦不全。

崖壁壁面经人工平整，分两部分，西侧是高浮雕造像，东侧是刻经。壁面上有大小不一的方孔，是旧时为防护造像、刻经而建的木构痕迹。

西侧造像被凿毁，只能从大体轮廓判断，主体造像为一佛二弟子二胁侍菩萨组成的五尊像组合。主体造像西侧又有单独雕凿的一菩萨立像。五尊像与菩萨立像之间壁面下部，仔细查看还能分辨出内雕一佛二菩萨像组合的小龛痕迹。这一小龛西侧壁上依稀可见题名，可分辨出"功德主"三字。

造像损毁严重，从残存的孔武有力的托举力士和菩萨立像的丰腴赤足，还能依稀感受到出盛唐气象。

造像东侧紧邻石壁被打磨平整，上镌刻佛经，开凿面总长 2.15 米、总宽 1.55 米，石经部分宽 1.28 米。

幸运的是，刻经大体保存完好。壁面铭文之间可见界格。中古时，碑刻和摩崖石刻铭文制作多用此方式，工匠在综合考虑壁面面积和铭文字数后，先在壁面的横纵方向划出线格，然后在壁面上书写、镌刻。刻经书体收放自如、笔力雄劲、大气磅礴、一气呵成，是珍贵的唐代楷书刻经精品。

秦王庙摩崖造像残存足部

秦王庙唐摩崖刻经录文

《妙法莲华经观世音菩萨普门品》
《佛说出家功德经一卷》

二、录文

结合现场考察和拓片，整理录文如下：

（以下录文行前阿拉伯数字表示刻经从右到左纵向列数。○表示空格无字。□表示无法识别）

01 妙法莲华经观世音菩萨普门品第廿四。○○○○○尔时无尽意菩萨即从座起，偏袒右肩，合掌向佛，而作是言：世尊！[二] 观世音菩萨以何因缘名观世音？○佛告无尽意菩萨：善男子，若有无量百千万亿众生受诸苦恼，闻是观世音菩萨，一心称名。观世音菩萨即时观其音声，皆得解脱。○若有持

02 是观世音菩萨名者，设入大火，火不能烧，由是菩萨威神力故。若为大水所漂，

03 称其名号，即得浅处。若有百千万亿众生为求金银、瑠璃、车璖、马瑙、珊瑚、虎珀、真珠等宝，入于

04 大海，假使黑风吹其船舫，飘[三] 堕罗刹鬼国，其中若有乃至一人称观世音菩萨名者，是诸人等皆得解脱罗刹之难。以是因缘名观世音。○若复有人临当被害，称观世音菩萨名者，彼所执刀杖

05 寻段段坏，而得解脱。若三千大千国土，满中夜叉罗刹欲来恼人，闻其称观世音菩萨名者，是诸恶鬼尚不能以恶眼视之，况复加害。○设复有人，若有罪，若无罪，杻械、枷锁捡

06 系其身，称观世音菩萨名者，皆悉断坏，即得解脱。○若三千大千国土满中怨贼，有一商主将诸商人赍持重宝，经过险路，其中一人作是唱言：诸善男子，勿得恐怖，汝等应当一心称观世音菩萨名号[四] 是菩萨[五] 能以无畏施于众生，汝等若称名者，于此怨贼，当得解脱。众商

07 人闻，俱发声言：南无观世音菩萨！称其名故，即得解脱。无尽意！观世音菩萨摩诃萨威神之力，巍巍

08 如是。○若有众生多于淫欲，常念恭敬观世音菩萨，便得离欲。若多瞋恚，常念恭敬观世音菩萨，便得离瞋。若多愚痴，常念恭敬观世音菩萨，便得离痴。无尽意！观世音菩萨有如是等大威神力，多所饶益，是故众生常应心念。○若有女人，设欲求男，礼拜供养观世音

09 菩萨，便生福德智慧[六] 之男。设欲求女，便生端正有相之女。宿殖德本，众人爱敬。无尽意！观世音菩萨有如是力，若有众生恭敬礼拜观世音菩萨，福不唐捐。是故，众生皆应受持观世音菩萨名号。无尽意！若有人受持六十二亿恒河沙菩萨名字，复尽形供养饮食、衣服、卧具[七] 、医药，

10 于汝意[八] 云何？是善男子、善女人，功德多不？无尽意言：甚多，世尊。佛言：若复有人受持观世

〔五三〕『何以故』，房山贞观本、卧佛院本、敦煌本无此三字。

〔五四〕『人』，卧佛院本作『之人』。

〔五五〕『结使之垢』，房山贞观本、卧佛院本作『洁烦恼垢』、敦煌本作『结使之罪垢』。

〔五六〕『苦』，房山贞观本、卧佛院本作『苦秽』。

〔五七〕『以』，敦煌本无此字。

〔五八〕『因』，敦煌本作『乐』。

〔五九〕『之妙』，敦煌本无此二字。

〔六〇〕『放人出家』，房山贞观本、卧佛院本、敦煌本此四字后有『若自出家』四字。

摩崖刻经局部

11. 音菩萨名号，乃至一时礼拜、供养，是二人福，正等无异于百千万亿劫不可穷尽。无尽意！受持观世音

12. 菩萨名号，得如是无量无边福德之利。○无尽意菩萨白佛言：世尊！观世音菩萨／

13. 云何游此娑婆世界？云何而为众生说法？方便之力其事云何[九]？佛告无尽意菩萨：善男子！若有国土

14. 众生，应以佛身得度者，观世音菩萨即现佛身而为说法；应以辟支[一〇]佛身得度者，即／

15. 现辟支佛身而为说法；应以声闻身得度者，即现声闻[一一]身而为说法；应以梵王身得度者，即现梵王身

16. 而为说法；应以帝释身得度者，即现帝释身而为说法；应以自在天身得度者，即现自在天身而为说法；应以天大将军身得度者，即

17. 现自在天身而为说法；应以大自在天身得度者，即现大自在天身而为说法；应以天大将军身得度者，即

18. 现天大将军身而为说法；应以毗沙门身得度者，即现毗沙门身为说法。／

19. 应以小王身得度者，即现小王身而为说法；应以长者身得度者，即现长者身而为说法；应以居士身得

20. 度者，即现居士身而为说法；应以宰官身得度者，即现宰官身而为说法；应以／

21. 婆罗门身得度者，即现婆罗门身而为说法；应以比丘、比丘尼、优婆塞、优婆夷身得度者，即现比丘、

22. 比丘尼、优婆塞、优婆夷身而为说法；应以长者、居士、宰官、婆罗门妇女身得度者，即现长者、居士、宰官、婆罗门妇女身而为说法；应以童男、童女身得度者，即现童男、童女身而为说法；应以天、龙、夜叉、乾闼婆、阿修罗、迦楼罗、紧那罗、摩睺罗伽、人非人等身得度者，即皆现之而为说法；应以执金刚神得度者，即现执金刚神而为说法。无尽意！是观世音菩萨成就如是功德，以种种形游诸国土，度脱众生。是故，汝等应当一心供养观世音菩萨。是观世音菩萨摩诃萨，于怖畏／

急难之中能施无畏，是故，此娑婆世界皆号之为施无畏者。无尽意菩萨[一二]白佛言：世尊！我今当供养

观世音菩萨[一三]。即解颈众宝珠、璎珞价直百千两金而以与之。作是言：仁者，受此法施／

珍宝、璎珞。时观世音菩萨不肯受之。无尽意复白观世音菩萨言：仁者，愍我等故受此璎珞。尔时，佛

告观世音菩萨，当愍此无尽意菩萨及四众、天龙、夜叉、乾闼婆、阿修罗、迦楼罗、紧那

罗、摩睺罗伽、人非人等故受其璎珞。即时，观世音菩萨愍诸四众及于天龙、人非人等，受其璎珞，分

作二分，一分奉释迦牟尼佛，一分奉多宝佛塔。无尽意！观世音菩萨有如是自在神／

力，游于娑婆世界。○尔时，无尽意菩萨以偈问曰：○世尊妙相具，我今重问彼，佛子何因缘，名为

观世音？具足妙相尊，偈答无尽意：汝听观音行，善应诸方所。弘誓深如海，历劫不思议。／

〔三一〕『塌』，房山贞观本、卧佛院本、敦煌本作『塔』。

〔三二〕『或有』，敦煌本无此二字。

〔三三〕『一人』，房山贞观本、卧佛院本、敦煌本作『法己』。

〔三四〕『此出家果报』，敦煌本作『故』。

〔三五〕『亦不如放人出家』，『亦』字前，房山贞观本、卧佛院本、敦煌本有『犹』字，房山贞观本、敦煌本此句后有『若自出家』。

〔三六〕『有肉眼，故性有败坏』。房山贞观本作『又肉眼性有败坏法』。卧佛院本作『又肉眼性，性有败坏』。『其福最大。何以故？……放人出家』，敦煌本无此句。

〔三七〕『导』，敦煌本作『道』。

〔三八〕『慧明』，房山贞观本、敦煌本作『惠眼』。

〔三九〕『何以』，房山贞观本、卧佛院本、敦煌本作『是』。

〔四〇〕『无极』，房山贞观本作『无尽』。『无穷无极』，卧佛院本作『无穷无尽极』。

〔四一〕『毕』，敦煌本作『果』。

〔四二〕『佛道』，房山贞观本作『道』。

〔四三〕『長养』，房山贞观本作『增长』。

〔四四〕『法』，卧佛院本作『德』。

〔四五〕『盛』，房山贞观本、卧佛院本作『成』。

〔四六〕『故违其心，不听出家入于佛道，是人则』。『违』，敦煌本作『为』。『则』，敦煌本作『即』。

〔四七〕『是』，卧佛院本作『此』。

〔四八〕『癫』，敦煌本作『赖』。

〔四九〕『无有出期』，房山贞观本、卧佛院本、敦煌本此四字前有『展转地狱』四字。

〔五〇〕『復如是』，敦煌本作『耳』。

〔五一〕『尔时，佛说：死入地狱，火烧其身，无有休息』，敦煌本作『地狱火烧无有穷已』。

〔五二〕『若自出家』，敦煌本无此四字。

23 侍多千亿佛，发大清净愿。我为汝略说，闻名及见身。心念不空过，能灭诸有苦。假使兴害意，推落大火坑，念彼观音力，火坑变成池。或漂[一四]流巨海，龙鱼诸鬼难，念彼观音力，波浪不能没。

24 或在须弥峰，为人所推堕，念彼观音力，如日[一五]虚空住。或被恶人逐，堕落金刚山，念彼观音力，不能损一毛。或值怨贼绕，各执刀加害，念彼观音力，咸即起慈心。或遭王难苦，临刑[一六]欲寿终，念彼观音力，刀寻段段坏。

25 或囚禁枷锁[一七]，手足被杻械，念彼观音力，释然得解脱。咒诅[一八]诸毒药，所欲害身者，念彼观音力，还着于本人。

26 或遇恶罗刹毒龙诸鬼等，念彼观音力，时悉不敢害。

27 若恶兽围绕，利牙爪可怖，念彼观音力，疾走无边方。蚖蛇及蝮蝎，气毒烟火燃，念彼观音力，寻声自回去。云雷鼓掣电，降雹澍大雨，念彼观音力，应时得消散。众生被困厄，无量苦逼身，

28 观音妙智力，能救世间苦。具足神通力，广修智方便，十方诸国土，无刹不现身。种种诸恶趣，地狱鬼畜生，生老病死苦，以渐悉令灭。真观清净观，广大智慧[一九]观，悲观及慈观，常愿常瞻仰。

29 无垢清净光，慧日破诸闇[二〇]，能伏灾风火，普明照世间。悲体戒雷震，慈意妙大云，澍甘露法雨，灭除烦恼焰。诤讼经官处，怖畏军阵中，念彼观音力，众怨悉退散。妙音观世音，梵音海潮音，胜彼世间音，是故须常念。念念勿生疑，观世音净圣，于苦恼死厄，能为作依怙。具一切功德，慈眼视众生，福聚海无量，是故应顶礼。

30 尔时持地菩萨即从座[二一]起，前白佛言：世尊！若有众生闻是观世音菩萨品自在之业，普门示现神通力者，当知是人功德不少。佛说：是普门品时，众中

31 八万四千众生，皆发无等等阿耨多罗三藐三菩提心。

佛说出家功德经一卷②

32 尔时[二二]，世尊在王舍城迦兰陀竹林园中，天龙八部大众围绕。尔时，佛为说出家功德其福甚多，若放男女，若放[二三]奴婢，若自己身出家入道，功德无量，

33 不可称计，布施之福[二四]，十世受报[二五]，六天之中，往返十到。犹故，不如放人出家。若自出家，功德最胜，何以故？步施之报，福有限极，出家之福，无量口边。又持戒果报，五通神仙受大果[二六]报，极至梵天。于佛法中，出家果报，不可思议，乃至涅槃，福不可尽[二七]。假使有人起七宝塔[二八]者，或有[二九]贪恶愚人能破坏故。出家之法，无有毁坏，三十三天，所得功德亦不如出家[三〇]。何以故？七宝塔[三一]者，高至

〔四〕"溉",合校本作"漂"。

〔五〕"日",合校本作"目"。

〔六〕"刑",合校本作"形"。

〔七〕"鏁",合校本作"锁"。

〔八〕"诅",合校本作"咀"。

〔九〕"慧",合校本作"惠"。

〔一〇〕"慧日破诸闇",合校本作"惠日破诸暗"。

〔一一〕"座",合校本作"坐"。

〔一二〕"世尊",房山贞观本此二字后有"佛"字。

〔一三〕"尔时",敦煌本无此二字。

〔一四〕"若放",房山贞观本无此二字。

〔一五〕"福",房山贞观本、卧佛院本、敦煌本作"报"。

〔一六〕"报",房山贞观本、卧佛院本、敦煌本作"福"。

〔一七〕"果",房山贞观本、卧佛院本、敦煌本作"福"。

〔一八〕"尽",房山贞观本、卧佛院本本作"穷尽"、敦煌本作"量"。

〔一九〕"塌",房山贞观本、卧佛院本、敦煌本作"塔"。敦煌本"塔"后有"者"字。

〔二〇〕"亦不如出家",敦煌本作"不如放出家"。

左 | 拓片局部
右 | 题名部分拓片局部

34　欲求善法，除佛一人[三三]，更无胜此出家果报[三四]。如千盲人，有一良医能治其目，一时明见。又有千

35　人罪应挑眼，一人有力能救其罪，令不挑眼。此二人福，虽复无量，亦不如放人出家[三五]，其福最

　　大。何以故？虽免于二种人目，此人各获一世之利。有肉眼，故性有败坏。[三六]放人出家，若自出家，

　　展转示导[三七]，一切众生，永劫无穷，慧明[三八]之性，历劫无坏，何以[三九]故？福报人天之中，姿意受乐，

　　无极[四〇]，毕[四一]成佛道[四二]。

36　无穷／

37　为出家者／

38　人于出家者

　　洗除罪垢，兴盛[四五]福业。是故，佛说出家功德，高于须弥，深于巨海，广于虚空，无量无边。若使有

　　人于出家者为作留难而相抑制，故违其心，不听出家入于佛道，是人则[四六]断世间佛种。其罪甚重，不可称计。辟如大海，

　　江河万流，悉入其中。此人罪报亦复如是，一切诸恶皆集其身，是[四七]人现世得白／

　　癞[四八]病，命终当入黑闇地狱，无有出期[四九]。如须弥山劫火所烧，无有遗余。此人亦復如是[五〇]。尔时，

　　佛说：死入地狱，火烧其身，无有休息。[五一]辟如迦楼醯药，极至苦毒，若等斤两比于石蜜，此善恶

　　报／

39　亦复如是。放人出家，若自出家[五二]，功德最大，何以故？[五三]以出家人[五四]修多罗为水，洗结使之垢[五五]，

40　灭生死之苦[五六]，以[五七]为涅槃之因[五八]，以毗尼为足，以践净戒之地，若长若幼，其福最胜。

41　步八正之路，至涅槃之妙[五九]城。以是义故，放人出家[六〇]，若长若幼，其福最胜。一切大众闻佛所

42　说，皆发道意，欢喜奉行，作礼而去。

题名
42 （接经文）显庆六年二月十五日马文才妻戴为亡父母及现存家口敬造出家功德经

在刻经壁面右下角部分（自右向左）：

01 李兴为任男王师仲毛辽毛则孙同 /
02 永丰阁续勒石○杜玄竭 /
03 姚弘愿皇甫金生赵才□骁骑尉杜智德 /
04 发心主段元庆为七世祖及亡父现存母合家大小 /

刻经壁面西侧另开一小平面，题名分四组（自上向下）：

第一组：
01 马君悉供 / 养仏 / 马仙容祖婆崔 /

第二组：
01 发心造观世音经主段顺及妻王为合门见存大小家口一十七 /
02 人男才懿妻杜才信妻张孙玄表玄约玄敬伏护善护孙女相 /

03 子明敬舍明仵明清罗等一心供养○○○助经主仪同王荀生 /
04 书经人薛弘嗣○镌经人李君刚○助镌人李君意 /

第三组：
01 副发心主马文才为亡父宝及见存母张及弟妇妹等文 /
02 才母张炎光○○此是沙门比丘玄最师 /

右侧题名：
左侧雕一线刻和尚立像。

第四组：
01 宁孝成愿一切闻者悉发菩提心 /
02 杜当子为亡母及见存父王通一心供养 /
03 王仁湛边伏兴录事张德林队正张神兴等助造经 /
04 发心助写经主张思德为亡母愿成主杨志德为亡父母 /
05 薛大奴为一切东行人平安○化主皇甫宽为亡男助经 /

校记

〔一〕"世尊",合校本无此二字。

〔二〕"飘",合校本作"漂"。

〔三〕"捡",合校本作"检"。

〔四〕"名号",合校本无此二字。

〔五〕"是菩萨",合校本无此三字。

〔六〕"慧",合校本作"惠"。

〔七〕"具",合校本无此字。

〔八〕"意",合校本无此字。

〔九〕"云何",合校本无此二字。

〔一〇〕"支",合校本作"伎"。

〔一一〕"闻",合校本无此字。

〔一二〕"菩萨",合校本无此二字。

〔一三〕"菩萨",合校本作"萨菩"。

注释：

❶ 目前学界研究《妙法莲花经》最善本为罗炤、贺铭先生点校的《隋唐版本〈妙法莲花经〉合校》。刊于房山石经博物馆、房山石经与云居寺文化研究中心编《石经研究》第二辑，华夏出版社，2018。本文校记称合校本。

❷ 中国佛教协会、中国佛教图书文物馆编《房山石经 隋唐刻经1》，华夏出版社，2000，第229页，有《佛说出家功德经一卷》拓片图版，目录载此卷"出《贤愚经 出家功德尸利苾提品》（元魏凉州沙门惠觉等译） 贞观五年（631）"。此刻经早于马壁峪秦王庙刻经，为房山贞观本。

又《房山石经 隋唐刻经2》华夏出版社2000年版，有武周长寿三年（694）《佛说出家功德经一卷》拓片图版，为房山长寿本。此拓片图版中部漫漶，内容与贞观本基本类似，时代晚于马壁峪秦王庙刻经，故未比对。

四川安岳卧佛院石窟第33窟有《佛说出家功德经》刻经本，缺损较多，录文见雷德侯主编、蔡穗玲、孙华分册主编：《中国佛教石经 四川省》第2卷，中国美术学院出版社，2014，第401—402页。有关《佛说出家功德经》研究参见该书第53-56页。蔡穗玲先生认为卧佛院刻经现存题记均在开元年间，此《佛说出家功德经》刻经时间至少为开元前。此即为卧佛院本。

经刘屹兄指引，查国图收藏敦煌文书BD01034背面有《佛说出家功德经》，特致谢。

以下校记引用《佛说出家功德经》此三种版本，分称为房山贞观本、卧佛院本、敦煌本。

❸ 乡宁县文物旅游服务中心编《乡宁古碑文集》，山西人民出版社，2021，刊有录文，偶有错录，未分行。本文并据现场观察、图片及拓片比对，按原文格式整理全部录文。

三、释读

1. 唐代摩崖刻经价值

此处刻经为《妙法莲华经观世音菩萨普门品》《佛说出家功德经一卷》两部佛经,并非早期认为的仅有前者。一般来说,佛经文字量大,刻经多为经文节选。但此处《妙法莲华经观世音菩萨普门品》《佛说出家功德经》是全文刊刻,除个别字外,能完整识别通读,是早期经文的石经版本。

两部刻经书体一致,我推测可以文后戴氏发愿落款时间为刻经完成时间。此唐代摩崖刻经镌刻完成于唐高宗显庆六年(661),时代较早,保存基本完好,书体是标准唐楷,体现了盛唐时代文化内涵,是目前山西境内发现的最为完整的唐代刻经,具有十分重要的历史、版本和书法价值,弥足珍贵。

马壁峪秦王庙《观世音菩萨普门品》刻经文可与传世的《妙法莲花经》中的该卷互校,目前学界研究《妙法莲花经》最善本为罗炤、贺铭先生点校的《隋唐版本〈妙法莲花经〉》。经比对,可见此处刻经《妙法莲华经观世音菩萨普门品》与目前通行的文献本有31处差异,多为可替代同音字或异体字。《观世音菩萨普门品》为中古佛教社会热门流传经卷,唐代此处刻经时采用通行版本,今天亦可方便通读。

《佛说出家功德经》亦为唐代较流行佛经,但刻经保存较少。目前有多个唐代版本,可与此刻经比对。

房山石经中有此经,为贞观和长寿两刻本,经与拓片保存较全的贞观本比对,有24处差异。

四川安岳石窟中的卧佛院有此经,缺损较多,经比对,有21处差异。

敦煌写本中有此经,现存国家图书馆,经比对,有32处差异。

乡宁马壁峪秦王庙唐《佛说出家功德经》刻经与房山石经、安岳石窟卧佛院刻经、敦煌写本中的《佛说出家功德经》,基本内容相同,应均来自唐代此经通行版本。马壁峪秦王庙《佛说出家功德经》刻经在现存唐代版本中,为显庆本,时代较早、保存较好,对此经的版本研究,具有一定价值。

2. 摩崖刻经活动的参与者

刻经后的题记和题名信息提供了唐代这一地区佛教信仰和民间社会的某些情况。

此次刻经为附近僧、俗联合的祈福活动,题名中有僧人玄最和众多信徒。刻经紧邻造像,造像和刻经活动时代相近,或是同期完成。只是造像损毁严重,已无法从发愿文和题名中进行考察。

刻经后题名有多个名号，可见这是一次组织较严密的佛事活动。

发心主、副发心主

发心主段元庆和副发心主马文才应是发愿刻经活动的发起和首要人物，故有此名号。

发心造经主（造《观世音经》《佛说出家功德经》）

发心雕两部佛经的是发心造《观世音经》主段顺及妻王氏、马文才妻戴氏，他们刻经的目的是为现在和故去的家人祈福。马文才与妻戴氏都是佛教信徒，他们是刻经活动的主要参与者。戴氏是为故去父母和现在家人造《佛说出家功德经》。

助经主、发心助写经、愿成主、化主

题名中出现的助经主、发心助写经、愿成主、化主等都是刻经活动捐资者名号。

他们参与这次刻经活动，并愿意出资，也有个人的祈福需求体现于题名中，主要是为逝去的亲人祈福。

另值得注意的是薛大奴的祈福内容："为一切东行人平安"，颇有普度众生之感。这一内容反映了当时交通情况，说明马壁峪古道上确是行旅不绝。

府兵军官和勋官

仪同王苟生

仪同即仪同三司，本为北周府兵制时的基本统兵军官名，领兵千人。隋唐府兵制改革，车骑将军、仪同三司为府兵军府中的副主官，是主官骠骑将军的副手，为正五品。后仪同改为鹰扬副郎将。唐高宗咸亨五年（674），为酬劳将士军功，设置荣誉军衔，对应官品，调整勋名和勋官名号，仪同为散实官名，从五品，类比勋官为骑都尉，为第八等，亦为从五品。[4] 此刻经早于咸亨五年诏令发布时间。王苟生应是获得军功的府兵军官。

录事张德林

录事本为开府等高官下属官员。东晋以来，历代军政机构多有此职。唐代不同机构属官的录事官品为正七品、从七品。府兵军府中，文职官员首为长史，下有录事（主簿）。

队正张神兴

队正，唐府兵制基层军官名。隋称都督，正七品。隋炀帝后改为队正，唐代沿用。队正领兵50名，是隋、唐府兵制下基本军事单位主官。

[4] 熊伟：《唐代本阶官位的形成与勋官地位的演革》，《郑州大学学报（哲学社会科学版）》2014年第5期，第144—149页；〔后晋〕刘昫等：《旧唐书》，中华书局，1975，第1784、1808页。

骁骑尉杜智德

唐初，为安抚褒奖常年作战军士，修订勋官等级为十二等，以酬勋劳，其中第九等为骁骑尉。

隋初，府兵改制后，兵户均入所在地户籍，唐代亦然。马壁峪地处吕梁山南沿，接汾河下游谷地，唐代应属绛州范围。时绛州地区有军府36个。题名中的仪同王苟生、录事张德林、队正张神兴、骁骑尉杜智德等人或即来自附近的军府，如高凉府、皮氏府等。[5]

近年我在山西考察摩崖石刻，发现隋、唐佛教活动中，府兵军人非常活跃，常常是活动的重要发起者和参与者，如文水隐堂洞石窟为隋初附近军府军人和家属集资开凿，天龙山第八窟发起人群体也是隋初军府军人。

隋至唐中期，佛教发展兴盛，府兵军人是国家强盛的重要支柱，社会地位较高，具有物质基础，在统治者推动之下，他们积极参与佛教事业。

书经人薛弘嗣、镌经人李君刚、助镌人李君意

早期摩崖石刻铭文作者大多失载。此刻经存书经人、镌刻人及助镌人名字，是罕见的。书家为薛弘嗣。薛为中古河东大姓，祖居地今汾河下游万荣一带，家族分支在晋南多见。薛弘嗣应出自河东薛氏。

镌经人李君刚与助镌人李君意应为同族兄弟，是镌刻经文的具体施工者。

刻经字体规矩、舒展，字口刀锋深入、果断。书者和镌刻者的高水平使刻经保存至今，是盛唐书法的珍贵实物。

马壁峪摩崖造像和刻经是当时地方社会的重要活动。刻经得到信徒积极响应，他们有不同名号，有较细化分工，有发起组织者，有捐资者，信徒中不乏军府军人。题名中还保存书经人和刻工名。

马壁峪秦王庙摩崖刻经经历1360年历史沧桑，相对完好地保存至今。此刻经是珍贵的唐代石经实物，必将有助于佛教文献和唐史、地方史研究。

2019年秋，我在考察秦王庙摩崖前，向未谋面的乡宁地方文史学者阎玉宁先生请教摩崖情况，并约定现场考察。不料在临行前数日，先生驾鹤西去，不胜悲痛、惋惜。此文的写作也是对阎先生的纪念。

感谢罗炤先生对考察马壁峪摩崖刻经的关注和对本文的指点。

---

[5] 张沛：《唐折冲府汇考》，三秦出版社，2003，第160、161页。

乡宁其他中古石刻

乡宁南部吕梁山地的巍峨大山中有多条沟谷，是吕梁山腹地和汾河河谷之间的交通孔道，自东向西有马壁峪、黄华峪、佛峪等。各沟谷中还有一些中古石刻遗存，如马壁峪中有秦王庙唐代摩崖和刻经，黄华峪中有中交口摩崖造像，佛峪里有卢从史摩崖石刻。

1　黄华峪中交口摩崖造像

在黄华峪乡宁县中交口村附近崖壁上有一处摩崖造像，即中交口摩崖造像。崖壁壁面坐西朝东，上部一层自南向北横向开凿有7龛，高约40厘米、宽约20厘米，圆拱尖楣，1—5龛内均雕一坐佛二弟子二胁侍组合，须弥座两侧有供养人像。6号龛内只雕坐佛。7号龛只有龛形未雕造像。

崖壁下部雕一龛，内雕一坐佛二胁侍组合，龛外两侧各雕一狮。

各龛左侧均有题记。造像和题记壁面多有人为和自然损坏，只能部分识读。

第一龛侧题记：武德二年八月卅日……交土……功德……尚官信柴家庄柴八。

中交口摩崖造像

该题记是山西目前发现的唐代石窟摩崖造像题记最早者。根据"武德二年"年号可知，乡宁当时已在唐统治范围。

第六龛左侧题记：大隋开皇十五年七月十五日、佛弟子段洪相敬造迦叶佛一堪（龛），仰为皇帝永隆，愿法界师僧、父母，俱登政（正）觉。

第六龛右侧题记：迦叶佛主、都督河间郡守段周□妻卫□亲。

其他题名有：匠人董博士、任珍□妻阿□。

最下一龛侧题记可见：大隋开皇十六年七月十五日……众生俱登正觉……

第六龛和下部一龛题记时间为隋开皇十五（595）和十六年（596）的七月十五日。

七月十五为佛教盂兰盆会日,汉地信众举行超度宗亲逝者法会,为祈福之日。

第六龛据题记内容,主尊为迦叶佛。迦叶佛是过去七佛(指释迦牟尼成佛前的佛)的第六佛,曾预言释迦牟尼终能成佛。供奉迦叶佛可以看作是信众对过去七佛信仰的体现。

2　佛峪黄龙沟卢从史石刻

佛峪黄龙沟谷底崖壁底部壁面上存有一处摩崖石刻,开凿于平整的壁面上,石刻长约90厘米、宽约55厘米。楷书。

石刻录文:

昭义军节度观察处置等使、冠／军大将军、起复左金吾卫大将军、检／校尚书、右仆射兼潞府长史、御史／大夫、范阳郡王卢从史,男右金吾卫仓州参军、赐绯鱼袋

卢从史石刻

丹木，/福建观察推官、太子通事舍人继宗，/陕州（唐陕州，今河南三门峡市）大都督府参军继囗、恒州大都督府参军继然，/崇陵挽郎继明、宋州柘城县尉继时〇丰陵挽郎继美、/幽州大都督府参军继宗、邢州南和县主簿继德、/弘文馆生继直囗一子出身继封，/从史并诸童幼等先已于此山之上，虚其/万仞之壁，纳以数尺之石，刊勒名位班次等，/成而星霜未已或官序已迁，每从三命/益恭止足、思诚。况佳山旧游，寓目幽胜，想/灵踪而梦魂徒，往〇〇王事而一到末期。/又虑年赊字古、石缺谷封，验前记，以难明/矣。斯言而见意，是以刻峭壁于/龙堂，粗寄词于翰墨质而已矣。贵导/乎情。时〇大唐元和四年岁在己丑仲秋/月旬有廿一日，范阳郡王卢从史纪。

卢从史，《旧唐书》卷132、《新唐书》卷141有传。唐德宗、宪宗时为军将、节度使。卢从史为武人，在宪宗朝攻打成德镇的战争中遭到猜忌，元和五年（810）在军中被朝廷密令逮捕，后贬官边地，不久又被赐死。也有研究者认为卢从史在正史中的反面形象是在宪宗朝的复杂政治斗争中被逐渐定型的。[1]

卢从史是中唐历史上的小人物，此处摩崖石刻记录了其在元和四年（809）带领诸子在此地的一次重游。卢从史父卢虔墓在河津市僧楼镇张吴村南，神道碑尚存。此摩崖石刻所在距张吴村不远，直线距离约17千米。卢从史应是元和四年安葬其父后，进入深谷复来此地，铭文中说是"佳山旧游"。此地唐代称龙堂，应已有建筑，是吕梁南部峡谷中的探幽之地。此摩崖石刻的发现，为了解中唐河东卢氏增添了石刻史料。

---

[1] 卢向前：《卢从史出兵山东与唐宪宗用兵河朔三镇之关系》，《中华文史论丛（总第八十七辑）》，上海古籍出版社，2007，第323—353页。

中条山古盐道车辋路摩崖石刻考

中条山车辋路是一条只有驮马能通行的崎岖山路，河东池盐由此源源不绝输入中原，是古代中条山区重要交通线之一，也是古盐道系统的组成部分。

河东盐池所产食盐是古代社会重要的生活资料。历代政府在盐池设置管理机构，对池盐的生产、运输、销售环节进行全流程管理。

河东盐池除供应山西大部分地区食用外，还向外输出，其中重要的输出地之一是河南地区。盐池至河南的运输线自古有虞坂古道，这是古人很早即已开辟，沟通中条山南北的重要通道。虞坂道沿山崖开辟一段，至今留存，名青石槽，古道车辙痕迹依然明显。

在盐池正南方向的车辋路古道，由盐池南边的刘范村南直上中条山，经过山脊，再下至平陆，分为两支，一支直至黄河大阳渡，一支与虞坂路汇合后至茅津渡，又称刘茅古道。车辋路取道车辋峪，是穿越中条山的捷径，较虞坂道更为艰险，多有山路爬升，20世纪中期以来渐废。

20世纪80年代以来，相继有学者前往车辋路考察，在牛家院一处石崖上发现了摩崖石刻，为上、下两处。由于认识不同，各家多认为这两处石刻均为北周大象二年（580）的摩崖题记。[1]仅见个别学者认为上方为元代摩崖，下方为北周摩崖，但并未见详析。[2]

前往车辋路，需自刘范村南沿山谷进山，因多年前开矿炸山破坏了进山后最初的一段古道，只能在沟里前进。我在一处滑坡点爬升50多米，来到半山，依稀可见灌木丛中的古道痕迹。沿山谷东侧向南前进约2.5千米，抵达一处开阔的山间小平地，约有200平方米，当地称牛家院。回首而望，谷口北面的盐池还可依稀看到，南方更高的山巅是中条山东西向的山脊。这里并无院落，相对平坦，是古道上

[1] 吴钧、王炎：《千年寿石 风骨犹存——中条山牛家院摩崖石刻考》，《运城高等专科学校学报》2002年第1期，第25—27页；卫斯：《关于山西运城发现的北周刻石题记》，《文物》2002年第6期；张荣强：《从北周摩崖石刻谈古代运城池盐南销之路线》，《盐业史研究》1997年第3期，第34—38页；李三谋、李竹林：《北魏至北周时期的河东盐业经济活动》，《盐业史研究》2007年第2期，第20—27页。

[2] 张培莲主编：《三晋石刻大全·运城市盐湖区卷》，三晋出版社，2010，第6页。该书云据史树青先生考证为元代题记。然未详解。

大碑崖全貌

一处打尖歇脚的地方，当地村民称为大碑崖，前辈学者们就在这里发现了摩崖石刻。

古人在这里镌刻，正因此地是古道上难得的一处相对平坦地面，是往来人员必经之地。于此刊刻，昭示众人，最为合适。

摩崖石刻在一处不太规整的山崖上，岩石颜色偏黄，多有斜向纹理。两处石刻一上一下。

下部石刻高于地面约3米，高约68厘米、宽64厘米，相对方正，个别刻字避开岩石的自然裂隙。刻字为纵向9列，字径2—3厘米，共百余字，书体隶中带楷，为魏碑向楷书过渡阶段字体，与石刻所记时代相符。

结合现场观察与图片辨识，此石刻录文为：

大周大象二年岁次庚子二月丁巳/朔□□丙寅〇诏遣御正中长夫义/阳公□□绩、司仓下长夫北平子叱/罗兴开两谷古路，通陕州三门□□。/从盐池东通海门，向陕州直于虞坂/道四十里，向三门直二十里一百步。役道/夫一千二百人，十日功息。治道监盐/池总副

大碑崖北周摩崖石刻

监田□、副监□□郡丞宇文□、/盐池南面监尹盛等卅人。

刊刻时间为北周大象二年（580）二月，内容记载了一次修缮盐池通向河南古道的事件。内容信息丰富，是目前发现古道修缮、盐池管理的最早实物证据，殊为珍贵。以下分段释读。

诏遣御正中长夫义／阳公□□绩、司仓下长夫北平子叱／罗兴

此次修路由北周政府发布诏令，派遣两位官员御正中长夫义阳公□□绩、司仓下长夫北平子叱罗兴具体实施。西魏、北周实行六官制度。御正为起草诏令参与决策的重要官职，其内部官阶有上大夫、中大夫、下大夫等。司仓为管理国家物资仓库的官职，其下有中大夫、下大夫等职。此题记中的中长夫、下长夫官职不见于传世史册。周宣帝在位时间短暂，施政带有很大的随意性，很多政府职官名号曾被更改。此处题记中的中长夫、下长夫应即为宣帝肆改，本为中大夫、下大夫之名。此次修路由北周内廷重要官员专门负责，可见是政府重要工程。

御正中长夫义阳公□□绩，可能为皇甫绩。据《隋书·皇甫绩传》："（周）武帝尝避暑云阳宫，时宣帝为太子监国。卫剌王作乱，城门已闭，百僚多有遁者。绩闻难赴之，于玄武门遇皇太子，太子下楼执绩手，悲喜交集。帝闻而嘉之。迁小宫尹。宣政初，录前后功，

封义阳县男，拜畿伯下大夫，累转御正下大夫。"[3] 皇甫绩曾有功于周室，于武帝宣政年间晋爵，其在宣帝在位期间，亦必会得到嘉赏。本传未录宣帝时事，此题记显示其爵位为义阳县男。御正中长夫本名应是御正中大夫，其官阶应是自御正下大夫晋升而来。此时皇甫绩以内廷功臣身份，出外督修盐池古道，正是其荣耀之时。由此，恰可补正史之不足。叱罗氏，乃鲜卑姓氏。叱罗兴为国家仓储部门次官，被派遣负责此次修路事务，说明盐路与国家盐政和仓储制度关联紧密。

开两谷古路，通陕州三门□□。／从盐池东通海门，向陕州直于虞坂／道四十里，向三门直二十里一百步。役道／夫一千二百人，十日功息。

题记中所谓"两谷古路"，即今名车辋峪的古路，翻越中条山山脊后与虞坂古道南下汇合，进而南至黄河边。三门即黄河三门峡。云为古路，说明此路虽是山间小道，现状也只能通行单匹驮马，但古人早已利用。此路自盐池东面的海门通向陕州三门，其中"虞坂道四十里"，再至三门"二十里一百步"。如此长的距离，使用的人役为1200人，工期10日。说明这次修缮道路的工程量较小，应是一次路网探查和整修工作。

治道监盐／池总副监田□、副监□□□丞宇文□、／盐池南面监尹盛等卅人。

这是参与修缮道路工程的部分官员。值得注意的是这30位官员中列举官职的都是盐池事务管理官员。《隋书·百官志下》载："盐池，置总监、副监、丞等员。管东西南北面等四监，亦各置副监及丞。"[4] 此处题记中的盐池总副监、副监、丞、盐池南面监均为北周官名，与《隋书》所载基本相符。可见隋代的盐池管理机构是继承北周的建制而来。由于此古道在盐池南部地区，故盐池四面监中的南面监具体参与修路事，其名字出现在名单中。盐池事务官员的出现，说明此道的修缮工程与盐池运盐事务密切相关。且中央政府派员司仓下大夫负责修路，题记中又明确指出修道的目的地为陕州三门，说明此工程目的是确保盐池与三门峡之间运盐通道的畅通。

河东池盐是重要的战略物资。隋、唐时期，为解决关中粮食和全国物资储备，配合大运河的修建开通，朝廷在东都洛阳附近修建多所国家仓库，其中在三门峡周围即有隋、唐中央

[3]〔唐〕魏徵等：《隋书》，中华书局，1973，第1139—1140页。

[4]〔唐〕魏徵等：《隋书》，中华书局，1973，第784页。

仓库，如隋代的太原仓、唐开元二十二年（734）设置的盐仓（三门仓）。[5] 河东盐池之盐通过古道源源不断运输到河南地区，必有相当部分囤积于三门峡一带的中央储备库。

此次修路的具体实施由地方盐池管理部门负责，朝廷的御正和司仓官员代表政府进行统筹安排，为地方和中央官员合作完成国家工程的施政模式。

此处北周石刻为目前发现最早的官方修缮运盐古道的石刻记载。北周统一北方后，调配池盐为全国提供支持，特别是为洛阳这一中原古都复兴提供足够物质保障。北魏迁洛后，洛阳成为统一中国的政治象征。北魏分裂后，关西、关东政权为争夺洛阳的战争，也是这一政治命题的军事体现。北周最终统一北方，洛阳为统一中国的政治象征的命题再次出现，此石刻也暗示着北周政府为此趋向而做出的努力。值得注意的是，在洛阳周围的各种国家资源的配置和布局，在北周之后的隋唐时期成为重要国家大计。

在这一崖壁的上部还有一处题记，距地平面高约 4.5 米。刻字 11 行，字径 6—7 厘米，楷体，书法水平一般，字距不一，镌刻随意。因为岩壁风化和局部崩塌，部分题记文字漫漶，无法识读。

根据图片和现场比对，录文为：

大象二年开修此路崩，临崖／微有痕迹。余相度开通，直疾好路／缓急无涧水□□，惟有五处盘曲坡峻，／车牛难转，古人皆未到。余今乃改峻／处，延平至□□十里□□□有大道，／众愿不惟大利盬盐及行商，复又便客／□□晋、绛两路。□解其有障故……／工。事端，并役使兵匠，次第并在都运／□□尉□都官□□□述事□丑／□□□十八日开修毕工……／合门□□提举盐池公事王文题记／

题记中的多处用语为金、元以来常用俗语，如"缓急""开通"等；晋、绛连用为唐后期以来多见，用来代指晋西南地区；提举为宋明时官名。

此题记为当时负责盐池事务的官员王文率领兵匠修缮古道工程完毕后的记录。因其开头记录大象二年开修此路，故被很多研究者误以为是大象二年修路后再次修缮所记。从书体和内容上分析，绝无同年内北周再次修路的可能。这应是元代负责盐池事务的地方官员带领官

---

[5] 曹铁圈：《隋唐时期洛阳及其周围地区仓储初探》，《中州学刊》1996 年第 5 期，第 111—114 页。

大碑崖元代石刻

民修缮道路的石刻。应是他们看到北周题记后，即在其上方继续镌刻。元代时，这条翻越中条山的深山古道依然在使用。为维持古道畅通和安全，负责盐池事务的地方官员给予局部整修。

以上两处摩崖石刻，即民间所称之大碑崖。听说前面还有一处小碑崖，我们又继续前进，直线距离虽不超过1000米，但山路蜿蜒曲折，需披荆斩棘寻找。用近2个小时，在树丛中终于发现一处隐蔽的崖壁石刻，这就是传说中的小碑崖。

此处摩崖石刻在一个平坦但倾斜于地面的石壁上，高于地面约2米，字径约10厘米，竖题刻字4行。字体为楷体，字形舒展有灵气，较为优美。

结合实物和图片，录文为：

癸丑四月十九日，／相度开路至此。／解州判官□／师敏纪岁时／

判官为唐以后，特别是宋、元时期地方政府长官的重要僚佐。相度为宋、元用语。癸丑年为北宋真宗大中祥符六年（1013）。此应为北宋解州判官修缮道路至此留下的题记内容。题记内容相对简单，未专门记录与盐池有关的细节，但运盐一直是这条古道上的重要内容，此次修路也应是出于北宋地方政府的综合考虑。

北周、北宋、元3个时代摩崖石刻内容均与修缮道路、便利盐运有关，体现了历代盐池

上　｜　小碑崖北宋摩崖石刻
下左　｜　虞坂古道现存部分
下右　｜　小碑崖附近古道情形

中条山古盐道车辋路摩崖石刻考　　363

管理部门对古道长期有效的管理和使用，是古代经济史和交通史的重要实物资料，是先民筚路蓝缕、披荆斩棘，缔造华夏文明艰辛历程的重要见证。这些幸存于历史原地的文物，亟需给予切实有效的保护，其历史价值和文化精神内涵尤应继续发扬光大。

外一篇　中条山古盐道之石门道

《水经注》卷6《涑水注》在记述盐池的经济价值后，记述了一条山中古道：

泽南面层山，天岩云秀，地谷渊深，左右壁立，间不容轨，谓之石门。路出其中，名之曰径，南通上阳，北暨盐泽。[1]

《水经注》记载的这条古道，号称石门，间不容轨，可见为山间小径，通行能力有限，并不适应大规模运输的需要。但毕竟是长期存在，其路线也非常明确，即北自盐池，南到上阳（即位于今三门峡市的上阳城遗址，古虢国都城）。有学者以为《水经注》所说的此道是虞坂道，然虞坂在盐池东南，并非正南。

《元和郡县图志·河东道·解县》亦载此路："通路自县（唐解县，今解州镇）东南逾中条山，出白径，趋陕州之道也。山岭参天，左右壁立，间不容轨，谓之石门。路出其中，名之白径岭焉。"[2] 该卷中华书局版校勘记以为白径或为百径之讹。

可见《水经注》所载中条山南面山中古道，至唐代依然使用，称白径岭，在盐池南面。即石门道或白径道。

石门道的使用沿至明清时期。《读史方舆纪要》卷41《山西三·解州·檀道山条》载："州南五里，与中条山相连。山岭参天，左右壁立，间不容轨，谓之石门。凡百梯才可上，亦曰石梯山。"

同卷《白径岭条》："州东南十五里。中条山之别岭也。路通陕州大阳津渡。志云：由檀道山陡径出白径岭趋陕州即石门百梯之险也。"[3]

---

[1] 陈桥驿：《水经注校证》，中华书局，2013，第162页。

[2]〔唐〕李吉甫：《元和郡县图志》，中华书局，1983，第328页。

[3]〔清〕顾祖禹：《读史方舆纪要》，中华书局，2005，第1903—1904页。

可见石门古道最险峻的部分是古人采取在山石上凿梯的形式，于中条山深处开辟出的道路，非常艰险。

此路已废弃多年。2020年10月下旬，我与运城李百勤先生一起前往考察。李先生是资深文物人，10多年前曾考察该地。

古道南部途径芮城县禹门口村。此地在中条山南麓，村中已通柏油路。由村北小径出村，进入山前坡地。沿一深谷继续北行，来到一条沟谷入口处。山中少树，谷中原有小河，已干涸，尚有繁盛的芦苇丛。

沿沟前进，山谷逐渐变窄，谷底满是砂石。在峡谷狭窄处的西侧崖壁上约3米高位置，紧邻开凿4个佛龛。北侧尖拱龛内雕一坐佛二胁侍菩萨像组合。中部两龛上下分布，上龛内雕一佛二菩萨像组合，下龛内部为四菩萨立像。南侧龛内雕一菩萨立像。观佛龛内造像形态，均有丰腴、大度之气，显为唐代风格。

中条山古盐道石门道摩崖造像

佛龛南约50厘米壁面上有题记，可见："忠孝乡人守……/朱彦博生……/念佛……"字样，观书体，应为宋、金风格。

佛龛北侧岩壁上，可见题记："舟于此出水得……"

砂石塞路，北面的高山之巅或即石门所在。

近年发表有关山西不可移动石刻论文和文章目录

- 《定襄七岩山北朝摩崖造像题记考略》，《看历史》（三国文化）2024年第2期，第121—125页。
- 《乡宁马壁峪秦王庙唐摩崖刻经考》，《石经研究》（第六辑），华夏出版社2023年版，第149—169页。
- 《文水隐泉山隋石窟题记考》，《石窟寺研究》（第十四辑），科学出版社2023年版，第181—191页。
- 《周壁摩崖造像题记考——东魏北齐与西魏北周河东争夺战的实证》，《许昌学院学报》2022年第4期，第7—11页。
- 《天龙山石窟第8窟隋摩崖功德碑考》（第一作者），《云冈研究》2021年第2期，第52—55页。
- 《寻访壶关北庄石窟》，《映像》2023年第12期，第100—102页。
- 《中条山运盐古道摩崖石刻考察记》，《映像》2020年第12期，第50—55页。
- 《三晋第一摩崖碑》，《太原日报》2023年6月30日第8版。
- 《羊头山北魏造像题记》，《太原日报》2022年11月11日第8版。

曾发表文章收入本书后均有所调整。

走进山西石刻的中古时空

我深知山西文物世界中的未知还有很多。在文稿编校完成时,山西多地又传来新发现中古石刻的好消息。或许这注定是一本"不够完整"的作品,我要为此感到高兴——恰好说明这个考察课题确实充满着学术的生命力。

在南匈奴文化遗存考察基本告一段落后,我逐渐转入对山西中古野外石刻的考察。这是一场跨越疫情三年的无尽考察。在无通讯信号的深山中寻访是常态,几小时徒步无果也是有的。几百处中古石刻的寻访过程难忘的瞬间太多:绳降海东绝壁,攀爬隐泉天梯,二次抵进祥井密林,三次找到曹庄摩崖。更多的是惊喜,微雨中发现鹿宿石堂沟谷底石窟群,无意间发现羊头山山巅北魏题记、和顺空山石窟。当然我最关注的还是考证石刻题记:天龙山第八窟摩崖碑中的发愿者,周壁摩崖题记中记述的边境冲突,壶关北庄石窟缘起……释读来自中古的最原始文本,我们可以切身感受到朝气蓬勃的时代气息。进入山西沟谷之中隐藏的历史现场,通过留存的石刻文物,让无数祖先的质朴期望和生活场景再次鲜活。

对中古石刻的考察也是集腋成裘的过程,不经意间逐渐积累起数十万字的考察和考证文章以及拍摄的大量现场图片。大家看到的书稿是多次"瘦身"后的样子,好在这不是考古报告,并不求全,内容主旨在于对历史信息的记录和诠释。

感谢杭侃先生赠言,感谢三晋出版社对书稿的认可,感谢任俊芳编辑对不断增加的书稿给予极大包容,付出大量心血。

山西中古野外石刻考察之路注定艰辛。三晋师友们提供线索,一同考察,虽不必风餐露宿，但朝云暮雨，镰刀斧头成了必备工具。因为有大家的帮助，我在山谷里方可信心十足地坚定前行。

感谢家人、亲友的无私关心爱护，我才能在密林幽谷收获发现的喜悦，回归案头对接文献中的过往，为看似远去的中古时代找到一些时代视角，以求有用于当下乃至未来。

近年来我沉迷于考察梳理中古时期的山西不可移动野外石刻，即再次深深受惠于浩瀚的山西文物。探访之路是一条充满荆棘和未知的路，也是充满希望的路。

刘　勇

2024 年 6 月